LIDERANÇA ABERTA

LIDERANÇA
ABERTA

Traduzido por:
Irati Antonio

Charlene Li

LIDERANÇA ABERTA

COMO AS MÍDIAS SOCIAIS

TRANSFORMAM O MODO

DE LIDERARMOS

DIRETOR-PRESIDENTE
Henrique José Branco Brazão Farinha

PUBLISHER
Eduardo Viegas Meirelles Villela

EDITORA
Cláudia Elissa Rondelli Ramos

PRODUÇÃO EDITORIAL
Sieben Gruppe Serviços Editoriais

PROJETO GRÁFICO E DIAGRAMAÇÃO
Cissa Tilelli Holzschuh

TRADUÇÃO
Irati Antonio

REVISÃO TÉCNICA
Fábio Luis Correia da Silva

PREPARAÇÃO DE TEXTO
Sally Tilelli

REVISÃO
Cissa Tilelli Holzschuh

CAPA
Seta Brasil | Luís Fernando Novaes

IMPRESSÃO
Prol Gráfica

Copyright © 2011 by Editora Évora Ltda.
A tradução desta publicação foi feita sob
acordo com John Wiley & Sons, Inc.
Todos os direitos desta edição são reservados
à Editora Évora Ltda. – EPP
Rua Sergipe, 401 – Cj. 1.310 – Consolação
São Paulo – SP – CEP 01243-906
Telefone: (11) 3717 1247
Site: http://www.editoraevora.com.br
E-mail: contato@editoraevora.com.br

DADOS INTERNACIONAIS DE CATALOGAÇÃO NA PUBLICAÇÃO (CIP)
(Câmara Brasileira do Livro, SP, Brasil)

L466L
    Li, Charlene.
       [Open leadership. Português]
       Liderança aberta : como as mídias sociais transformam o modo de liderarmos /
Charlene Li; [tradução: Irati Antonio]. – São Paulo : Évora, 2011.

       Tradução de: Open leadership : How social technology can transform the way you lead
       Inclui bibliografia
       ISBN 978-85-63993-08-3
       1. Liderança. 2. Mídia social. 3. Redes de relações sociais. I. Título.

CDD- 658.4

Aos meus pais, Daniel e Janet Li, por todo o seu amor e pelos valores que me foram transmitidos e que sempre sustentaram minha vida.

Sumário

Introdução — 1

Parte I: o lado positivo de abrir mão do controle

| 1 | Por que abrir mão do controle é inevitável | 15 |
| 2 | Os dez elementos da abertura | 33 |

Parte II: forjando a sua estratégia de abertura

3	Os objetivos determinam o quanto você será aberto	73
4	Compreendendo e avaliando os benefícios de ser aberto	101
5	Estruturando a abertura com base no "pacto do tanque de areia"	133
6	Orquestrando sua estratégia de abertura	167

Parte III: liderança aberta: redefinindo relacionamentos

7	Liderança aberta: mentalidades e traços	199
8	Desenvolvendo a liderança aberta	225
9	O imperativo do fracasso	255
10	Como a abertura transforma as organizações	283

Posfácio por Ethevaldo Siqueira — 315

Introdução

Na devastação que se seguiu ao furacão Katrina, praticamente o mundo todo passou a exigir respostas a certas questões delicadas. Por que os Estados Unidos não estavam mais preparados para tragédias como aquela? Por que os cidadãos do país mais rico do mundo foram abandonados por dias à própria sorte quando já estava claro que um desastre havia ocorrido? No centro desse turbilhão estava a Cruz Vermelha norte-americana (CV), que enfrentava inúmeras críticas pela maneira como respondeu à emergência. Com o intuito de mostrar-se mais transparente sobre o trabalho que estava sendo realizado e, ao mesmo, de responder a seus detratores em blogues, fóruns de discussão e sites de redes sociais, cujos comentários estavam abalando a reputação de uma das mais respeitadas organizações do país, a CV contratou Wendy Harman, em novembro de 2006, como sua primeira gerente de mídia social. Conforme Harman recorda: "Os líderes da Cruz Vermelha sabiam que a imagem da organização estava sendo denegrida em função de sua lenta reação ao Katrina, e eles precisavam de alguém que conseguisse controlar a situação".

E, de fato, havia muito o que fazer. Quando assumiu suas funções, Harman precisou lutar para ter acesso aos sites de mídia social que deveria gerenciar; isso porque, em seu esforço para garantir a segurança, a própria Cruz Vermelha havia bloqueado o acesso dos funcionários a sites como MySpace e Facebook.

No entanto, depois de visitar tais redes sociais, e de realmente encontrar ali algumas reclamações muito específicas e restritas contra a Cruz Vermelha, Harman percebeu que, na maioria das postagens, as pessoas ainda se mostravam apaixonadamente positivas sobre a organização e, inclusive, dispostas a participar dos esforços da CV em oferecer efetiva assistência

2 Liderança Aberta

aos necessitados. Assim, Harman rapidamente mudou seu foco: "Procurei meus chefes e disse: 'Temos uma extraordinária oportunidade aqui. Existem pessoas que querem ajudar a CV e que estão *on-line* todos os dias'." Para dar suporte à sua teoria, ela selecionou as mensagens mais relevantes de uma média de quatrocentos comentários postados todos os dias e as enviou por e-mail à alta liderança da organização. Ela também reuniu artigos e ideias que abordavam as vantagens da mídia social e as organizou em uma pasta que deveria circular pela CV.

Com persistência e paciência, Harman discutiu cada uma das preocupações e receios de seus executivos sobre a utilização da mídia social. Isso incluía desde possíveis downloads de *malware** até a confidencialidade dos clientes, devassada em imagens disponibilizadas no Flickr.** Por isso, ela se assegurava de que todos os processos e procedimentos adequados eram cumpridos antes de entrar em cada nova mídia. Ao longo de dois anos, Harman gradualmente implementou um blogue, páginas no Flickr e no Facebook, e até mesmo contas no Twitter, levando a organização a se abrir para o novo mundo da mídia social.[1] A partir de então, várias filiais da Cruz Vermelha passaram a solicitar o início de suas próprias atividades no campo da mídia social.

A Cruz Vermelha norte-americana possui mais de setecentas filiais locais e regionais, e a preocupação de Harman era de que o público pudesse vivenciar experiências inconsistentes ao interagir com a Cruz Vermelha *on-line*. "Tivemos muitas pessoas intitulando-se 'Clara Barton', a fundadora da Cruz Vermelha, ou usando outros nomes conhecidos como esse." Para evitar problemas, ela decidiu elaborar e distribuir um manual *on-line* contendo as diretrizes e os procedimentos nos quais todas as filiais da CV deveriam se basear para se utilizar das mídias sociais adeuadamente.[2]

De posse desse manual de instruções, as filiais da Cruz Vermelha rapidamente começaram a criar seus próprios blogues, páginas em comunidades e até contas no Twitter.[3] Contudo, o mais importante de tudo isso é que a grande base da organização – que inclui funcionários, voluntários que atuam

---

* *Malware* (*malicious software*) ou códigos maliciosos é um termo genérico que abrange todos os tipos de programa especificamente desenvolvidos para executar ações perniciosas em computadores, como vírus e *spywares*. (Fonte: Comitê Gestor da Internet no Brasil. Cartilha de Segurança para Internet.) (N.T.)

** Flickr é um aplicativo *on-line* de compartilhamento e gerenciamento de imagens; Facebook é um site de relacionamento social; Twitter é uma rede de informação em tempo real. (N.T.)

em situações de emergência, doadores de sangue e colaboradores – integrou-se às ações de mobilização da organização. Agora, quando a CV emite um alerta de desastre em sua página no Facebook, a resposta mais comum dos voluntários é "minhas malas estão preparadas e eu estou pronto para ajudar". O Facebook reproduz essa resposta para os amigos dos voluntários, o que amplia ainda mais a capacidade de resposta imediata da CV.

Um dos grandes retornos obtidos com a maior abertura da organização à mídia social ocorreu quando a rede de lojas Target realizou, por meio do Facebook, um concurso de captação de recursos para um grupo de organizações previamente selecionadas. A CV estava entre elas e o resultado foi fantástico: a organização levantou sozinha 793 mil dólares na campanha. De acordo com Harman, "se não estivéssemos presentes nesse espaço, não teríamos sido convidados a participar do evento. Na ocasião, fomos capazes de mobilizar nossa comunidade e pedir votos para a nossa organização".

O que há de interessante nessa história é o fato de a Cruz Vermelha norte-americana ter começado a se envolver com a mídia social com a intenção de controlá-la, mas de ter percebido, ao longo do tempo, que o melhor seria adotar uma atitude aberta em relação ela. Contudo, é importante lembrar que a CV não se abriu para essa ideia da noite para o dia, e que isso somente ocorreu quando Harman foi capaz de colocar em prática os procedimentos, políticas e diretrizes adequados. Estes definiam como cada integrante da organização deveria se comportar e tudo o que não lhes seria permitido. Somente então a Cruz Vermelha se sentiu segura para abrir mão do impulso de controlar a mídia social.

Hoje, Harman recebe total apoio da organização, inclusive de sua presidente e diretora executiva Gail McGovern. O impacto desse apoio foi observado durante a resposta ao terremoto ocorrido no Haiti, em janeiro de 2010, quando a Cruz Vermelha, por meio de uma campanha de doações por celular, levantou mais de 10 milhões de dólares em três dias, impulsionada em grande parte por aqueles que ajudaram a divulgar o fácil método de doação por meio do Facebook e do Twitter.[4] A CV também usou esses novos meios de comunicação para manter as pessoas informadas sobre o andamento de suas ações de socorro, respondendo a perguntas que incluíam desde a maneira como as doações estavam sendo utilizadas até a atual situação no local. Ao abrir mão do controle e abraçar as tecnologias sociais, a Cruz Vermelha tornou-se mais capaz de cumprir sua missão.

4 Liderança Aberta

O PROPÓSITO DESTE LIVRO

Liderança aberta é um livro que nos mostra a importância de abrirmos mão do controle para conseguirmos atingir o sucesso. É destinado a líderes, como os da Cruz Vermelha, que testemunharam o desmoronamento do mundo conforme o haviam conhecido, diante de clientes, colaboradores e parceiros que têm se tornado mais poderosos pelo uso de ferramentas que, quinze anos atrás, eram quase inimagináveis. Esses líderes reconhecem que maior transparência e autenticidade podem trazer vantagens significativas para suas organizações, embora receiem profundamente que tal abertura envolva enorme risco.

Esta obra descreve como as organizações e seus líderes podem abordar a "liderança aberta" com a adoção da tecnologia social. Ela retoma o ponto onde havia parado em meu livro anterior, *Fenômenos sociais nos negócios*,* mostrando aos leitores como usar essas novas tecnologias – Facebook, Twitter, YouTube, Yammer, Jive, novos serviços móveis e muitos, muitos outros meios – para melhorar a eficiência, a comunicação e a tomada de decisões, não apenas em caráter pessoal, mas também para as suas organizações.

Desde que Josh Bernoff e eu escrevemos *Fenômenos sociais*, tenho frequentemente debatido as ideias tratadas ali. Tive a oportunidade de fazê-lo diante de centenas de grupos formados, às vezes, por apenas cinco indivíduos, outras, por cinco mil ouvintes interessados. Descobri que, a princípio, os leitores escolhiam aquele livro porque queriam aprender mais sobre a Web 2.0** e as tecnologias sociais. Porém, eles logo percebiam que para explorar o poder das tecnologias sociais não era preciso dominar as mais fantásticas e avançadas tecnologias; na verdade, bastava ter uma ideia clara sobre o tipo de relacionamento que se desejava desenvolver com os *stakeholders*.

Animados e revigorados, esses indivíduos cuidadosamente sublinhavam passagens e marcavam páginas do livro, dando início à implementação de

---

* *Fenômenos sociais nos negócios: vença em um mundo transformado pelas redes sociais*. Rio de Janeiro: Campus, 2009. (N.T.)

** Termo criado em 2004 pela empresa estadunidense O'Reilly Media para designar uma segunda geração de comunidades e serviços, tendo como conceito a "Web como plataforma", envolvendo *wikis*, aplicativos baseados em *folksonomia*, mídias sociais e Tecnologia da Informação. Embora o termo tenha conotação de uma nova versão para a Web, ele não se refere à atualização nas suas especificações técnicas, mas a uma mudança na forma como ela é encarada por usuários e desenvolvedores, ou seja, o ambiente de interação que hoje engloba inúmeras linguagens e motivações. Fonte: Wikipedia: http://pt.wikipedia.org/wiki/Web_2.0. (N.E.)

tecnologias sociais em suas organizações. Contudo, essas pessoas muitas vezes deparavam dois tipos de liderança: os cabeças-duras – que, independentemente do quanto reconhecessem e compreendessem os benefícios das tecnologias sociais, simplesmente não conseguiam mudar sua mentalidade; ou o tipo de executivo que temia os riscos aos quais sua empresa estaria exposta ao engajar-se com o fenômeno das tecnologias sociais. Essencialmente, os que tinham mais informações sobre o processo perceberam que suas empresas não possuíam a cultura e a mentalidade certas – e, acima de tudo, a liderança certa – para se engajar na onda da mídia social. Então, essas almas dedicadas e fiéis voltaram-se para mim e solicitaram que eu escrevesse um novo livro para fundamentar seus esforços. Elas não queriam, contudo, outro tratado sobre tecnologias sociais, mas algo que pudesse ser usado para demonstrar a seus executivos como mudar e abrir suas organizações.

Porém, independentemente do quanto uma nova tecnologia ou o potencial que ela venha a proporcionar possam tornar-se poderosos, qualquer estratégia digital fracassará diante de uma massa imutável denominada "cultura empresarial", ou da inexistência da devida organização e/ou liderança.

A ideia de abertura não deve ser tratada como um mantra ou uma filosofia, mas como uma abordagem planejada e rigorosa para o desenvolvimento de estratégias e lideranças que produzam resultados concretos. Não se trata aqui de transparência total nem de abertura completa, por meio da qual todos – de clientes a concorrentes – tenham acesso a todas as informações da empresa ou estejam envolvidos em todas as suas decisões. Tal extremo, de abertura irrestrita, absolutamente irrealista, é insustentável para qualquer empresa que necessita manter vantagem competitiva e capacidade de execução de projetos.

Em contrapartida, há outro extremo igualmente irreal: a organização completamente fechada, na qual as informações e a tomada de decisões estão submetidas a um controle central; aquela em que todos os funcionários seguem perfeitamente todas as instruções e demonstram total satisfação. Todas as instituições, do Greenpeace* à CIA,** enquadram-se em algum lugar ao longo desse espectro, que vai da total abertura à completa restrição. Portanto, desprenda-se da ideia de tornar uma empresa mais transparente, mais autêntica e – o meu favorito – mais "real", pois a questão a qual deparamos

---

* O Greenpeace é uma organização global independente que atua na defesa do meio ambiente e na promoção da paz. (N.T.)

** Sigla, em inglês, para a Agência Central de Inteligência dos Estados Unidos. (N.T.)

não trata de sua sua transparência, autenticidade ou "realismo", subprodutos da decisão de torná-la mais aberta, mas o quanto sua liderança está disposta a abrir mão do controle e a se abrir para as novas tecnologias.

MAIOR ABERTURA É UM PROCESSO INEVITÁVEL

Conforme seus clientes e funcionários se tornam mais competentes no uso de tecnologias sociais e outras ferramentas emergentes, eles irão pressioná-lo para que você se torne mais aberto e desista do controle irrestrito. Isso talvez o leve a sentir-se menos seguro, e, neste caso, sua inclinação natural poderá levá-lo a lutar contra essa tendência, e a percebê--la como uma moda que – você espera – perderá força e simplesmente desaparecerá. Mas isso não vai acontecer, pois essa é uma realidade inevitável que, possivelmente, irá obrigá-lo, assim como à sua organização, a caminhar rumo à abertura.

No passado, líderes corporativos podiam se dar ao luxo de permanecer confortavelmente instalados em seus escritórios executivos, tornando-se mais acessíveis apenas quando sentissem necessidade de fazê-lo. Atualmente, devido ao fato de vazamentos de informações terem se tornado eventos comuns, erros e falhas empresarias são disponibilizados na internet apenas alguns segundos depois de ocorridos. Isso traz a todos os envolvidos – funcionários, clientes e parceiros de negócios – o sentimento de direito de opinar e até de demonstrar descontentamento quando suas ideias não são implementadas. O que está realmente acontecendo? Em função do fácil e barato compartilhamento de informações, as regras fundamentais que determinavam o funcionamento dos relacionamentos estão sendo reescritas. O desafio, portanto, é redefinir como esses relacionamentos irão operar. Assim como a Cruz Vermelha teve de estabelecer novas regras para o seu engajamento social, outras organizações, e seus líderes, também precisam determinar os compromissos que esperam desses novos relacionamentos.

É fundamental, contudo, que as empresas não adentrem esses novos relacionamentos abertos sem o estabelecimento de diretrizes. Simplesmente optar pela abertura e, pior, "deixar que a ação tome o seu curso natural" são receitas infalíveis para um desastre. Optar pela abertura exigirá ainda mais rigor e esforço do que manter-se no controle. Esta obra demonstrará, passo a passo, como vivenciar essa nova experiência em seus relacionamentos profissionais, por meio do estudo de casos e de vários exemplos de diferentes indústrias e países.

O QUE ENCONTRAREMOS NAS PÁGINAS A SEGUIR

A primeira parte desse livro aborda o significado de abertura. No capítulo 1 demonstramos por que uma maior abertura é inevitável diante da crescente adoção de tecnologias sociais. Explicamos o impacto que consumidores engajados têm provocado em empresas famosas, como a United Airlines, e oferecemos mais detalhes sobre o modo como o atual presidente norte--americano Barack Obama foi capaz de conduzir milhões de voluntários em sua campanha presidencial. No capítulo 2, por meio do estudo de casos de várias empresas, como a Mullen Communications, a Facebook, a Yum!, a Brands e a Cisco, definimos o que de fato significa ser aberto. No final do capítulo 2 convidamos o leitor a realizar uma autoavaliação e a compreender em quais aspectos demonstra, ou não, estar aberto – esse é, aliás, o ponto de partida para a compreensão do grau de abertura necessário.

O trabalho mais difícil começa na segunda parte do livro, na qual determinamos a estratégia de abertura ideal para o leitor, compreendemos as implicações de tal processo, comparamos e avaliamos seus riscos e benefícios. Tive a oportunidade de conhecer uma empresa que, em 2009, foi afetada pelo "vírus da mídia social". Um quarto do seu orçamento de marketing foi aplicado no desenvolvimento de páginas no Facebook, na criação de blogues e redes sociais privadas e no gerenciamento de contas no Twitter. Porém, no final daquele ano, embora grande atividade e muito "blablablá" fossem alcançados, não se tinha muita informação do que tudo aquilo significava em termos de maior engajamento com seus clientes. Para piorar a situação, seus dirigentes passaram a sentir-se obrigados a manter essas novas conversas e relacionamentos a um custo significativo. O problema era que a abordagem dessa empresa em relação à abertura não contava com uma estratégia coerente. Não cometa o mesmo erro!

No capítulo 3 explicamos como criar uma estratégia de abertura e determinamos em que situações e momentos é importante mostrar-se mais aberto e engajado e quando isso não deve acontecer. Organizações como a Kohl's, o hotel Ritz-Carlton e o Hospital Geral de Toronto estão se utilizando de tecnologias sociais para se tornarem mais acessíveis aos seus clientes e empregados. No capítulo 4 discutimos como medir os benefícios da

8 Liderança Aberta

abertura e demonstramos como organizações como a SunTrust e a Dell têm se tornado mais abertas e observado significativo impacto positivo em seus negócios. O capítulo 4 inclui ainda informações detalhadas sobre como calcular os benefícios obtidos por meio de tecnologias sociais e a estratégia de abertura. Incluímos, ainda, instruções sobre como utilizar métricas no gerenciamento da relação empresa/cliente, e como aumentar o *customer lifetime value* (CLV).*

Uma grande preocupação que surge quando falamos em abertura é o enorme risco que ela envolve, especialmente quando os funcionários de uma organização são livres para dizer o que quiserem em fórum aberto. No capítulo 5, apresentamos em detalhes as diretrizes, políticas e procedimentos adotados por empresas como a Microsoft e a Kaiser Permanente** e que as tornam capazes de se engajar nesse tipo de relacionamento com maior confiança. Em particular, explicamos como a empresa farmacêutica Johnson & Johnson conseguiu direcionar seu próprio departamento jurídico, e do governo, para possibilitar a utilização de tecnologias sociais, como os blogues.

Encerrando a segunda parte do livro, o capítulo 6 apresenta os aspectos práticos para gerenciar uma estratégia de abertura; isso inclui desde a criação de perfis sólidos do modo como seus clientes e funcionários se relacionam, até a organização necessária para a abertura. Empresas como a Ford, a Humana,*** a HP e o banco Wells Fargo compartilharam suas receitas secretas de como a abertura foi orquestrada dentro de suas organizações.

Entretanto, possuir uma estratégia coerente não é o suficiente – é preciso ter líderes preparados para implementá-la. Organizações e indivíduos engajados pressionam cada vez mais os líderes de hoje e desafiam seus estilos tradicionais de comando e controle. Muitos desses líderes dizem: "Sou responsável pela empresa, portanto, preciso ter total controle. Se alguém me diz para ser mais aberto e desistir do controle, então qual será o meu papel na organização?" Vale dizer que não se espera que estes líderes simplesmente abram mão do controle. Esse é, aliás, o cerne da questão. Novos relacionamentos forçam líderes a repensar a maneira como exercem sua liderança, e também a conseguir a adesão de seus colaboradores.

---

* O termo é geralmente utilizado em inglês e se refere ao valor financeiro do cliente durante sua vida útil de consumo. (N.T.)

** Trata-se de uma organização assistencial fundada em 1945, pelo industrial Henry Kaiser e pelo médico Sidney Garfield. É sediada em Oakland, Califórnia, EUA. Site: www.KaiserPermanente.org. (N.E.)

*** Trata-se de uma empresa que comercializa e administra seguros. Foi fundada em 1961, em Kentucky, EUA. Site: www.Humana.com. (N.E.)

O conceito de liderança exige uma nova abordagem, nova mentalidade e novas competências. Não é suficiente ser um bom comunicador. É preciso ser firme ao compartilhar perspectivas e sentimentos pessoais para desenvolver relacionamentos mais próximos. Comentários negativos feitos *on-line* não podem ser evitados e não devem ser ignorados. Ao contrário, eles devem ser abraçados como oportunidades de aprendizado. É necessário, portanto, que estejamos abertos tanto para felicitações como para reclamações, todos os dias.

Na terceira parte, exploramos o que significa ser um líder no contexto desses novos e poderosos relacionamentos. O capítulo 7 discute o que significa ser um líder aberto e detalha as características, competências e comportamentos daqueles que já alcançaram tal abertura, como John Chambers, da Cisco e Jeffrey Hazlett, da Kodak. No capítulo 8 explicamos como identificar e desenvolver líderes abertos dentro da sua organização e abordamos o significado de autenticidade e transparência. Analisamos de que maneira empresas como a United Business Media* e a Best Buy** desenvolvem verdadeiros "fanáticos" entre seus funcionários.

Uma das ideias essenciais discutidas aqui é como ser bem-sucedido mesmo no fracasso. Na verdade, acreditamos que, tão importante quanto planejar nossos sucessos, é ser capaz de analisar e planejar eventuais fracassos – a realidade dos negócios é que, às vezes, fracassaremos. O modo como lideramos e nos recuperamos de um fracasso dirá mais sobre nossa capacidade como líderes do que a maneira como agimos em tempos de glória. Esse conceito é ainda mais importante para organizações abertas, considerando a maior possibilidade de que seus percalços aconteçam publicamente. No capítulo 9, as mesmas organizações e líderes cujos sucessos foram apresentados em capítulos anteriores – Cisco, Facebook, Kodak e Microsoft – demonstram por que sua capacidade de abraçar o fracasso lhes conduziu ao sucesso. Um bom exemplo é a maneira como uma organização como a Google – atualmente uma das empresas mais bem-sucedidas e inovadoras do mundo – incentiva seus funcionários a assumirem riscos e fracassos.

---

* Trata-se de uma empresa sediada em Londres e líder global em mídia de negócios. Sua função é aproximar compradores e fornecedores em todo o mundo. No Brasil desde 1994, foi a primeira multinacional de feiras a entrar no mercado. Site: www.UmBrazil. com.br. (N.E.)

** Rede norte-americana de varejo de produtos eletroeletrônicos. Site: www.BestBuy. com. (N.E.)

O último capítulo dessa obra examina como alguns líderes estão levando suas organizações a tornar-se mais abertas – impulsionadas não pela crença em um ideal, mas por necessidades econômicas e do mercado. Empresas como a Procter & Gamble e o State Bank of India possuem culturas arraigadas que, em certos casos, desenvolveram-se ao longo de séculos de cuidadosa adesão a uma doutrina organizacional. Se você é um líder que enfrenta intimidantes desafios organizacionais e gerenciais, esperamos que possa se inspirar em todos esses estudos de casos e consiga transformar sua organização.

COMEÇANDO A VIAGEM

Não importa se você está em posição de liderança – como gerente ou CEO (diretor executivo) – em uma empresa que está implementando tecnologias sociais para introduzir um novo produto ou para recuperar a clientela; se é gerente de recursos humanos (RH); um estrategista ansioso para ter contato com as ideias de seus funcionários; talvez você seja o líder de comitê em uma igreja procurando estimular voluntários desanimados ou até mesmo um administrador escolar trabalhando com os pais para promover mudanças. É desafiador ser aberto. Entretanto, enquanto líder, se puder compreender não apenas o processo, mas também os benefícios de tal abertura, tudo se tornará mais fácil.

A luta para equilibrar abertura e controle é um problema humano universal. Como mãe de pré-adolescentes, às vezes sonho com aqueles dias em que eu podia simplesmente prender uma criança descontente ao assento do carro e dirigir para o meu destino. Assim como as crianças crescem e desenvolvem suas próprias vozes que precisam ser ouvidas, nossos clientes, colaboradores e parceiros também desejam ser convidados a adentrar o "santuário organizacional". Minha esperança é que este livro possa oferecer orientação e apoio no momento em que você começar sua jornada rumo ao "novo mundo da abertura". *Bon voyage*!

CHARLENE LI
MAIO DE 2010

Notas da autora

1. Além de seu principal site na internet em http://redcross.org, a Cruz Vermelha norte-americana mantém as seguintes presenças *on-line*: http://blog.redcross.org, http://redcrossyouth.org, www.youtube.com/amredcross, www.twitter.com/redcross, www.flickr.com/groups/americanredcross, www.linkedin.com/static?key=groups_giving_arc e www.socialvibe.com/#/causes/38.
2. O *American Red Cross social media strategy handbook* [Manual de estratégia para mídia social da Cruz Vermelha Norte-americana] está disponível em: http://sites.google.com/site/wharman/social-media-strategy-handbook.
3. A lista dos blogues das filiais da Cruz Vermelha norte-americana está disponível em http://redcrosschat.org/chapter-blogs, e a lista das contas de Twitter das filiais está disponível em http://redcrosschat.org/twitter.
4. Mais informações sobre as maneiras como a Cruz Vermelha usou campanhas de doação por celular, assim como o Facebook e Twitter estão disponíveis em http://mashable.com/2010/01/13/haiti-red-cross-donations e em www.techcrunch.com/2010/01/15/haiti-text-donations.

PARTE I

 O LADO POSITIVO
DE ABRIR MÃO DO CONTROLE

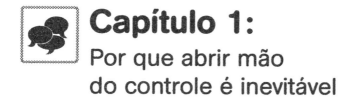

Capítulo 1:
Por que abrir mão do controle é inevitável

Você pode não saber quem é Dave Carroll, mas a companhia aérea norte-americana United Airlines gostaria de nunca ter ouvido falar dele.

Em março de 2008, Carroll era um dos passageiros a bordo de um voo da United que esperavam para decolar. Quando olhou pela janela do avião, mal pôde acreditar no que testemunhou: em plena pista do aeroporto O'Hare de Chicago os carregadores de bagagem da companhia estavam simplesmente arremessando as malas de uma lado para o outro e, às vezes, até deixando-as cair no chão. Entre os itens que eram atirados, havia estojos de violão. O alarmado Carroll, músico e compositor canadense independente, logo percebeu que aqueles eram seus próprios equipamentos.

Carroll chamou uma comissária de bordo da United e pediu a ela que verificasse o que estava acontecendo ali fora. Posteriormente, durante uma entrevista, Carroll disse:

> Ela ergueu a mão e disse: "Não é comigo que deve falar, mas com o agente de embarque lá fora." Depois disso, todos os funcionários com os quais conversei disseram que nada poderiam fazer, ou que não era de sua responsabilidade.[1]

Como era de se esperar, quando Carroll desembarcou em Omaha, seu destino final, ele abriu seu estojo e encontrou seu amado violão Taylor seriamente danificado. Carroll tinha pressa para chegar ao local de seu show e, como sua agenda estava lotada, somente conseguiu entrar em contato com a companhia aérea três dias depois para relatar o problema. No entanto, a United recusou-se a compensar o músico pelo conserto no valor de 1.200 dólares – na época, a empresa tinha como política não

16 Liderança Aberta

aceitar reclamações após vinte e quatro horas de um voo, porque, passado esse tempo, torna-se cada vez mais difícil identificar as responsabilidades pelos supostos danos[2] – alegando que os danos poderiam ter sido causados em outro lugar.

Por vários meses, Carroll insistiu em seu caso sem obter nenhum avanço. Em novembro de 2008, meses depois do incidente, ele finalmente conseguiu contatar um funcionário que parecia ter algum poder de decisão. Contudo, infelizmente, a tentativa também não deu em nada. A representante da United explicou que suas mãos estavam atadas por causa da política da empresa – e de maneira educada, mas firme, disse que não havia mais nada que a companhia pudesse fazer.

Bem, se você fosse um músico frustrado e profundamente injustiçado como Carroll, o que faria? Talvez você escrevesse uma música sobre a experiência! Mas Carroll fez mais do que isso – além da música, ele fez também um vídeo intitulado "United breaks guitars" [A United quebra violões] e o disponibilizou no YouTube.[3] Tal atitude o fez sentir-se melhor. Ele realmente não imaginou que mais de uma dúzia de pessoas iriam assisti-lo.

O vídeo de Carroll foi ao ar pela primeira vez em 7 julho de 2009, e em três dias tornou-se um contagiante hino, atingido mais de um milhão de acessos. No final daquele ano, essa marca saltou para mais de sete milhões de visualizações. Surgiram centenas de novas histórias sobre a experiência de Carroll.[4]

Compreensivelmente, a United ficou aterrorizada e imediatamente procurou Carroll. Este explicou-lhes que seu maior desejo era ver a política da companhia aérea em relação a danos à bagagem modificada. Tony Cervone, vice-presidente sênior de comunicações corporativas da United, foi quem relatou:

> Fizemos contato direto com Dave assim que o assunto veio a público e dissemos: 'Diga-nos o que aconteceu para que possamos entender melhor a situação'. Então nós escutamos o que ele tinha a nos dizer e, quase imediatamente, mudamos algumas de nossas políticas.

De fato, a disposição da United para se relacionar com Dave Carroll contribuiu para conter sua crescente onda de raiva. Posteriormente, o músico postou um novo vídeo no qual faz uma declaração sincera e explica o incidente. Ele aplaude a United Airlines por seus esforços a fim de corrigir a situação e até mesmo elogia o profissionalismo dos funcionários da companhia.[5]

A United Airlines estava em uma situação difícil. Na maioria das vezes, as companhias aéreas transportam bagagens e pessoas para seus destinos sem qualquer imprevisto e, quando um problema ocorre, procuram resolver a situação da melhor maneira possível. Entretanto, nos dias de hoje, basta um único indivíduo (talentoso) para que um slogan como: "Fly the friendly skies" [Voe em céus amigos] seja substituído por algo do tipo: "A United quebra violões".

A NOVA CULTURA DE COMPARTILHAMENTO

O que realmente está acontecendo? A resposta é, ao mesmo tempo, simples e abrangente: uma mudança fundamental no poder dos clientes, que hoje têm em suas mãos a capacidade de compartilhar suas opiniões com o mundo. Isso ocorreu devido a três tendências:

1. **Mais pessoas conectadas (*on-line*).** Não é apenas o número de usuários da internet que está crescendo, mas o tempo que permanecem conectados. Além disso, a variedade de opções também se multiplica. De acordo com o site InternetWorldStats.com, 1.7 bilhões de pessoas em todo o mundo estão ativas na rede.[6] A penetração varia de 6,8% na África, 19,4% na Ásia a 74,2% na América do Norte.*

2. **O uso generalizado de sites sociais.** Atualmente, é difícil encontrar qualquer usuário da internet que não tenha assistido a pelo menos um vídeo no YouTube. A adesão foi rápida: em setembro de 2006, apenas 32% de todos os internautas ativos em todo o mundo haviam assistido a um videoclipe *on-line*; em março de 2009, esse número havia subido para 83%.[7] Da mesma maneira, o acesso às comunidades virtuais saltou de 27% de usuários globais *on-line* para 63% de todos os usuários com idades entre 18 e 54 anos em todo o planeta. Sendo assim, quando as pessoas estão *on-line*, gastam um tempo desproporcional em conteúdos criados por elas próprias.

---

* Segundo o Ibope/Nielsen, em dezembro de 2009 havia no Brasil 67,5 milhões de internautas. O país é o 5° com o maior número de conexões à Internet. Nas áreas urbanas, 44% da população brasileira está conectada à internet, 97% das empresas e 23,8% dos domicílios. (N.E.)

3. **A ascensão do compartilhamento.** Mais do que qualquer outra coisa, os últimos anos têm sido dominados pela ascensão da "cultura do compartilhamento". O ato de compartilhar é inerente ao comportamento humano e está profundamente arraigado nos indivíduos. A cada nova onda tecnológica – imprensa, telégrafo, telefone e e-mail – tal compartilhamento se torna mais rápido, mais barato e mais fácil.

Existe atualmente uma nova dimensão de compartilhamento. Até cerca de cinco anos atrás, a menos que você soubesse como programar uma página de Web, seu nível de compartilhamento estava limitado ao número de e-mails que pudesse enviar. Em contrapartida, se você enviasse um número demasiadamente grande de mensagens, poderia perder sua credibilidade.

Agora, a ampla distribuição de informações *on-line* é tão fácil como atualizar seu status para seus amigos no Facebook e no Twitter, comunidades que, aliás, podem ser acessadas a partir de praticamente qualquer dispositivo (do navegador da Web, do celular e até mesmo da TV).[8] Além disso, novos serviços tornam fácil carregar e descarregar não apenas textos, mas outros inúmeros conteúdos: utilizando um celular, é possível carregar uma foto no Flickr ou um vídeo no YouTube; para criar um podcast basta ligar para sua operadora de telefonia.[9] Todos esses novos recursos tornaram o compartilhamento não apenas simples, mas também expansível. Esse salto tecnológico ofereceu a qualquer pessoa armada com um telefone celular a capacidade e a oportunidade de compartilhar com o mundo.

AGORA É PÚBLICO

A mídia social não apenas forneceu novos poderes a seus clientes, como também brindou seus funcionários com novas maneiras de colaborarem uns com os outros – o que é algo positivo – e com novas oportunidades de demonstrar publicamente seu descontentamento com o trabalho – o que não é algo assim tão positivo. Problemas que antes eram resolvidos por meio de canais privados, como o telefone ou e-mails internos, tornaram-se públicos. Nunca foi possível controlar o que as pessoas diziam dentro dos limites físicos da companhia sobre sua marca, sua empresa ou seu estilo de gestão, contudo, o impacto público de suas observações era, até recentemente, mínimo.

Considere, por exemplo, o que as pessoas pensam sobre os seus empregos. Você provavelmente já reclamou do seu emprego para amigos e familiares, compartilhando com eles suas frustrações no trabalho. No passado, o efeito causado por empregados insatisfeitos era, em geral, limitado ao seu círculo imediato de conhecidos.

Hoje, porém, tudo o que uma pessoa precisa fazer é acessar um site como Glassdoor.com* para ficar informado sobre o que se passa dentro de uma organização. De maneira anônima, empregados avaliam empresas e suas lideranças, além de compartilhar informações sobre seus cargos e salários, com o propósito de ajudar outras pessoas que estejam negociando um emprego ou um aumento de salário. Eis aqui um exemplo:

Não é um bom lugar para trabalhar

Prós
- tecnologia interessante;
- as pessoas em nossa unidade são fantásticas.

Contras
- a alta gerência não se comunica de maneira construtiva;
- é óbvio que a alta gerência não valoriza os funcionários da empresa;
- desde que a nossa empresa foi adquirida pela empresa X, o moral e a produtividade despencaram.

Conselhos à alta gerência
- delegue mais às unidades de negócios para que estas possam realizar sua atividades do dia a dia. Estabeleça metas para as unidades de negócios e depois assegure a liberdade e os recursos necessários para a realização do trabalho;
- reconheça e recompense os funcionários produtivos.

---

* Trata-se de um site norte-americano que disponibiliza anonimamente informações sobre empresas, salários, comentários de funcionários e ex-colaboradores. O termo *glassdoor* significa porta de vidro. (N.E.)

DESPEDINDO-SE DO CONTROLE

Líderes empresariais sentem-se intimidados pelo poder das tecnologias sociais, mas, ao mesmo tempo, estão intrigados e animados com as oportunidades que elas proporcionam.

Tenho conversado com centenas de líderes sobre o seu desejo de explorar o poder das tecnologias sociais com o objetivo de transformar seus negócios. Eles apreciam a ideia de poder ouvir instantaneamente o que os seus clientes dizem sobre eles. Demonstram curiosidade em relação a novas ideias que possam surgir e sobre a possível redução em seus custos de suporte se os próprios clientes pudessem resolver os problemas uns dos outros.

Poucos, contudo, realmente deram os primeiros passos para abraçar as tecnologias sociais e estão alcançando bons resultados; muitos começaram a jornada com grande entusiasmo, mas fracassaram. Não há uma explicação ou razão particular para esses sucessos ou fracassos – o tamanho da empresa, o tipo de negócio ou até mesmo a experiência anterior com tecnologias sociais não determinaram os resultados. De acordo com minhas pesquisas, o maior indicador de sucesso tem sido a adoção de uma mentalidade aberta – a capacidade dos líderes de abrir mão do controle na hora certa, no lugar certo e na proporção certa.

O primeiro passo é reconhecer que não se está no controle da situação, mas, sim, os seus clientes, funcionários e parceiros. Se você é um entre os muitos executivos que têm saudades dos "velhos e bons tempos" quando regras e papéis eram claros, livre-se desse pensamento e comece a trabalhar. O que vivenciamos não é uma moda passageira. Ela apenas se tornará mais forte, com ou sem você.

ABRINDO MÃO DO CONTROLE PARA CONSTRUIR RELACIONAMENTOS

Neste momento é possível que você esteja pensando que qualquer envolvimento com os novos donos do poder seria uma atitude muito arriscada; que sua organização não está preparada para lidar com multidões incontroláveis. Ou, como um executivo comentou: "Uma coisa é ver um cliente apontar uma arma para mim. Outra, bem diferente, é convidá-lo para acessar meu próprio site e fornecer-lhe a arma ali mesmo".

A razão para sermos proativos na renúncia ao controle é que, ao agirmos dessa maneira, podemos recuperar pelo menos a aparência do controle. Parece contraintuitivo, mas o ato de nos relacionarmos com as pessoas e de aceitarmos o fato de elas deterem poder pode nos permitir enfrentar comportamentos negativos. Essa é, na verdade, a única chance que temos para influenciar resultados.

O fundamental aqui é encarar o desafio de abrir mão do controle como uma questão de relacionamento. Para os gurus da gestão James Kouzes e Barry Posner, autores de *O desafio da liderança*,* a "liderança é uma relação entre aqueles que aspiram liderar e aqueles que preferem seguir".[10] Em uma época na qual clientes e funcionários estão redefinindo a maneira como estabelecem e mantêm relações com as tecnologias sociais, é mais do que hora das organizações repensarem também as bases de seus relacionamentos comerciais.

Para compreender como funcionarão essas novas relações, basta pensar no relacionamento mais satisfatório que você possui em sua vida pessoal. Você: exerce controle sobre ele? Determina os termos e espera que a outra pessoa os siga cegamente, ou investe continuamente tempo e dedicação, e suporta inúmeros sofrimentos para desenvolver essa relação?

No mundo dos negócios não é diferente, pois ele também é construído com base em relacionamentos. Estes ocorrem não apenas entre clientes e a organização, mas também entre empregados e parceiros. Além disso, a liderança é definida pela relação criada entre um líder e aqueles que decidem segui-lo, ou não – de boa vontade, ou não. No contexto dos relacionamentos, quanto controle realmente detemos? Não se pode obrigar clientes a comprar os produtos de uma empresa (ao contrário do que os departamentos de marketing podem pensar). Também não se pode compelir os empregados de uma organização a apoiar uma determinada estratégia; eles poderão simplesmente agir de uma maneira passiva-agressiva e optar por não segui-la.

Encaremos a realidade – embora uma recente conferência de marketing tenha prometido ensinar os participantes como "retomar o controle"–, o fato é que não o detemos e, provavelmente, nunca o tivemos.[11] Neste caso, do que realmente estamos abrindo mão? A fim de nos tornarmos abertos, é preciso abrir mão da "necessidade" de estar no controle. Porém, para preencher esse vazio, faz-se necessário desenvolver a segurança – de modo a desenvolver também a confiança – de que quando abrirmos mão do controle, as pessoas que dele se encarreguem o façam com responsabilidade.

---

* Rio de Janeiro: Campus-Elsevier, 2008. (N.E.)

LEVANDO ADIANTE OS NOVOS RELACIONAMENTOS

Está claro que precisamos pensar em relacionamentos e liderança de uma nova maneira. As empresas estão acostumadas a transmitir a seus clientes mensagens cujo foco está em ações ou transações específicas. Elas dizem a seus funcionários qual trabalho deverá ser feito, ou simplesmente determinam os termos segundo os quais seus parceiros deverão interagir com elas. Embora sempre tenham existido formas pelas quais clientes, funcionários e parceiros pudessem se comunicar com as organizações, esses canais de interação têm se mostrado secundários em comparação ao volume e ao peso das mensagens emitidas pelas empresas. Resultado: muitas relações empresariais tradicionais carecem de um compromisso profundo e real. Ao serem solicitados a descrever a natureza dos relacionamentos com seus clientes, muitos empresários se utilizarão de jargões, do tipo: "curto prazo", "transacional" e "impessoal".

Agora, imagine um novo tipo de relacionamento, construído a partir de múltiplas experiências compartilhadas – um relacionamento no qual a confiança tenha florecido. Não seria ótimo se você pudesse descrever suas relações de negócios usando palavras como "fidelidade", "compromisso" e até mesmo "paixão" e "intimidade"?

Isso não apenas é possível, como já está acontecendo nos dias de hoje. Cada vez mais empresas estão percebendo que, neste mundo novo e aberto, clientes, funcionários e parceiros estão assumindo papéis diferentes dos tradicionais – de passivos receptores de mensagens empresariais. Eles agora se sentem fortalecidos devido a uma cultura de compartilhamento que lhes permite disseminar seus pensamentos por toda parte. Graças à tecnologia, esses indivíduos estão se tornando mais comprometidos uns com os outros e com aquelas organizações que abraçam os relacionamentos de um modo mais profundo e significativo.

VOCÊ JÁ TESTEMUNHOU ISSO EM ESCALA INTERNACIONAL

O exemplo mais significativo desse novo tipo de relacionamento e compromisso foi visto durante a eleição presidencial norte-americana, em 2008, na campanha de Barack Obama,[12] planejada desde o início para abraçar um movimento popular, um produto da experiência de Obama como líder comunitário. Priorizou-se também uma estratégia de abertura, com o gerente de campanha, David Plouff, com a utilização de múltiplas mídias, incluindo o YouTube, para divulgar o plano de governo.[13] A lógica por trás disso: a direção da campanha de McCain* já conhecia esta estratégia, sendo assim, os partidários de Obama concluíram que precisavam divulgar seu "plano mestre" para que as pessoas pudessem apoiá--lo, cada uma a seu próprio modo. Tudo foi cuidadosamente verificado, e a campanha de Obama foi totalmente aberta, demonstrando desde a importância de se vencer no Estado de Iowa até o orçamento milionário detalhado que seria investido na Flórida.

Obama e sua equipe estavam seguros em abrir mão do controle, porque sabiam que tinham gasto uma extraordinária quantidade de tempo para garantir que as pessoas estivessem alinhadas não apenas com o objetivo (eleger Obama presidente), mas também, e acima de tudo, com os "valores" subjacentes da campanha. Michael Slaby, diretor de tecnologia da campanha de Obama, compartilhou comigo o seguinte: "Quando fazemos um bom trabalho ensinando nossos valores e missão para as pessoas que estão na base de uma organização, ao entregarmos o controle em suas mãos, elas realmente farão o que deve ser feito". Com um candidato relativamente desconhecido, a equipe percebeu que seria preciso ajudar o povo norte-americano a conhecer a pessoa Obama. Desse modo, com o intuito de estender a campanha a um universo pessoal, contou-se com a criação de uma rede social privada e de perfis em sites como o Facebook e o MySpace.

Valores fundamentais da campanha incluíam respeito e humildade, o que significava que, quando alguém se engajava na equipe de campanha ou como voluntário, essa pessoa precisava compactuar com eles. "Essas são coisas básicas que fazemos quando mantemos um relacionamento com outra pessoa", disse Slaby. "Em geral, empresas e campanhas políticas não dialogam bem, mas acredito que fizemos um bom trabalho quanto à participação de pessoas em todos os ambientes em que trabalhamos".

Conforme percebemos que a campanha de Obama mobilizava cada vez mais pessoas – indivíduos que, durante décadas, tinham sido apenas observadores silenciosos da política presidencial –, testemunhamos os resultados desse novo relacionamento pessoal. Algumas pessoas compartilhavam seu

---

* O senador norte-americano John McCain foi candidato à presidência dos Estados Unidos pelo Partido Republicano em 2008, perdendo para Barack Obama. (N.T.)

24 Liderança Aberta

entusiasmo colocando um emblema virtual em seus perfis em redes sociais. Outras configuraram perfis no site MyBarackObama.com e pediram a amigos e familiares que fizessem doações. Alguns chegaram a criar vídeos como sua própria contribuição para a campanha, incluindo desde o frívolo "Obama girl", o divertido "Wassup 2008" [Como vão as coisas? 2008] e o estimulante "Yes, we can" [Sim, nós podemos], do rapper will.i.am,* que atraiu milhões para a campanha.[14] A campanha de Obama fez mais do que apenas aplicar a tecnologia de uma maneira inteligente e inovadora. Ela a usou para criar um relacionamento antes inexistente, levando o povo, até então marginalizado pelo processo político, para mais perto das linhas de frente da corrida presidencial.

O DILEMA DO LÍDER

Durante a campanha, Obama foi capaz de manter o equilíbrio entre conservar e abrir mão do controle, porém, como ficou evidente no primeiro ano desde que assumiu a presidência, governar um país com uma estratégia aberta é bastante diferente de apenas dirigir uma campanha. Manter o equilíbrio entre manter e relaxar o controle tem sido um problema que remonta ao início da era da informação, desde que a invenção da imprensa permitiu, pela primeira vez, a transferência e o compartilhamento de informações em larga escala. Até então, a educação era restrita porque os líderes da igreja e os aristocratas temiam que se as classes mais baixas aprendessem a ler poderiam se tornar insatisfeitas com sua condição e passar a organizar-se.

Quando os livros se tornaram mais difundidos, a elite detentora do poder passou a encontrar cada vez mais dificuldades para manter o controle absoluto. O professor Samuel Huntington, em *A ordem política nas sociedades em mudança*,** escreveu sobre o "dilema do rei" para ilustrar o desafio de governar uma população iluminada e unida.[15]

Um rei com um pensamento arrojado, que concede direitos e liberdade para os servos e os transforma em cidadãos pode acabar abdicando de seu trono à medida que esses cidadãos passam a reivindicar cada vez mais liberdade ao longo do tempo. Contudo, um destino pior aguarda

---

* O rapper will.i.am (sic) ganhou o prêmio de artista do ano no Webby Awards por seu vídeo de apoio à campanha do então pré-candidato democrata Barack Obama às eleições presidenciais norte-americanas, usando o seu slogan símbolo *Yes, we can*. (N.T.)

** São Paulo: Forense-universitária – EDUSP, 1975. (N.E.)

aqueles que endurecem e reprimem a população; os anseios de poder represados, aliados a novas formas de organização social e de comunicação, levam a uma reação explosiva, cujo resultado, em geral, é um líder que perde não apenas seu trono, mas também sua cabeça.

Atualmente, muitas empresas enfrentam o mesmo dilema, isso ocorre porque dispõem de uma estrutura clássica de comando e controle, criada na era industrial do pós-guerra. Tais hierarquias centralizadoras funcionaram bem para organizar processos complexos de suprimento, fabricação e distribuição que se baseavam em métodos consistentes e controles precisos de manutenção de qualidade. Embora as equipes dispusessem de algum poder de decisão sobre a maneira de fazer as coisas, uma boa administração significava a observância estrita a critérios predeterminados de sucesso. Além disso, o elevado custo das comunicações e da informação determinava que apenas a informação mais preciosa e importante poderia transitar para cima e para baixo pelas hierarquias corporativas – os líderes se baseavam em uma clara "cadeia de comando", sendo qualquer informação fora dessa cadeia suprimida.

Dois acontecimentos começaram a pressionar esse modelo tradicional. Em primeiro lugar, os parâmetros de sucesso passaram a ser considerados não pelo controle do processo, mas pela inovação. Não se pode simplesmente adotar o "Six Sigma"* em seu caminho rumo a novos mercados. Em seu lugar, as organizações precisam desenvolver flexibilidade organizacional para se adaptarem a situações que sofrem mudanças rápidas. Em segundo lugar, a tendência hoje é que as empresas ofereçam serviços em vez de produtos industrializados. Mesmo uma mão de obra qualificada e motivada na linha de frente rapidamente demonstra insatisfação diante de limitações e/ou hierarquias rígidas, uma vez que se vê impossibilitada de agir de acordo com o que acredita ser necessário devido às noções desconexas do comando central sobre o que realmente funciona no mercado.

Inúmeros gurus da área de gestão empresarial estudaram e reconheceram as limitações dessa estrutura organizacional. Em 1946, Peter Drucker descreveu, em *Concept of the corporation*,** as sólidas abordagens gerenciais da General Motors, mas também recomendou que a empresa

---

* Six Sigma (Seis Sigma) é uma metodologia desenvolvida inicialmente pela Motorola. O termo é usado para definir estratégias gerenciais que visam a alcançar melhorias nos processos, produtos e serviços, de modo a satisfazer os clientes. (N.T.)

** Sem título em português. Tradução livre: Conceito da corporação. (N.T.)

26 Liderança Aberta

promovesse a descentralização do poder, já que os funcionários que possuíam um nível elevado de informações e conhecimentos não estavam sendo devidamente ouvidos.[16] O ensaio de Robert Greenleaf, "The servant as leader" [O empregado como líder], de 1970, virou a liderança de cabeça para baixo, ao colocar os executivos como humildes servidores da empresa, e não como as cabeças todo-poderosas.[17] E, em seu livro *Em busca da excelência*,* publicado originalmente em 1982, Tom Peters encorajou as organizações a substituírem a administração pesada e centralizada por equipes lideradas por funcionários e clientes.[18]

No entanto, apesar das advertências de todos esses respeitados especialistas em gestão, o apelo por mudanças tem ficado, até este momento, basicamente sem resposta, já que elas não foram colocadas em prática. Com frequência, os executivos questionam as mudanças utilizando-se dos seguintes subterfúgios: "Eu sou o responsável, por essa área eu tenho de ter o controle [...] Se está me dizendo para abrir mão do controle, como poderei administrar as discrepâncias entre controle e resultados?" A questão é que esses líderes estão fazendo a pergunta errada. Na verdade, eles deveriam perguntar: "Como desenvolver o relacionamento novo, aberto e comprometido que preciso para alcançar resultados?"

AS NOVAS REGRAS DA LIDERANÇA ABERTA

Atualmente, as novas tecnologias nos permitem abrir mão do controle e, mesmo assim, nos manter no comando. Isso ocorre porque dispomos de ferramentas de comunicação melhores e mais baratas que nos permitem contato íntimo com o que está acontecendo com clientes e funcionários. O resultado desses novos relacionamentos é uma liderança aberta, que defino da seguinte maneira:

> Ser confiante e humilde o suficiente para abrir mão da necessidade de estar no controle, ao mesmo tempo em que inspira em cada pessoa o compromisso de alcançar objetivos comuns.

A liderança aberta promove novas formas de relacionamento. Para compreendermos e dominarmos o funcionamento desses novos relacionamentos precisamos de novas regras, como as relacionadas a seguir:

---

* São Paulo: Harbra, 1996. (N.E.)

1. Respeitar o fato de que seus clientes e funcionários têm poder. Ao aceitarmos esta afirmativa como verdade, podemos desenvolver um relacionamento mais real e igual com todos. Sem essa mentalidade, continuaremos a considerá-los como recursos substituíveis e a tratá-los como tal. Se eventualmente precisarmos nos lembrar do poder desses clientes e funcionários, basta que consultemos os relatórios de monitoramento da mídia social sobre nossa empresa, preparados por fornecedores como a Radian6,* a BuzzMetrics** ou Cymfony***, e rapidamente sentiremos a força e o poder de nossos colaboradores.

2. Compartilhar sempre para construir confiança. Na essência de qualquer relacionamento próspero está a confiança. Em geral, a confiança se estabelece quando as pessoas cumprem o que prometem. Contudo, nos ambientes cada vez mais virtuais e comprometidos de hoje, a confiança também surge de conversas diárias. O repetido intercâmbio bem-sucedido entre indivíduos que compartilham seus pensamentos, suas atividades e suas preocupações resulta em relacionamento. As novas tecnologias, como os blogues, as redes sociais e o Twitter removem o custo de compartilhamento, tornando mais fácil estabelecer esses novos relacionamentos.

3. Alimentar a curiosidade e a humildade. Muitas vezes, o compartilhamento pode rapidamente se transformar em simples transmissão de mensagens, se todas as informações emitidas não forem acompanhadas por reciprocidade. Expressar curiosidade sobre o que alguém está fazendo e por que algo lhe é importante, mantém nosso compartilhamento focado no que outras pessoas querem saber em equilíbrio com o que queremos dizer. O resultado natural da curiosidade é a humildade, que nos dá a integridade intelectual para reconhecermos que ainda temos muito a aprender, e também para admitirmos quando estamos errados.

---

* Empresa de tecnologia especializada em monitoramento social. Para mais informações, acesse www.Radian6.com/about. Site em inglês. Empresas similares no Brasil: Media Factory, I-Group, Agenciaclick e i-Brands Buzz Monitoring (www.IbrandsMonitor.com.br). (N.E.)

** Para mais informações, acesse: http://en-us.nielsen.com/content/nielsen/en_us/product_families/nielsen_buzzmetrics.htm. Site em inglês. (N.E.)

*** Para mais informações sobre a empresa, acesse: www.cymfony.com/About-Us/About-US. Site em inglês. (N.E.)

4. **Manter a abertura responsável.** Nos relacionamentos, a responsabilidade é uma via de mão dupla – ela explicita quais são as expectativas, bem como as consequências caso não forem cumpridas. Assim, se nosso produto causa problemas a alguém, qual é a primeira coisa que devemos fazer? Pedir desculpas e encontrar uma maneira de resolver o problema. Da mesma maneira, se damos a alguém a possibilidade de se expressar em nosso site e esse indivíduo comete abusos, ele deverá compreender que seu acesso futuro será negado.

5. **Perdoar os fracassos.** O resultado da responsabilidade é o perdão. Em todos os relacionamentos ocorrem erros. É a partir deles que as relações saudáveis avançam, deixando para trás ressentimentos e culpas. Isso não quer dizer que nossos fracassos sejam aceitos, mas que sejam reconhecidos e compreendidos.

 Descobriremos que não somos os únicos a ter preocupações, nem os únicos a acreditar que existe um lado positivo em abrir mão do controle. Saiba como outras pessoas responderam a essas questões visitando o site open-leadership.com.* Lá, teremos a oportunidade de compartilhar nossas próprias preocupações e também nossas esperanças.

Até este ponto, vimos algumas oportunidades e perigos presentes neste novo mundo aberto. Para compreendermos melhor essas ameaças e oportunidades, no próximo capítulo definiremos mais claramente o que significa "ser aberto".

---

* O conteúdo do site está em inglês. (N.E.)

Plano de ação:
compreendendo os desafios da liderança aberta

Com estas regras em mente, poderemos nos fazer algumas perguntas. Elas nos servirão como ponto de partida e também como um mapa preliminar que nos ajudará a chegar onde queremos ir. Veja as questões a seguir:

- Quais são meus maiores desafios e medos em relação ao fato de meus clientes ou funcionários usarem tecnologias sociais?
- Como posso descrever a natureza do relacionamento com meus clientes hoje? Com meus funcionários? Com meus colaboradores?
- Como gostaria que tais relacionamentos fossem dentro de dois anos?
- Quais são meus maiores receios em relação a abrir mão do controle?
- O que mais me enerva quando o assunto é abrir mão do controle?
- Onde estão as maiores oportunidades, tanto internas quanto externas à minha empresa, para que eu abra mão do controle e me torne mais aberto?

Notas da autora

1. "United breaks guitars, Dave Carroll keeps playing." Disponível em: www.petergreenberg.com/2009/08/11/united-breaks-guitars-dave-carroll-keeps-playing/, Agosto de 2009.
2. De acordo com a United Airlines, essa política foi implantada com o objetivo de determinar com precisão as responsabilidades por danos causados e lidar com muitas reclamações fraudulentas que a companhia recebe todos os anos.
3. O primeiro do que seria uma série de três vídeos, "United breaks guitars" está disponível em: www.youtube.com/watch?v=5YGc4zOqozo.
4. Mais informações sobre Dave Carroll disponíveis em: www.davecarrollmusic.com.
5. O vídeo com a declaração de Dave Carroll está disponível em: www.youtube.com/watch?v=T_X-Qoh__mw/.
6. De acordo com a Internet World Stats, 1,7 bilhões de pessoas estavam *on-line* em 30 setembro de 2009, o que representava 25,6% de penetração. Mais informações estão disponíveis em: www.internetworldstats.com/stats.htm.
7. Universal McCann Social Media Tracker, Wave 4, Julho de 2009. Disponível em: http://universalmccann.bitecp.com/wave4/Wave4.pdf.
8. A empresa de comunicações norte-americana Verizon recentemente tornou possível acessar sites como Facebook e Twitter por meio do seu Verizon FiOS, um serviço de TV e internet que usa fibra óptica. Mais informações podem ser encontradas no artigo disponível em: www.readwriteweb.com/archives/facebook_and_twitter_on_tv_hands-on_with_verizon_fios_widgets.php.
9. Serviços como http://gcast.com, http://gabcast.com e http://hipcast.com permitem aos podcasters simplesmente ligar para um número e gravar o podcast; dessa maneira, o arquivo fica disponível para ser usado.
10. KOUZES, James M., POSNER, Barry Z. *O desafio da liderança*. São Paulo: Vida, 2009, pg. 24 do original em inglês.
11. O título de um e-mail de divulgação para uma conferência de marketing dizia: "Está na hora de retomar o controle!" Mais informações estão disponíveis no post "Can you control your customers?" [Você pode controlar os seus clientes?] em: www.altimetergroup.com/2009/10/can-you-control-your-customers.html.

12. Informação importante: fui gerente distrital e voluntária na campanha de Barack Obama.
13. David Plouff, gerente de campanha de Obama, fala sobre a estratégia da campanha eleitoral no YouTube em: www.youtube.com/watch?v=a6bp0B61rNk.
14. O vídeo "Crush on Obama" [Apaixonada por Obama] por Obama Girl está disponível em www.youtube.com/watch?v=wKsoXHYICqU, "Wassup 2008" está disponível em www.youtube.com/watch?v=Qq8Uc5BFogE, e o vídeo "Yes We Can" de will.i.am está disponível em www.youtube.com/watch?v=jjXyqcx-mYY.
15. HUNTINGTON, Samuel P. *A ordem política nas sociedades em mudança*. Rio de Janeiro: Forense Universitária, 1976.
16. DRUCKER, Peter. *Concept of the corporation* [Conceito da Corporação]. Nova York: John Day, 1946.
17. O ensaio "The servant as leader", de Robert K. Greenleaf, foi publicado pela primeira vez em 1970 e pode ser consultado em http://greenleaf.org. O autor também publicou *Servant leadership* [Liderança servidora] (Nova York: Paulist Press) em 1977.
18. PETERS, Thomas J. *In search of excellence: lessons from America's best-run companies* [Em busca pela excelência: lições das companhias norte--americanas mais bem geridas]. Nova York: HarperCollins, 1982.

Capítulo 2:
Os dez elementos da abertura

Enquanto escrevia este livro, tive a oportunidade de falar para um grupo de ex-alunos da Escola de Negócios de Harvard, em Silicon Valley, sobre o conceito de abertura. Perguntei à plateia: "Quantos de vocês trabalham para o que consideram ser uma organização aberta?" Apenas três entre as cerca de cem pessoas na sala levantaram as mãos – elas trabalhavam para a Mozilla*, a Twitter e a IDEO.**

Esse caso evidencia um problema fundamental em relação à abertura: carecemos de um sistema e de um vocabulário básicos nos quais possamos basear discussões e decisões sobre o tema, porque existem muitas maneiras diferentes de "ser aberto". Por exemplo, a Mozilla, a Twitter e a IDEO consideram a abertura de três maneiras muito distintas. Duas dessas empresas se baseiam em tecnologia. O produto da Mozilla é construído pelo princípio de "fonte aberta", ou seja, o código de acesso está disponível para quem quiser fazer uma contribuição, de modo que os aperfeiçoamentos para o navegador Firefox podem vir de qualquer lugar. A empresa Twitter tem interfaces de programação de aplicativos bastante abertas, o que também permite a qualquer um construir sobre a estrutura básica da empresa e utilizar seus dados, mesmo fora do seu site. Por fim, a IDEO, uma empresa de consultoria em design e inovação, tem uma famosa cultura aberta de trabalho que estimula o inovador "pensamento de design".

Para definirmos abertura, comecemos pela questão fundamental examinada no capítulo 1 – segundo a qual todos nós, assim como nossas organizações, já exercemos um controle cada vez menor sobre a situação de nossos negócios em relação a clientes e funcionários, hoje mais poderosos

---

* A Mozilla Corporation é uma subsidiária da Mozilla Foundation. Para mais informações, acesse: www.mozilla.com/pt-BR/about/whatismozilla.html. Site em inglês. (N.E.)

** Empresa de consultoria em design, da Califórnia, EUA. (N.E.)

34   Liderança Aberta

por causa da mídia social. Nosso foco deve mudar. Devemos parar de nos preocupar em manter o pouco controle que ainda temos e escolher em que áreas e quando nos tornaremos abertos, de modo que possamos envolver esses poderosos colaboradores.

No centro dessa questão está a confiança. Ao assumirmos a abertura e abrirmos mão do controle, temos de confiar que as pessoas que assumirão o poder agirão de maneira responsável. Isso também requer uma grande dose de humildade – o entendimento de que existem outras pessoas igualmente capazes, ou até mais capazes do que nós.

Frequentemente, acredita-se que ser aberto esteja relacionado apenas à primeira parte da definição formulada no capítulo anterior – ser confiante e humilde o suficiente para abrir mão da necessidade de estar no controle –, o que explica por que muitas vezes as pessoas fracassam. Sem a segunda parte – ao mesmo tempo em que inspira em cada pessoa o compromisso em alcançar objetivos comuns –, que permite que a abertura conduza a resultados, todos os nossos esforços serão infrutíferos e desconcentrados. Assim, conforme nos aprofundarmos na definição de abertura nas páginas que se seguem, também explicaremos o que tal abertura tenta proporcionar.

A CONTRADITÓRIA NATUREZA DA ABERTURA

Antes de iniciarmos, gostaria de enfatizar que as organizações podem ser, ao mesmo tempo, abertas e fechadas. Isso é esperado. Para que uma organização seja aberta e, ainda assim, realize seus objetivos, é preciso que alguns controles sejam mantidos. Este é um dos maiores mistérios dos negócios: como podemos ser abertos e, simultaneamente, mantermos o leme firme?

Tive a oportunidade de começar a responder a essa questão quando passei vinte e quatro horas em alto-mar a bordo do porta-aviões nuclear USS Nimitz. Eu estava na ponte conversando com o capitão Michael Manazir sobre as dificuldades e os desafios de se comandar um navio como aquele, quando ele parou, olhou para o convés de voo e franziu a testa. Então, ele pediu licença, pegou um telefone próximo e, em tom baixo, falou por alguns minutos. Depois de desligar, retomamos nossa conversa, e ele explicou:

> Alguém lá embaixo não verificou toda a área para se certificar de que todos estivessem fora do caminho antes de o avião decolar. Pedi que

avisassem o responsável pela falha, e que sua cabeça precisa girar 360 graus o tempo todo.

Não há dúvida de que Manazir comanda aquele navio com mãos firmes. E tem de ser assim, pois ele é responsável pela segurança e pelo bem-estar de cinco mil pessoas a bordo. Além disso, o USS Nimitz é a joia da coroa da Marinha e, quando totalmente armado, representa um dos arsenais militares mais poderosos do mundo. Como a maioria das joias, ele é vigilantemente protegido: a Marinha mantém o porta-aviões seguro, posicionando ao seu redor um grupo de destróieres, navios de guerra e submarinos para protegê-lo de ameaças.

Poderíamos imaginar que uma pessoa ou organização com tanta coisa em jogo seria reservada e paranoica. Quando fui convidada para visitar o Nimitz, junto a outros quinze blogueiros, imaginei que aquilo deveria ser uma espécie de armadilha – que a Marinha provavelmente quisesse que espalhássemos algumas mensagens sobre recrutamento ou a respeito de sua missão. Porém, encontramos exatamente o oposto: uma tripulação que foi surpreendente, acolhedora e revigorantemente aberta. O capitão Manazir mostrou-se bastante acessível e logo nos ofereceu uma breve descrição de como o navio funcionava. Fiquei impressionada com sua objetividade, sua energia e sua confiança na tripulação. Ele nos estimulou a conversar com tantas pessoas quanto possível, e a fazer quaisquer perguntas que desejássemos,[1] dizendo: "Esta é a sua Marinha, portanto, é seu direito saber como ela trabalha para você".

Pudemos ver absolutamente tudo! Da "passarela dos abutres", um ponto de observação bem acima do convés de voo, assistimos enquanto pilotos decolavam e pousavam. Paramentados com capacetes, protetores de ouvidos e coletes brancos (para facilitar nossa localização caso caíssemos no mar), fomos para o convés de voo, onde ficamos a poucos metros de distância dos ressonantes motores de um jato prestes a ser catapultado da pista. Quanto ao som, não se trata apenas de ouvir um jato acelerar de zero a 230 quilômetros em menos de dois segundos – é possível sentir a vibração nos próprios ossos.[2]

Não houve nenhuma precondição nem qualquer outra restrição, a não ser no sentido de salvaguardar nosso bem-estar (permanecer fora do caminho dos aviões na decolagem e na aterrissagem). Na verdade, a única

36 Liderança Aberta

área que a Marinha não nos deixou visitar foi a dos reatores nucleares – apenas um seleto grupo de engenheiros conseguiu vê-los.

A abertura da Marinha me pareceu ainda mais surpreendente quando visitamos a sala dos pilotos do Esquadrão de Caças 97 (apropriadamente denominado "Warhawks" [Abutres da Guerra]). Eles se mostraram confiantes e bem-humorados, como seria de se esperar dos pilotos em *Top gun*.* Eles falaram do seu amor por voar, mas também compartilharam seus medos, principalmente o de pousar um jato de caça durante a noite em um navio instável sobre um mar agitado. Em uma entrevista a outro blogueiro, o piloto da Marinha, Tenente Luis Delgado, que voa em um caça F-18, foi especialmente sincero sobre suas experiências de voo:

> Pousar à noite é algo simplesmente aterrorizante. Às vezes, nos últimos segundos antes de tocar o convés, começo a gritar por trás da minha máscara. Depois, torna-se difícil dormir, pois aquele pavor não sai de minha mente. Mas, então, no dia seguinte acordo e me lembro de que tenho de fazer tudo isso novamente. Neste tipo de trabalho, não se tem escolha. Existe uma missão que precisa ser cumprida. Por mais que eu goste do meu trabalho, espero poder parar um dia, porque ele está me deixando esgotado. É como se a cada voo eu morresse um pouco.[3]

Essa franqueza é bem-vinda na Marinha, porque é esse tipo de compartilhamento que ajuda a tripulação a se relacionar e a apoiar uns aos outros durante toda a sua missão. O Capitão Manazir tinha confiança de que a sua equipe faria e diria a coisa certa na frente de estranhos, porque seu treinamento e seu compromisso com a missão da Marinha asseguravam que eles saberiam o que poderiam ou não discutir.

Embora haja esse tipo de comunicação bastante aberta, cada pessoa a bordo do navio tem um trabalho altamente específico e determinado (como carregar um míssil na asa esquerda do caça) que é ensaiado em situações muito diferentes. E, como disse o tenente Delgado, simplesmente não há outra escolha senão voar quando lhe for ordenado, embora sua alma lhe diga para não fazer aquilo.

---

* Referência ao filme lançado no Brasil com o título *Ases indomáveis*, estrelado por Tom Cruise, no papel de piloto da Marinha dos Estados Unidos. (N.T.)

Concluindo, podemos dizer que a Marinha norte-americana é aberta? A tripulação do USS Nimitz tem um poder de decisão muito pequeno sobre o seu trabalho, embora todos compreendam que isso é essencial para a realização da sua missão e dos seus objetivos comuns. Ao mesmo tempo, os membros da Marinha são extremamente abertos ao compartilhar e transmitir suas experiências, escondendo pouco de seus ouvintes. Além disso, eles são muito receptivos em relação a si mesmos e a seus sentimentos. Portanto, podemos dizer que a Marinha é aberta em alguns aspectos e absolutamente fechada em outros.

OS DEZ ELEMENTOS DA ABERTURA

Para nos ajudar a dar sentido à aparentemente contraditória capacidade da Marinha para ter, ao mesmo tempo, uma atitude aberta e fechada, consideremos o que vejo como os dez elementos da abertura. Estes se dividem em duas grandes categorias: compartilhamento de informações e processo de tomada de decisões (ver Quadro 2.1). No caso da Marinha, o serviço é aberto quando se trata de compartilhar informações que não são confidenciais. Em contrapartida, existe uma hierarquia rígida quando se trata de tomar decisões, e os membros do serviço exercitam pouco esse poder em suas responsabilidades rotineiras.

Dentro de cada elemento ou componente da abertura, precisamos examinar o que de fato significa ser aberto. É preciso também discutir as coisas das quais realmente se está abrindo mão para se tornar mais aberto.

Quadro 2.1. Os dez elementos que definem a abertura	
Compartilhamento de informações	**Processo de tomada de decisões**
Explicação	Centralizado
Atualização	Democrático
Diálogo	Autogerenciável
Microfone aberto	Distribuído
*Crowdsourcing**	
Plataformas	

* Neologismo. Trata-se de um modelo de produção que utiliza a inteligência e os conhecimentos coletivos disponíveis na internet na solução de problemas, na criação de conteúdos e no desenvolvimento de tecnologias. (N.E.)

38 Liderança Aberta

Em muitos casos, não se está desistindo do controle – apenas transferindo-
-o para outra pessoa em quem se confia. Conforme avançarmos na leitura, observaremos quais tipos de abertura mais nos estimulam e também os que nos geram maior ansiedade. No final deste capítulo, teremos a oportunidade de realizar uma autoavaliação para verificarmos o nível de abertura em nossa própria organização. Não há uma "métrica" exata para a abertura, mas, no decorrer da leitura, seremos capazes de começar a perceber onde nossa organização se encaixa nessa linha que percorre todo o espectro. Sugiro que você mantenha sua avaliação nas suas mãos pois ela será o ponto de partida para a implementação de uma estratégia de abertura em sua empresa.

O COMPARTILHAMENTO ABERTO DE INFORMAÇÕES

A informação é o combustível de qualquer organização. Sem ela, a empresa sofre completa estagnação. Na última década, os fluxos interno e externo de informações em torno das empresas aceleraram enormemente com o advento das novas tecnologias. Isso começou pela adoção generalizada do e-mail e avançou com as tecnologias sociais.

Os seis diferentes elementos do compartilhamento de informações são definidos principalmente de acordo com seu objetivo e sua natureza. Em primeiro lugar, examinaremos a informação que se origina dentro da organização (explicação, atualização) e, em seguida, trataremos dos casos em que a informação retorna à organização, vindo de fora (diálogo, microfone aberto, *crowdsourcing*). Por último, analisaremos como a abertura tecnológica consegue criar plataformas nas quais diferentes grupos e pessoas podem trabalhar de maneira conjunta utilizando-se de padrões comuns.

Explicação: criando adesão e compromisso

O propósito deste tipo de compartilhamento de informações é notificar as pessoas sobre decisões, diretivas ou estratégias, com o objetivo de levar os destinatários – funcionários, colaboradores, distribuidores e outros – a aderir à ideia, de maneira que todos trabalhem para o mesmo objetivo. Essa estratégia é típica da abordagem *open-book management* (OBM),* que

---

* O termo é geralmente usado em inglês e significa "gestão de livro aberto". (N.E.)

John Case definiu em seu best-seller de mesmo título* como uma "filosofia para envolver todos os funcionários no esforço de tornar uma empresa mais bem-sucedida, compartilhando informações financeiras e operacionais".[4] Embora muitos livros tenham sido publicados com o intuito de explicar o funcionamento da OBM, até agora essa opção tem sido pouco adotada pelas empresas, especificamente por ser difícil disponibilizar informações suficientes e em um nível satisfatoriamente detalhado para que o conhecimento possa ser colocado em prática.[5] Além disso, os funcionários dificilmente eram vistos como parceiros comprometidos com o sucesso da empresa, já que conseguiam contato com os administradores apenas uma vez por trimestre, durante a reunião para discutir resultados financeiros.

Como sugerido no capítulo 1, uma diferença fundamental nos dias de hoje é que a nova geração de trabalhadores acredita que o "compartilhamento" é tão importante quanto a imposição de diretrizes – talvez até mais. Além disso, a exigência para que as organizações sejam mais abertas em suas decisões surge tanto entre os colaboradores internos quanto entre externos.

Entre os líderes que acreditam nesse compromisso incondicional está Jim Mullen, fundador da Mullen Communications, sediada em Boston. Para ele, a coisa mais importante que aprendeu nos trinta anos em que dirige a empresa é que "quanto mais poder se concede, mais poder se tem". Por exemplo, embora sua agência fosse privada, ele compartilhou as informações financeiras trimestrais da Mullen com todos os seus empregados. Ele também compartilhou com todos os seus empregados os dados da Associação Norte-americana de Agências de Publicidade sobre salários e baseou a remuneração de sua equipe nos valores médios praticados no mercado. Isso significava que todos na empresa sabiam o quanto os demais funcionários ganhavam – em uma estreita margem de variação – e também quanto outras agências de publicidade da região estavam pagando.

Por que ele fez isso? Certamente, Mullen desejava que todos se concentrassem em um único objetivo e, para isso, eliminou distrações que pudessem prejudicá-lo, como, por exemplo, questões salariais. Contudo, ele estava fazendo mais do que isso – estava construindo um relacionamento.

---

* A autora se refere ao livro *The open-book management: coming business revolution*, da Harper Paperbacks, publicado em 1996 e sem título em português. Tradução livre: Gestão de livro aberto, a chegada da revolução comercial. (N.E.)

40 Liderança Aberta

Senti que se compartilhasse informações, estaria realmente criando uma relação de confiança, e que, quanto mais informações fossem compartilhadas, maior seria a confiança que conseguiria desenvolver nas pessoas. Como os dados são factuais, ao contrário de simples opiniões, essa estratégia é extremamente persuasiva.

Dessa maneira, Mullen colocou em prática duas das novas regras da liderança aberta que discutimos no final do capítulo 1 – ele reconheceu que seus funcionários tinham poder e que era preciso praticar ativamente o compartilhamento de informações para fazer aquele relacionamento crescer e se tornar mais firme.

Administrando vazamentos

Naturalmente, esta abordagem do compartilhamento de informações é contrária à maneira tradicional de se fazer negócios. Como Andy Grove, da Intel, memoravelmente aconselhou: "Só os paranoicos sobrevivem".[6] Enquanto o livro de Grove, cujo título era o mesmo,* aconselhava a todos que mantivessem um olhar constante por sobre seus ombros e certa insatisfação com as práticas tradicionais mais seguras, muitos executivos entenderam a mensagem da seguinte maneira: "Se quiser sobreviver, desconfie de todo o mundo [...] incluindo seus funcionários, clientes e parceiros". Isso nos leva diretamente a imaginar que "quanto mais secreto, mais seguro".

A paranoia tem seu lugar, especialmente no contexto altamente permeável das comunicações, em que um único e-mail errante é capaz de causar enormes estragos para a confidencialidade da empresa. E, embora a filosofia *open-book* estimule o compartilhamento do maior volume possível de informações, existem limites práticos. Para examinar essa questão, vamos dar uma olhada no Facebook, cuja missão é: "dar às pessoas o poder de compartilhar e tornar o mundo mais aberto e conectado".[7]

A plataforma do Facebook evoluiu de uma rede social fechada, destinada a estudantes universitários, para outra que permite a desenvolvedores de software e empresas utilizar os dados da empresa em sites fora do Facebook e criar negócios lucrativos que valem milhões.[8] Internamente, a Facebook pratica a OBM, e seu diretor executivo Mark Zuckerberg mantém,

---

* São Paulo: Futura, 1997. (N.E.)

todas as sextas-feiras, uma sessão pública de perguntas e respostas, com duração de 1 hora, aberta a todos os funcionários de sua empresa.

A preocupação, porém, é com o vazamento de informações confidenciais. "Gostaríamos de falar sobre tudo", explica Lori Goler, vice-presidente de recursos humanos, "mas também nos colocamos com clareza dizendo: 'existem algumas coisas sobre as quais provavelmente não poderemos falar'". Por exemplo, Zuckerberg oferecerá aos funcionários informações atualizadas sobre os progressos realizados na busca por um novo espaço para o escritório, mas reterá detalhes específicos, explicando que esses dados poderiam afetar as negociações referentes à locação. Além disso, é evidente que, não apenas toda informação referente a possíveis ações estratégicas – como discussões em torno de investimentos, aquisições ou ofertas públicas de ações – é extremamente confidencial para ser compartilhada, como sua divulgação também poderia ser ilegal. Assim, embora a Facebook esteja ansiosa para compartilhar informações de maneira ampla, a empresa permanece sensível à realidade dos negócios.

Como alguém que tem acompanhado a Facebook durante anos, descobri que surpreendentemente existe pouco vazamento, considerando a quantidade de informações disponíveis. Como eles conseguem fazer isso? Goler diz que a Facebook repetidamente enfatiza que a informação é compartilhada apenas porque os funcionários a mantêm dentro da empresa.

> Tivemos algumas situações em que gostaríamos de ter compartilhado informações internamente sem que elas tivessem vindo a público. Um ou dois e-mails que Mark enviou para a empresa apareceram posteriormente publicados pela imprensa, e isso é realmente um comportamento prejudicial, pois coloca em risco nossa capacidade de compartilhar tudo internamente. Então, dissemos: 'Pessoal, queremos poder compartilhar tudo com vocês, mas se isso não for tratado com o devido respeito, então esse privilégio estará em risco'. Acredito que exista muita pressão por parte dos colegas para que as informações não sejam divulgadas e para que sejam tratadas respeitosamente.

Dessa maneira, a Facebook está praticando uma das cinco novas regras da liderança aberta: manter a abertura responsável.

Como mostram esses exemplos, a chave para esse tipo de compartilhamento é alinhar os objetivos, compartilhando a lógica, o pensamento

42   Liderança Aberta

e o processo de tomada de decisões que estão por trás de uma decisão ou de uma ação. A principal diferença hoje é que a dinâmica da reciprocidade que caracteriza a OBM acontece mais regularmente, e não apenas uma vez por trimestre, quando os executivos da empresa aparecem para compartilhar os resultados. É o contato constante que os líderes mantêm – possível por meio de blogues, podcasts e contas no Twitter – que lhes permite compartilhar seus pensamentos e decisões.

A tecnologia também possibilitou a extensão desse tipo de compartilhamento para fora dos limites da organização, oferecendo aos clientes atualizações e serviços por meio de novos canais. Clientes e parceiros querem conhecer mais detalhes sobre as empresas com as quais têm contato, e desejam maior regularidade nessa comunicação. É preciso saber, sobretudo, se existem planos de longo prazo baseados em produtos ou serviços oferecidos por organizações parceiras. Recentemente, a Facebook divulgou o seu cronograma de desenvolvimento de produtos, expondo futuras melhorias com seis meses de antecedência, para que os desenvolvedores pudessem adequar seus próprios planos.[9] Embora os concorrentes também tivessem fácil acesso aos planos da Facebook, para a empresa, era mais importante poder injetar confiança e segurança em seu relacionamento com os desenvolvedores. Além disso, a Facebook estava confiante em seu processo de inovação, de maneira que os concorrentes talvez se sentissem mais propensos a alcançá-la do que a atacá-la.

Atualização: capturando conhecimentos e ações

No fluxo normal do trabalho, os indivíduos trocam entre si informações atualizadas sobre o que estão fazendo. Isso inclui aquele entulho diário que, frequentemente, entope a caixa de entrada de nossos e-mails – pedidos da área de suporte de vendas, atualizações sobre produtos e projetos e um número sem fim de mensagens enviadas "com cópia" a você por pessoas que querem se certificar de que todos estão incluídos e informados.

Está na hora de acabar com essa loucura!

Novas ferramentas de publicação como blogues, plataformas de colaboração e até mesmo o Twitter oferecem atualizações facilmente acessíveis, sempre que alguém precisar delas. Tais atualizações apresentam a vantagem adicional de poderem ser arquivadas, pesquisadas e recuperadas, o que significa que elas capturam o conhecimento, as competências e as ações que se desenvolvem no curso normal dos negócios. Imagine, por exemplo, que você é um funcionário novo que chega para trabalhar em um projeto e precisa fazer uma contribuição imediata. Ao acessar a plataforma de colaboração da equipe ou ler as atualizações postadas no microblogue interno, você será capaz de rapidamente produzir sua contribuição.

Analisemos em detalhe como isso funciona, a partir de dois exemplos do processo de atualização, interno e externo à organização, e por meio de dois canais específicos: blogues e redes internas.

O blogue como meio de atualização

Paul Levy, CEO do Centro Médico Beth Israel Deaconess, em Boston, mantém um blogue público extremamente ativo chamado "Running a hospital" [Dirigindo um hospital], que cobre temas variados – desde os esforços do hospital em apoiar processos de melhoria, o prêmio que a instituição ganhou por sua nova UTI (unidade de tratamento intensivo), até discussões sobre o fato do salário do diretor executivo da organização ser alto demais.[10] Paul implementou o blogue porque desejava "compartilhar ideias e experiências pessoais do mundo hospitalar com outros indivíduos da área".[11] Embora poucos executivos da área de saúde se sintam à vontade para falar tão abertamente sobre questões médicas, tecnologia e tratamentos, Levy abraça a autoexposição, argumentando que, em vez de apenas ser atacado, é melhor ter a oportunidade de colocar um ponto de vista e criar uma referência.

No livro *Sticks & stones*,* de Larry Weber, Levy explicou como equilibrou sua atuação no blogue com o cargo de diretor executivo, afirmando:

> Há muitos aspectos no trabalho de um CEO, mas um deles é, grosso modo, dispor sua empresa da melhor maneira possível no ambiente público, entre os seus consumidores, potenciais consumidores e potenciais adversários. Que melhor maneira de fazer isso do que escrever, de vez em quando, sobre os assuntos que quiser, usando suas próprias palavras? Em um blogue, você não está sendo editado por jornalistas ou qualquer outra pessoa; pode enviar sua mensagem em trinta segundos e todo o mundo tem acesso ao que você disse.[12]

Levy entende que uma parte fundamental de seu trabalho como CEO é simplesmente comunicar a missão da sua organização e oferecer atualizações

---

* Sem título em português. Tradução livre: Paus e pedras. (N.T.)

44   Liderança Aberta

regulares sobre como o seu hospital funciona. Isso é um pouco diferente de dar visibilidade às decisões, o que envolve um fluxo vertical de informações – de cima para baixo. Com as atualizações, a informação pode vir de qualquer lugar. O que Levy está fazendo é criar uma cultura única de compartilhamento, e está nos oferecendo um exemplo de cima.

Uma das principais preocupações que sempre vêm à tona é que os funcionários poderão não saber como lidar com as ferramentas de publicação disponibilizadas e, por causa disso, poderão acabar escrevendo ou dizendo algo inadequado que poderá até prejudicar a empresa. Discutiremos a necessidade de estabelecer políticas e procedimentos no capítulo 5, mas é importante considerar que, de fato, isso raramente acontece hoje, e que é preciso ser realista em relação ao que se deseja controlar atualmente. A maioria dos funcionários tem acesso a um grande número de ferramentas de publicação gratuitas – Facebook, Twitter, blogues, fóruns de discussão e até mesmo o velho e simples e-mail – por meio das quais qualquer pessoa pode compartilhar segredos da empresa e dizer coisas inadequadas. No entanto, isso raramente acontece. Há, portanto, riscos em se oferecer aos funcionários uma tribuna para se manifestar, mas é preciso também considerar os benefícios que esse tipo de compartilhamento poderá trazer ao seu relacionamento com os clientes.

Atualizações internas aceleram o desenvolvimento de produtos

Em outro exemplo de compartilhamento, Brian Robins, diretor de marketing da SunGard, empresa de software e serviços de tecnologia, contou-me que as equipes de desenvolvimento da empresa começaram a utilizar o Yammer, uma versão do Twitter para uso corporativo, com o intuito de possibilitar conversas breves e atualizações entre os funcionários. Qualquer pessoa em uma empresa pode criar uma rede Yammer e começar a convidar os colegas. Robins também afirma que os desenvolvedores da SunGard começaram a usar o Yammer sem qualquer tipo de determinação ou apoio corporativo.

Eles estavam usando a ferramenta para compartilhar informações sobre os projetos em que estavam trabalhando. Observei muitas dessas conversas e pude ver que os desenvolvedores estavam fazendo perguntas técnicas a colegas: 'Alguém sabe como fazer isso?' ou 'Alguém já usou esta ou aquela ferramenta ou objeto?'

A iniciativa foi tão eficiente que a SunGard estendeu o acesso ao Yammer aos seus vinte mil funcionários em mais de trinta países. E a atitude primeiramente tomada pelo setor técnico está se propagando a todos os aspectos das operações da empresa, desde vendas até o atendimento aos clientes.

Diálogo: aprimorando as operações

Altos executivos gostam de dizer que desejam estar mais perto de seus clientes e funcionários. Alegam querer saber o que os clientes pensam sobre os produtos, serviços e experiência da empresa, e como todas essas coisas podem melhorar. Atualmente, qualquer pessoa com um computador é capaz de oferecer *feedback* para uma organização – por meio de comentários em blogues, fóruns de discussão, sites de avaliação etc. – e, melhor ainda, a empresa pode até responder. Ao conversar abertamente, uma organização se envolve nessas conversas com a intenção de melhorar suas operações e eficiência.

Como vimos no capítulo anterior, clientes são rápidos em irradiar suas queixas em público. Assim, empresas como a Comcast tomam a iniciativa de responder-lhes usando os mesmos canais. Frank Eliason, diretor-sênior do departamento de atendimento ao cliente, criou uma conta no Twitter, apropriadamente denominada "ComcastCares" [A ComCast se importa].[13] Além de monitorar blogues, Frank e sua equipe procuram ativamente os clientes que estão enfrentando problemas com a Comcast e que escreveram a respeito nas mais diversas mídias sociais. Eles iniciam o diálogo com uma simples pergunta: "Posso ajudar?" Essas duas palavras mudaram fundamentalmente o relacionamento entre a empresa e seus clientes.

Embora possa parecer que essa estratégia resulte em um grande volume de trabalho, Eliason explicou que, para a Comcast, é melhor tomar a iniciativa de encontrar e resolver esses problemas antes que eles tomem proporções maiores. Dessa maneira, eles aumentaram a equipe, alterando e acrescentando seus recursos conforme a demanda. Um dos benefícios mais importantes dessa estratégia é poder demonstrar o desejo da Comcast de oferecer um excelente serviço de atendimento ao cliente e, principalmente, de mudar – lentamente, uma pessoa por vez – a percepção do público de que a Comcast tem um péssimo atendimento.

Qual foi a parte mais difícil para a Comcast? A empresa teve de se adaptar ao fato de que estava discutindo publicamente comentários negativos e

46 Liderança Aberta

problemas com seus clientes. Entretanto, Eliason argumentou que, considerando que esses comentários já haviam se tornado públicos, era fundamental que a empresa estivesse presente para engajar esses clientes em um diálogo.

Colocando a comunidade para trabalhar

Historicamente, o serviço de atendimento ao cliente é um centro de custos para a maioria das organizações. Contudo, muitas empresas – especialmente as de tecnologia que possuem uma base de clientes que são *experts* em tal assunto – estão se voltando para esses clientes especialistas e redes de parceiros para que estes assumam o trabalho de apoio. Desde a sua criação, a SolarWinds, empresa que produz softwares para gerenciamento de redes, construiu uma comunidade de usuários com 25 mil administradores de rede que ajudam uns aos outros a resolver seus problemas, sejam eles grandes ou pequenos. A iniciativa possibilitou à SolarWinds atender a uma base de clientes de 88 mil empresas com apenas dois funcionários trabalhando no serviço de apoio ao cliente, pois a maioria dos problemas que surge é veiculada e tratada dentro da comunidade de usuários.

A SolarWinds é capaz de fazer isso porque constantemente investe e mantém um bom relacionamento com sua comunidade. A empresa frequentemente oferece a seus especialistas todo o conteúdo e treinamento necessários, e reconhece os melhores *experts* que participam do processo, além de monitorar o bom funcionamento da comunidade, acompanhando o tempo de resposta, a resolução de problemas e a satisfação do usuário. No entanto, o que é pouco usual entre empresas, é o fato de eles também proclamarem sua comunidade de usuários como uma importante vantagem competitiva – quando a empresa abriu seu capital ao mercado em maio de 2009, dedicou parte do precioso tempo de apresentação para explicar ao investidor o valor de sua comunidade de usuários. "Se deixarmos de lado tudo o que fazemos, nossa comunidade é, de muitas maneiras, uma importante vantagem competitiva de longo prazo", disse Kenny Van Zant, vice--presidente sênior e diretor de estratégia de produtos da SolarWinds. "Não apenas oferecemos suporte ao usuário, como também servimos como um excelente campo de teste para novos produtos e serviços".

Plataformas de colaboração oferecem estrutura para diálogos

Os diálogos também podem ser muito úteis internamente; eles diferem das atualizações internas discutidas anteriormente porque se concentram em um tema ou problema específico. Por exemplo, a Yum! Brands – o maior sistema de restaurantes do mundo, que detém as marcas A&W Restaurants, KFC, Long John Silver's, Pizza Hut e Taco Bell – desejava construir uma base de dados e uma rede interna que permitissem que seus 336 mil empregados em 110 países pudessem se conectar entre si de uma maneira que nunca tinham conseguido antes. Como afirmou Barry Westrum – diretor do Centro de Know-How e Inovação da Yum! – o objetivo era fazer a empresa "funcionar de maneira diferente", não apenas levando as melhores práticas de uma divisão ou região para outra, como também unindo forças para resolver problemas complexos.

Usando uma plataforma para a formação de comunidades da Jive Software, a rede, chamada iCHING, foi criada no início de 2009. Em princípio, seus objetivos eram modestos. O compartilhamento já era uma atividade tradicional em encontros que reuniam todos os líderes que exercessem determinada função, como marketing. Porém, essas reuniões se realizavam apenas uma vez a cada dois ou três anos. "Estávamos procurando um lugar onde pudéssemos falar a mesma língua 24 horas por dia, sete dias por semana", disse Westrum. Na iCHING, que envolve aproximadamente seis mil funcionários corporativos dos restaurantes em todo o mundo, é possível postar uma pergunta no final do seu dia de trabalho e encontrar dezessete respostas de todas as partes do mundo à sua espera quando chegar na manhã seguinte. Grupos se reúnem para resolver problemas, não porque estas foram identificadas e priorizadas por executivos e gerentes, mas porque as pessoas na linha de frente identificaram sozinhas os problemas e pediram ajuda por iniciativa própria.

Cada vez mais aplicativos corporativos tradicionais estão envolvendo diálogos. No início de 2010, a SalesForce.com* anunciava que a sua própria plataforma de colaboração – Chatter – integraria atualizações em tempo real e diálogos diretamente na interface, usando como contexto eventuais oportunidades de vendas ou casos do serviço de atendimento ao cliente. Será que existe um acordo de negócios a caminho ou trata-se de um cliente importante com um problema para ser resolvido? Em vez de conduzir a discussão por e-mail, as pessoas terão essas conversas em torno dos processos de trabalho que já existem, e contarão simultaneamente com todas as

---

* O Salesforce é líder em gestão de relacionamento com clientes e funcionários. Disponibiliza aplicativos de colaboração e uma plataforma para criar outos aplicativos colaborativos de computação. (N.E.)

48 Liderança Aberta

informações sobre uma conta ou um cliente. Mesmo atualizações feitas uma única vez são colocadas em perspectiva, quando marcadas e exibidas no contexto de um negócio ou de um problema de atendimento ao cliente.

Microfone aberto: estimulando a participação

É possível que você já tenha ouvido falar em *stand-up comedy*,* espetáculos durante os quais artistas e humoristas talentosos se misturam a amadores e dividem o microfone. Micah Laaker, diretor da Yahoo!, adotou a expressão "microfone aberto", porque ela capta muito bem a essência do próximo tipo de informação compartilhada, em que todos são bem-vindos a participar sem qualquer precondição.[14] O melhor exemplo dessa modalidade é o YouTube, onde podemos encontrar misturados em um mesmo caldeirão coisas tão distintas como: A última aula, do professor Randy Pausch,** a divertida dança do passarinho para celebrar um casamento, uma explicação de como inserir um cateter venoso central e, para a alegria das crianças (jovens e idosos), vídeos bobos, como o que mostra um hamster comendo pipoca sobre as teclas de um piano.[15]

Há muito tempo as mídias estimulam as pessoas a encaminhar sugestões, mas, cada vez mais, elas também solicitam o envio de notícias completas, transferindo diretamente para estes colaboradores o trabalho de realizar reportagens. O site iReport.com, da rede de televisão CNN, é um canal de notícias *on-line* gerado pelos usuários e, embora qualquer pessoa possa enviar um vídeo, a equipe da CNN examina e escolhe alguns que serão, posteriormente, veiculados no site principal. A jornalista freelance Chris Morrow, de San Diego, produz reportagens em vídeo de alta qualidade (completas com transições e gráficos) em sua casa.[16] O iReport da CNN se tornou uma plataforma para Morrow promover o seu trabalho e, para a CNN, é uma maneira de diversificar sua cobertura jornalística a um baixo custo.

Outras empresas estão seguindo o exemplo. A Premier Farnell plc, uma multinacional distribuidora de produtos eletrônicos para engenheiros

---

* Também conhecida como humor de cara limpa é um tipo de espetáculo durante o qual humoristas contam piadas baseadas em situações da vida real. É mais comum nos EUA (Jerry Seinfeld). No Brasil já existem vários humoristas, como Rafinha Bastos. (N.E.)

** Professor de Ciência da Computação, Interação homem-computador e Design na Carnegie Mellon University (CMU) em Pittsburgh, Pennsylvania, EUA. Ganhou fama após ter oferecido a seus alunos o que ele denominou de "a última aula", depois de saber que estava terminalmente doente e que teria poucos meses de vida. Ele faleceu em julho de 2008. (N.E.)

com sede na Inglaterra e aproximadamente 4.100 funcionários em todo o mundo, comprou vários milhares de câmeras de vídeo e as ofereceu aos empregados em todos os escritórios, incentivando-os a gravar a si mesmos discorrendo sobre suas melhores práticas. Esses vídeos foram então disponibilizados no site interno de compartilhamento de vídeos, e apropriadamente chamado de "OurTube". Permitir que os funcionários falassem sem restrições – e sem edições – com a organização por meio da internet trouxe mudanças profundas à cultura da empresa. Isso será discutido com maior profundidade no capítulo 8.

A dificuldade em relação ao uso da técnica de "microfone aberto" é filtrar todas as contribuições encaminhadas e encontrar o melhor e mais relevante conteúdo. A menos que você tenha os recursos de uma CNN, precisará de um sistema em que as próprias pessoas analisem e classifiquem o material ou façam avaliações para que o bom conteúdo venha à tona. Certamente surgirão talentos – como Chris Morrow em relação ao iReport –, portanto, torna-se essencial a existência de meios para valorizá-los.

Crowdsourcing: resolvendo problemas específicos de maneira conjunta

O objetivo do *crowdsourcing* é aumentar as fontes de novas ideias e reunir pensamentos inovadores para criar ou melhorar um novo produto ou serviço. Isso sempre ocorreu, basta que observemos o exemplo da famosa competição culinária Pillsbury Bake-Off,* na qual os clientes concorrem a prêmios com as novas receitas que criam usando produtos da Pillsbury. A diferença agora é que essa estratégia está acontecendo em uma escala sem precedentes, e está mais voltada a estimular a contribuição consistente dos indivíduos em relação a objetivos específicos, como, por exemplo, aprimorar sofwares livres, sugerir ideias para um comercial de trinta segundos que irá ao ar durante o Super Bowl,** ou compartilhar fotos de um show tiradas com o celular.

---

* Fundado em 1869, tornou-se o maior e mais moderno moinho de farinha de trigo do mundo. Transformou-se, mais tarde, em um fornecedor não apenas da própria farinha, mas de vários produtos fabricados com esse ingrediente (tortas, bolos e doces). O primeiro concurso de receitas foi realizado no hotel Waldorf Astoria, Nova York, em 1949, e o prêmio foi entregue por Eleanor Roosevelt. (N.E.)

** Super Bowl é a final do campeonato da Liga Nacional de Futebol Americano, transmitida pela televisão norte-americana para milhões de espectadores. No Brasil, se assemelha à final do campeonato brasileiro de futebol. (N.T.)

50   Liderança Aberta

O fabricante dos salgadinhos Doritos, por exemplo, trouxe de volta o concurso para a escolha de comerciais a serem veiculados nos intervalos da transmissão do Super Bowl, em 2009. O processo utilizado seria o *user generated content* (UGC).* Dois irmãos desempregados, Joe e Dave Herbert, criaram um comercial divertido, o "Free Doritos" [Doritos de graça], gastando menos de 2 mil dólares para fazer um comercial que venceu todas as agências da Avenida Madison,** conquistando o primeiro lugar na tradicional pesquisa de opinião sobre anúncios publicitários *Ad Meter*, do jornal *USA Today*, como o comercial preferido dos consumidores transmitido durante o jogo. A criação dos irmãos também foi eleita o anúncio favorito da transmissão pelos usuários do YouTube e do Hulu.***[17] Como resultado, o comercial foi premiado no concurso da empresa de salgadinhos com 1 milhão de dólares. Entretanto, o mais interessante para a administração da Frito-Lay, detentora da marca Doritos, foram os resultados da pesquisa da comScore, empresa que mede o comportamento dos consumidores no mercado digital: a marca Doritos mostrou o maior aumento na percepção do consumidor entre os anunciantes do Super Bowl.

A maioria das empresas não tem condições de financiar um concurso dessa magnitude, e essa é a principal razão pela qual concursos baseados em UGC atingiram seu ápice em meados de 2007. Entretanto, desde então, o *crowdsourcing* tem mostrado um aspecto diferente, voltado para a resolução de problemas cotidianos. Tomemos, por exemplo, a criação de um logotipo. Muitas empresas não podem gastar muito mais do que algumas centenas de dólares em um bom logotipo, assim elas recorrem às "fábricas de logos" ou a lojas de material para escritórios que oferecem serviços de design de logotipos que custam menos de 100 dólares. Ao mesmo tempo, existem muitos designers que gostariam de ter a oportunidade de criar logos, mas não têm relacionamentos nem visibilidade para alcançar clientes.

Consideremos, então, sites como o crowdSPRING e o 99designs como fundamentalmente de *crowdsourcing*.[18] Ambos criam um mercado para o

---

*   Conteúdo gerado pelo usuário.

**   Durante muitos anos, a Madison Avenue foi ocupada por agências de publicidade, associações do setor e empresas de radiodifusão. No entanto, a crise causada pela chegada dos meios digitais tem feito muitas dessas empresas deixar o local para se estabelecer em outros pontos do país. (N.E.)

***   O Hulu é um site que oferece seriados de TV e filmes de redes norte-americanas como NBC, Fox e ABC. Atualmente, o acesso é restrito a usuários nos Estados Unidos. (N.T.)

design, no qual os clientes podem apresentar seus requisitos e necessidades e os designers apresentam suas ideias. Em vez de colocar todas as suas fichas em uma única aposta, o cliente pode escolher entre potencialmente centenas de opções, pagando a apenas um designer no final, que, então, transfere sua criação para o cliente. O trabalho é bastante variável e, às vezes, pode ser menosprezado como "spec work",*[19] mas quando utilizei os serviços da crowdSPRING para obter um logotipo, o desenho escolhido foi feito por um designer criativo que também trabalhava para uma agência de publicidade de grande porte. Qual seria sua razão para participar e apresentar um projeto nessas circunstâncias? Ele queria apenas manter a "identidade do seu design". O custo para mim por dois projetos de logotipo: 800 dólares. Poder analisar 146 diferentes propostas originais: não tem preço.

Hoje, o *crowdsourcing* está ganhando terreno nas áreas de design de logotipos, de papelaria personalizada e até mesmo de sites. No futuro, prevejo que as plataformas tecnológicas e o interesse no *crowdsourcing* levarão a projetos mais complexos – como a completa concepção de novos produtos ou serviços – e atrairão a atenção de equipes e indivíduos.

Plataformas: estabelecendo padrões e compartilhando dados

O eBay é um ótimo exemplo de uma plataforma aberta – ao padronizar como os itens devem ser apresentados e como as transações devem ser feitas, a empresa tornou possível a milhares de vendedores individuais negociar *on-line*. O objetivo por trás das plataformas abertas é criar padrões, protocolos e regras que governem o modo pelo qual organizações e indivíduos poderão interagir entre si.[20] Existem dois tipos principais de plataformas abertas: (1) arquiteturas abertas que estruturam e definem as regras e interações e (2) *open data access* (ODA)** que disponibilizam os dados para outras entidades usá-los livremente. No mundo da tecnologia, esses dois tipos de plataformas abertas, muitas vezes, dominam os debates em torno da "abertura", alimentando longas discussões para avaliar o grau de acessibilidade de uma empresa em relação a outra. Apresentaremos alguns exemplos de cada tipo de plataforma aberta e, em seguida, explicaremos como elas alteram as relações comerciais.

---

* O termo se refere a trabalhos realizados sem garantia de remuneração, apenas com a expectativa de fechar um acordo, ganhar uma nova conta ou campanha. Muitas empresas utilizam-se desse artifício na escolha de fornecedores e serviços. (N.E.)

** O termo é geralmente utilizado em inglês e significa acesso aberto a dados. (N.T.)

Arquitetura aberta

Esse tipo de abertura surge como um conjunto de padrões que estabelecem a maneira como as organizações podem trabalhar umas com as outras e, em muitos casos, construir sobre a plataforma – sem ter de elaborar acordos detalhados com cada parceiro. Um exemplo são os recursos de *plug-in** do Firefox, que permitem a qualquer desenvolvedor estender a funcionalidade desse navegador. As especificações que tornam esse trabalho possível estão claramente definidas pelo Firefox.

Da mesma maneira, empresas como Facebook e Apple permitem que desenvolvedores criem aplicativos para rodar em seus respectivos sites e telefones. A lógica: Facebook e Apple têm recursos de desenvolvimento limitados e possivelmente não poderiam criar tantas funcionalidades como gostariam seus usuários. Ao abrir suas plataformas, essas empresas transferem a gestão da experiência do cliente e o relacionamento para programadores externos. Contudo, no processo, elas ganham muito mais. Elas criam uma experiência de usuário muito mais atraente, conseguindo assim a fidelização tanto de usuários como de desenvolvedores. Hoje, a arrancada do iPhone com seu estoque de aplicativos e o meio milhão de aplicativos do Facebook são barreiras significativas para a entrada de concorrentes.

Existem algumas queixas de que o iPhone e o Facebook não são plataformas verdadeiramente "abertas", já que não estão adequadas aos padrões e especificações da indústria. Outros afirmam que essas são plataformas proprietárias e reivindicam o relaxamento de suas regras. Aí reside a contradição. Para a plataforma funcionar e ser adotada é preciso que existam regras claras que definam tal abertura.[21]

ODA

Dentro de toda empresa existe um rico repositório de dados que pode ser interessante para clientes e parceiros. Algumas dessas empresas possuem *application programming interfaces* (APIs),** que definem como as requisições de dados podem ser feitas a esse repositório. Um software pode fazer essas solicitações de outro programa ou banco de dados. Por

---

*   Na informática, um *plugin* ou *plug-in* é um programa de computador (geralmente pequeno e leve) que serve normalmente para adicionar funções a outros programas maiores, provendo-lhes de alguma funcionalidade especial ou muito específica. (N.E.)

**   Normalmente utilizado em inglês, significa "interfaces de programação de aplicativos". (N.T.)

exemplo, o Google Maps tem uma API que possibilita que seus mapas sejam integrados em outros sites – um dos primeiros exemplos desse tipo de operação é o *mashup*,* em www.HousingMaps.com, que toma as informações sobre hospedagem da craigslist.org e as sobrepõe ao Google Maps, de forma que tais informações possam ser pesquisadas e navegadas em uma interface de mapas.

Muitas organizações passaram a usar as APIs para se abrir a novos parceiros e oportunidades. Eis aqui alguns exemplos:

- **Twitter.** Esta tecnologia social possui APIs muito abertas, que permitem que todo o seu serviço e experiência sejam reproduzidos em um ambiente completamente diferente. Isso significa que as pessoas podem usar o Twitter fora do seu site, seja em celulares ou por meio de *third-party desktop softwares*, como o TweetDeck, o Twirl ou o Seesmic. Com uma dispersão tão grande de usuários, o Twitter se beneficia de interfaces de usuários finais mais personalizadas, mas potencialmente poderia enfrentar incapacidade de obter rentabilidade de usuários fora do seu site.

- **Best Buy.** O catálogo inteiro de produtos do BestBuy.com, incluindo preços, disponibilidade, especificações, descrições e imagens, está disponível para aproximadamente um milhão de produtos atuais e clássicos. O desafio proposto para os desenvolvedores é "construir um Best Buy melhor" para públicos específicos. Por exemplo, o CamelBuy.com oferece alertas sobre a redução de preços e gráficos contendo históricos dos preços de produtos da Best Buy, enquanto o Milo.com agrega a disponibilidade local dos produtos em uma série de distribuidores. A API também se mostrou inesperadamente útil quando um jovem da Flórida decidiu construir uma ferramenta para recomendar *home theaters* utilizando-se de API. Ele não teve de esperar por uma aprovação, pedir permissão, nem aguardar o lançamento de um projeto oficial. Com acesso a dados e alguns conhecimentos básicos em programação, ele foi capaz de construir uma experiência melhor do que qualquer marketing corporativo poderia propor.

---

* *Mashup* é um site ou aplicativo que combina elementos e conteúdos de outras ferramentas e fontes para criar um novo serviço ou aplicativo. (N.T.)

54   Liderança Aberta

- Jornais. Publicações como *The New York Times* (norte-americano) e *The Guardian* (inglês) tornam seus conteúdos e bases de dados proprietárias disponíveis para qualquer pessoa acessar. O *New York Times* disponibiliza conjuntos de informações, como o seu banco de dados de votos nominais do Congresso norte-americano e todo o conteúdo do jornal desde 1981. O *Guardian* apresenta dados que incluem: as opiniões de cinco mil cidadãos britânicos sobre as reformas que o governo deveria fazer; todos os salários dos executivos das mil empresas listadas no índice FTSE (Financial Times-Stock Exchange); e um banco de dados de 23.574 armas nucleares no mundo, incluindo sua localização. O objetivo: possibilitar que os dados sejam acessados e analisados para uso jornalístico mais amplo. Porém, há também um interesse econômico: o *Guardian* exibe seus anúncios publicitários ao lado de todos os dados utilizados, essencialmente mudando o modelo de negócios com o intuito de oferecer conteúdo e publicidade onde as pessoas estiverem, ao contrário de fazê-las acessar seu site.

Façamos agora uma pausa. Já discutimos o compartilhamento aberto de informações, portanto, é hora de tratarmos dos últimos quatro elementos da abertura que fazem parte da ampla categoria do processo de tomada de decisões (ver novamente o Quadro 2.1). Gostaria de enfatizar de que maneira essas duas áreas estão relacionadas.

O compartilhamento aberto de informações está essencialmente ligado ao processo de tomada de decisões, contudo, eles não caminham necessariamente lado a lado. Lembre-se, por exemplo, da maneira como a Marinha norte-americana se mostra aberta em relação às informações, mas o quanto é centralizadora em seu processo decisório. Entretanto, temos aqui um ponto crítico – processos de tomada de decisão mais abertos, em geral, também requerem o compartilhamento aberto de informações. Se envolvemos mais pessoas no processo, elas precisam possuir as informações certas sobre as quais basear suas decisões.

O PROCESSO ABERTO DE TOMADA DE DECISÕES

Da mesma maneira que o compartilhamento de informações, o processo aberto de tomada de decisões varia significativamente não apenas entre empresas, mas também dentro delas. É possível encontrar um tipo de tomada de decisão entre os executivos e outro estilo sendo usado pelas equipes. Existem hoje quatro tipos principais de processos de tomada de decisões nas organizações: o centralizado, o democrático, o autogerenciável e o distribuído. Conforme examinamos como cada um desses tipos funciona e também como se altera em função da abertura, tenhamos em mente que nenhum deles pode ser considerado melhor. Devemos compreender que eles diferem em grau de controle, em extensão da informação compartilhada e na escolha das pessoas envolvidas de acordo com cada situação.

O processo centralizado

Um pequeno número de pessoas – em geral o CEO e talvez uma pequena equipe em torno desse profissional – tem o conhecimento e o discernimento para tomar decisões centralizadas. Não se trata necessariamente de microgestão (embora isso seja possível), mas a sensação geral é que, para certos tipos de decisões, especialmente aquelas altamente estratégicas, a pessoa no comando não pode deixar tal responsabilidade para mais ninguém.

A vantagem da centralização na tomada de decisões é que ela pode ser decisiva e rápida – e também efetiva, se o líder tiver a confiança da organização. Entretanto, esse tipo de decisão muitas vezes carrega o estigma de "comando e controle", e leva os funcionários a se sentirem conduzidos e a vislumbrarem uma única alternativa – de conformar-se e obedecer.

Contudo, em um mundo em que o mercado se move a uma velocidade sem precedentes, poucos líderes podem agir dentro de um casulo de informações ou se arriscar a não obter total adesão às suas decisões, assim como compromisso de todos em relação a elas. O desafio principal para tornar a tomada de decisões um processo mais aberto não está em envolver nela mais pessoas, mas em abrir o compartilhamento de informações em ambos os sentidos, de maneira que aqueles que estão no poder adquiram as informações certas sobre as quais basearão suas decisões, e, ao mesmo tempo, comprometam-se a compartilhá-las com a organização.

Democrático

No processo democrático um conjunto limitado de opções é apresentado a um grupo que se utiliza de votação para tomar a decisão. A elaboração

56 Liderança Aberta

e a seleção das opções podem se basear em um simples "sim" ou "não". Isso pode ser observado na maneira como a maioria das empresas públicas aprova os nomes de membros do conselho administrativo. Porém, cada vez mais o voto tem sido usado para que a escolha seja feita a partir de um conjunto de opções igualmente viáveis – por exemplo, ao se eleger o prestador de serviços para administrar a lanchonete da empresa. O resultado: os empregados desenvolvem uma forte sensação de participação no processo seletivo.

Esse sistema também está se tornando predominante em decisões que envolvem clientes. A empresa inglesa Walkers, por exemplo, realizou a campanha "Do us a flavour"* para obter ideias para um novo sabor de batatas fritas. A empresa reduziu as opções a seis entre milhares sugeridas pelos participantes; produziu os sabores em embalagens de amostra e convidou o público para votar em seu sabor preferido pela internet.[22] Mais de um milhão de pessoas elegeram o vencedor – o sabor "Builder's Breakfast",** que tem gosto de ovos, salsicha, bacon e feijão, é agora uma opção permanente de sabor para as batatas fritas da Walkers. Além disso, existem obviamente os eternos concursos de talentos, como os programas de TV *American Idol**** ou *Who's got talent?*,**** cujos telespectadores elegem seus artistas favoritos.

Embora atraente, o processo democrático de tomada de decisão não é adequado para a maioria das situações. Em primeiro lugar, o custo de montar uma estrutura para mobilizar potenciais eleitores – mesmo dentro de uma organização – pode ser assustador. Em segundo lugar, esse processo não é adequado para decisões complexas que apresentam diferentes nuances, por isso, quando utilizado em tais situações, corre o risco de ser visto como eleição de "faz de conta", pois a decisão parece já ter sido tomada. Por fim, a votação é aberta à politicagem e baseia-se, muitas vezes, em popularidade, em vez de mérito, como se observa

---

* O título da campanha faz referência à frase "Do us a favour", do inglês, que significa "Faça-nos um favor", mas substitui a última palavra por "flavour", cujo significado é "sabor". (N.T.)

** Café-da-manhã do Construtor. (N.T.)

*** "Ídolo americano" é uma competição de calouros estadunidenses que teve sua primeira temporada em junho de 2002. O programa, originado da versão britânica Pop Idol, é uma competição feita para determinar o melhor cantor na competição. American Idol se tornou o programa musical com a maior publicidade nos Estados Unidos. (N.E.)

**** "Quem tem talento" também é uma competição de calouros, mas, além de cantores, apresenta mágicos, malabaristas, bailarinos e outros artistas. (N.E.)

frequentemente em programas como o próprio *American Idol*. Esse tipo de processo pode ser adequado na escolha do próximo artista mais popular, mas não no caso de decisões estratégicas.

Autogerenciável

Neste modelo, todas as pessoas envolvidas e afetadas precisam concordar sobre o que está sendo decidido, o que resultará em um grande compromisso. Esse tipo de decisão é frequentemente usado na contratação de pessoal – todos precisam estar seguros de que um determinado candidato é uma boa aquisição para a equipe. Entretanto, é também um modelo pesado, pois exige uma enorme quantidade de tempo e esforço conjunto para se chegar a um acordo.

W. L. Gore, o fabricante do tecido Gore-Tex, é um dos poucos exemplos que usa o processo autogerenciável de tomada de decisões em nível empresarial, e por uma boa razão – ele é extremamente difícil. Desde o início, Gore não tem nenhum empregado ou gerente – apenas associados. A organização é extremamente horizontal e as hierarquias são ativamente combatidas. Todos acreditam que precisam chegar a um acordo sobre as decisões, portanto, elas são tomadas em conjunto.[23] Assim, embora o processo pareça caótico e lento, no final todo mundo se envolve com a ideia. Com 8,6 mil associados e 2,5 bilhões de dólares em vendas anuais, a Gore é capaz de realizar a empreitada porque sua cultura apoia tal processo desde o início. Como Gary Hamel descreve em seu livro *O futuro da administração*,* um funcionário resume a essência da Gore ao afirmar: "Se você convocar uma reunião e as pessoas comparecerem, você é um líder."[24]

Outras empresas, como a Whole Foods, a Google e a Semco Bank no Brasil, têm sido citadas como exemplos de empresas que operam sob o regime da autogestão. O traço comum dessas empresas é que ou são propriedade de seus líderes (Ricardo Semler, Semco Bank) ou começaram com essas filosofias e culturas desde o início (Whole Foods, Google e W. L. Gore). Contudo, isso também pode acontecer quando uma pequena empresa ou equipe decide operar de maneira diferente. Scott Heiferman, diretor executivo da recém-criada MeetUp.com, planejou uma reestruturação de sua organização, formada por quarenta pessoas. Na verdade, esse processo teria de ser chamado de "desestruturação", porque ele simplesmente se livrou do organograma da empresa.

---

* Rio de Janeiro: Campus-Elsevier, em 2007. (N.E.)

58   Liderança Aberta

A partir de fevereiro de 2008, todas as decisões sobre aspectos que poderiam ser incorporados à MeetUp.com seriam autodeterminadas – se qualquer funcionário da empresa pudesse convencer um engenheiro a investir seu tempo no projeto, isso seria feito. Um ano e meio depois da mudança, conversei com Heiferman e obtive um panorama atualizado sobre a empresa.

Isso está funcionando melhor do que poderíamos imaginar e já não conseguimos pensar de outra maneira. A equipe tem a liberdade de controlar seu destino no trabalho. Nas primeiras seis semanas após a mudança, conseguimos realizar mais do que havíamos realizado nos seis meses anteriores, e a produtividade continua crescendo.

Em contrapartida, Heiferman admite que as coisas, às vezes, tornam--se caóticas e que ele teve de redefinir seu papel como líder. Assim, ele não é mais o estrategista máximo que decide o que as pessoas devem fazer; agora, ele atua como um "disponibilizador de plataformas". Seu trabalho é garantir que os protocolos certos, o ambiente certo e a infraestrutura certa estejam todos no lugar para que todos possam criar novos recursos e fazer coisas incríveis acontecerem na MeetUp.com.

A maioria das organizações não se dá ao luxo de descartar um organograma inteiro ou mesmo sua capacidade de criá-lo, mas podem perceber os benefícios de equipes autogerenciadas com uma variação que denomino "tomada de decisão distribuída".

Distribuída

Esta modalidade de tomada de decisões é uma mescla de todas as anteriores, já que tira o poder de decisão do comando central da empresa e o transfere para aqueles que possuem a informação e o conhecimento para decidir, indivíduos que, em geral, estão mais próximos do cliente. Neste caso, embora o método ainda possa ser centralizado, o simples ato de entregar as decisões a outros níveis da organização significa que o compromisso de autogerenciamento é alcançado. O processo de tomada de decisões dentro de modelos distribuídos pode parecer confuso e caótico, mas é exatamente o contrário – são necessários muita disciplina e planejamento para se conseguir que todos trabalhem na mesma direção.

A recompensa está na capacidade de se dividir tarefas complexas, na velocidade com que as questões são resolvidas e no desenvolvimento da habilidade para fazê-lo. Como exemplos de como o processo distribuído de tomada de decisões pode funcionar, analisemos os casos da Mozilla e da Cisco, assim como a transformação pela qual esta última tem passado.

Distribuindo tarefas complexas

A Mozilla é a empresa que está por trás do navegador Firefox, criado como um projeto *open source*. A empresa possui 170 funcionários, mas a função desses indivíduos não é construir o navegador, mas coordenar as milhares de pessoas que ajudam a construí-lo e a divulgá-lo.

O *open source* na Mozilla funciona da seguinte maneira: qualquer pessoa é livre para apresentar sugestões e contribuições. Normalmente, os voluntários apresentam entre 50% e 60% de todos os *patches** para o Firefox. Isso significa que qualquer um (incluindo eu e você) pode propor uma alteração, enviar um comentário sobre uma proposta, ou até mesmo apresentar uma modificação no código (se tivermos o conhecimento necessário).

Entretanto, quando se trata de tomar decisões, a Mozilla segue um processo bem determinado, que é aberto e distribuído entre centenas de pessoas. Como a empresa explica em seu site:

> O código é grande e complexo; há um grande número de decisões que precisam ser tomadas diariamente. O projeto seria demorado e arrastado se apenas um pequeno grupo de pessoas fosse responsável por decidir sobre partes específicas do código.[25]

Por isso, o trabalho na Mozilla é dividido em cerca de cem "módulos", liderados por "proprietários de módulos", os únicos que podem autorizar alterações nos códigos. Muitos desses proprietários não são funcionários da Mozilla, e há um processo rigoroso e detalhado para escolhê-los e/ou substituí-los.

Isso significa que, embora qualquer pessoa possa encaminhar sugestões, no final, o caos deve ser transformado em ordem, por meio de uma única pessoa autorizada a fazer mudanças. A Mozilla confere enorme visibilidade

---

* *Patch* é um arquivo que contém as modificações ou atualizações feitas em um código-fonte. (N.T.)

60 Liderança Aberta

aos debates em andamento e ao processo de tomada de decisões para garantir que todos compreendam a maneira como as decisões são tomadas.

Em muitas empresas existe uma estrutura semelhante na qual os líderes encarregados de tomar decisões estão distribuídos por toda a organização. Porém, com grande frequência suas decisões precisam ser aprovadas ou validadas por níveis superiores na cadeia de comando. Na Mozilla, fica claro que a decisão do líder do módulo é final e soberana. Muitas organizações gostariam de fazer o mesmo, mas lhes falta a disciplina que a Mozilla tem demonstrado ao transferir e distribuir o processo de tomada de decisões. A seguir, analisaremos como a Cisco – empresa hierárquica de grande porte – tem procurado desenvolver tal disciplina.

Organizando para alcançar maior rapidez

Antes de mais nada, é preciso compreender o que exatamente John Chambers, CEO da Cisco, planejava fazer. Após ter superado a crise no setor tecnológico em 2001, Chambers estava determinado a tornar sua empresa mais ágil e responsiva às demandas não apenas de seus clientes, mas de um mercado em constante mudança. Porém, a Cisco é uma empresa de 40 bilhões de dólares, possui 65 mil funcionários espalhados por todo o mundo e ostenta uma estrutura hierárquica profundamente enraizada. Embora Chambers seja um líder carismático, muito respeitado por sua liderança e capacidade de decisão, é difícil imaginar como poderia realizar tamanha empreitada.

O que ele fez na verdade foi "clonar" a si mesmo, ou, pelo menos, a parte relativa à tomada de decisões.

A Cisco percebeu que a tecnologia de redes, seu principal negócio, estava próxima de seu limite, e que era preciso encontrar novas oportunidades de mercado para voltar a crescer. Para isso, a Cisco criou conselhos e comissões e transferiu o processo decisório para vários níveis hierárquicos. Apenas nove conselhos se reportam diretamente ao "comitê operacional", que está no topo da organização e é composto por altos executivos, incluindo Chambers. Cada conselho é formado por cerca de dezesseis executivos e, em geral, é responsável por um faturamento de 10 bilhões de dólares. Reportando-se aos conselhos, existem mais de cinquenta comissões, cada uma responsável por uma receita de 1 bilhão de dólares em negócios; numerosos grupos de trabalho apoiam as iniciativas e se reportam a essas comissões.

Na época em que este livro foi lançado, já havia mais de 750 executivos envolvidos nos conselhos e comissões, em comparação aos cem executivos de dois anos antes. Isso significa que as decisões estratégicas – aquisições, entrada em novos mercados, criação de novos produtos – são agora gerenciadas por um grande número de pessoas. Além disso, esses conselhos e comissões são quase sempre coliderados; em geral, um profissional de vendas e um da área de desenvolvimento ou engenharia de produto. À primeira vista, parece que Chambers criou uma organização matriz inteiramente nova sobre os próprios departamentos operacionais da Cisco – duplicando a burocracia. Não só isso, a busca de consenso através da liderança também parecia desvirtuar o objetivo de maior agilidade.

Entretanto, a prova está nos números, e eles são impressionantes. Quando o entrevistei sobre esta questão, Chambers revelou os resultados alcançados pela empresa nos últimos 45 dias:

- anúncio de quatro aquisições, sendo duas delas acima de 3 bilhões de dólares, e três fora dos Estados Unidos;
- finalização e divulgação dos lucros trimestrais;
- realização do Congresso das Organizações Industriais (CIO) e de uma reunião envolvendo todos os parceiros;
- oferta de títulos da dívida no valor de 5 bilhões de dólares;
- anúncio de parcerias estratégicas com a EMC e a VMWare.

Além disso, Chambers esteve presente em 125 reuniões com clientes individuais no mesmo período. E isso não significa que ele estivesse trabalhando como louco – de fato, o que estava acontecendo era justamente o contrário. "Estou trabalhando menos do que trabalhava há dois anos", disse Chambers, sorrindo. Na verdade, a quantidade de tempo gasto pelos executivos sêniores em decisões estratégicas é de sessenta dias ao ano – exatamente a mesma que em 2007. Porém, o número de prioridades interempresariais aumentou de duas em 2007 para trinta em 2009, um crescimento quinze vezes maior. A velocidade e a escala das atividades da Cisco é de tirar o fôlego, mas, para Chambers, essa é a maneira como a Cisco deve funcionar. "Esse é o padrão normal da Cisco. Duvido que consiga me dizer o nome de qualquer outra organização no mundo que consiga fazer o que fazemos", disse ele.

> **Plano de ação:**
> **realizando sua própria avaliação para abertura**
>
> Este foi definitivamente um capítulo longo. Percorremos boa parte do terreno e abordamos grande quantidade de informações importantes. Agora que apresentamos as diferentes maneiras em que você pode se tornar aberto, está na hora de fazermos uma avaliação para descobrir o quanto sua organização é aberta. Use a tabela a seguir ou faça a sua avaliação *on-line* em OpenLeadership.com.

Qual é exatamente o segredo da Cisco? Na verdade são dois: em primeiro lugar, a empresa sistematizou a tomada de decisões por meio de um processo disciplinado e reproduzível. Em segundo, a Cisco utiliza-se de tecnologias colaborativas, que fazem os processos de tomada de decisões e execução funcionar perfeitamente. Examinaremos mais profundamente como a Cisco faz tudo isso nos capítulos 6 e 10.

Avaliação de abertura

Em primeiro lugar, classifique o seu grau de abertura em cada um dos seis diferentes elementos de compartilhamento de informações. Certifique-se de analisar exemplos e casos tanto internos quanto externos. Se quiser, também poderá avaliar a abertura de seus concorrentes ou de empresas que admira. Observe que esses resultados não devem ser usados como uma escala absoluta, mas como uma ferramenta de diagnóstico que irá ajudá-lo a compreender em quais aspectos sua organização é, ou não, aberta. O objetivo não deve ser o de obter uma pontuação alta, mas compreender por que você é mais, ou menos, aberto em uma área do que na outra.

Em segundo lugar, analise a maneira como você toma diferentes decisões em sua organização, documentando quando e onde observa a ocorrência da tomada de decisão, quem está envolvido, que elementos da informação compartilhada são usados e, finalmente, se ela é, ou não, eficaz. Você poderá descobrir que o processo tem sido ineficaz, não por si próprio, mas pelo não envolvimento das informações ou das pessoas certas. Nesses tipos de situação, antes de partir para mudanças significativas nos processos decisórios, você deverá experimentar e verificar se quaisquer mudanças para se tornar mais aberto, seja em relação às pessoas envolvidas ou às informações compartilhadas, poderá melhorar sua eficácia.

O compartilhamento de informações

Para cada proposição sobre os diferentes tipos de compartilhamento de informações, classifique sua organização de acordo com uma escala de 1 a 5, sendo 1 "discordo totalmente" e 5 "concordo totalmente". É importante também considerar exemplos internos e externos.

Interpretando os resultados: esses resultados não devem ser usados como uma escala absoluta, mas como uma ferramenta de diagnóstico que irá ajudá-lo a compreender em quais aspectos sua organização é aberta, e em quais não é. Em particular, procure compreender como está seu nível estrutural, de estímulo e de comportamento em cada área.

Explicação

_____ Minha organização é disciplinada quanto a manter sigilo das informações da empresa; as pessoas se sentem seguras para compartilhar informações confidenciais.

_____ A equipe executiva dedica tempo para explicar aos funcionários como as decisões são tomadas.

_____ Clientes e parceiros externos à organização acreditam que compreendem como e por que as decisões são tomadas pela empresa.

Total _____

Exemplos: _____

_____

_____

Atualização

_____ Tecnologia e processos como plataformas comunitárias e ferramentas de colaboração são empregados para facilitar o compartilhamento de informações e a cooperação.

64   Liderança Aberta

_____ Muitos executivos e funcionários usam frequentemente tecnologias sociais para fornecer atualizações, incluindo: blogues de texto, blogues de vídeos, microblogues ou plataformas de colaboração.

_____ Atualizações compartilhadas são vistas como úteis e não como simples relações públicas ou retóricas do departamento de recursos humanos.

Total _____

Exemplos: _____

_____

_____

Diálogo

_____ Funcionários e executivos têm liberdade de participar de blogues e mídias sociais, tanto interna quanto externamente, desde que se comportem de maneira responsável.

_____ A organização é comprometida em ouvir e conversar com clientes e funcionários – mesmo quando essas conversas apresentam uma conotação negativa.

_____ Há ferramentas comunitárias que envolvem clientes e parceiros e permite que conversem uns com os outros e também com a organização.

Total _____

Exemplos: _____

_____

_____

Microfone aberto

_____ Existem canais disponíveis para funcionários e clientes apresentarem sugestões, ideias e contribuições.

_____ A organização estimula ativamente funcionários e clientes a contribuirem com suas ideias e melhores práticas.

_____ Clientes e/ou parceiros frequentemente apresentam ideias, sugestões e contribuições que são adotadas pela organização.

Total _____

Exemplos: _____

_____

_____

Crowdsourcing

_____ Há uma plataforma para que grandes grupos de pessoas possam apresentar contribuições como ideias, inovações e soluções de maneira organizada.

_____ Há um processo proativo cujo objetivo é procurar e experimentar novas fontes de ideias e inovação.

_____ Ideias vindas de fora da organização são frequentemente incorporadas em produtos, serviços e processos.

Total _____

Exemplos: _____

_____

_____

Plataformas

_____ Arquitetura e plataformas de dados são definidas e abertas para possibilitar um amplo acesso.

_____ As plataformas abertas são vistas como uma vantagem estratégica e competitiva para a organização e, por isso, recebem investimentos adequados.

_____ Muitos funcionários, desenvolvedores e parceiros usam as plataformas abertas para criar novos produtos e experiências para os clientes.

Total _____

Exemplos: _____

_____

_____

Total geral _____
Some os totais de todos os itens

O processo de tomada de decisões

Decisões são tomadas todos os dias em sua organização. Esta parte da avaliação examina algumas das decisões mais comuns que são tomadas. Para cada tipo de decisão, identifique o processo decisório usado, quem está envolvido, que tipos de informações compartilhadas são usados para apoiar a tomada de decisões e qual o seu grau de eficácia.

66   Liderança Aberta

Para melhorar a eficácia é possível mudar o processo de tomada de decisões para torná-lo mais aberto. Contudo, também é importante considerar quem está envolvido ou se um sistema melhor de compartilhamento de informações é capaz de melhorar sua eficácia.

Tipo de decisão	Tipo de tomada de decisões usado (centralizado, democrático, autogerenciável ou distribuído)	Quem está envolvido?	Que tipo de informação compartilhada é usado para apoiar a tomada de decisões?	Eficácia, em uma escala de 1 a 5**
Aquisições				
Parcerias				
*Branding** ou posicionamento				
Desenvolvimento de produtos				
Orçamentos				
Fluxo de trabalho				
Contratação de pessoal				
Outros				

* *Branding* é o conjunto de ações voltadas para a construção e o gerenciamento de marcas junto ao mercado. (N.T.)

** Considerando 1 = totalmente ineficaz, e 5 = totalmente eficaz. (N.E.)

Após concluir sua avaliação, mantenha-a por perto à medida que lê o capítulo 3. Nele examinaremos os diferentes objetivos que poderão ser alcançados com a abertura. Durante a leitura, compare sua avaliação e sua estratégia – você é tão aberto quanto precisa para alcançar os seus objetivos?

Está na hora de descobrir o quão aberto você é e/ou precisa tornar-se!

Notas da autora

1. Um dos blogueiros em nosso grupo perguntou, meio seriamente, se havia Cylons (uma espécie alienígena, personagem da série de TV *Battlestar Galactica*) a bordo, uma pergunta que deixou perplexos do capitão aos oficiais de relações públicas. Todos confirmaram que não havia nenhum Cylon no navio.
2. Um excelente relato e fotos da visita ao USS Nimitz está disponível em: http://blog.guykawasaki.com/2009/06/24-hours-at-sea-on-the-uss-nimitz.html.
3. Trecho extraído de uma entrevista conduzida por Jennifer Jones a bordo do USS Nimitz em 29 de maio de 2009. A entrevista está disponível em: www.jenniferjones.com/MarketingVoices/5869/a-candid-perspective-from-fighter-pilot-lieutenant-luis-delgado.
4. CASE, John. *Open-book management: gerenciamento transparente – a próxima revolução nos negócios*. Rio de Janeiro: Ediouro, 1996. A open-book management (OBM), ou gestão de livro aberto, compreende quatro práticas básicas: (1) treinar os funcionários para que desenvolvam conhecimentos em negócios e possam compreender informações financeiras, (2) fortalecê-los para usar essas informações na redução de custos e na melhoria da qualidade, (3) confiar neles como parceiros de negócios em pé de igualdade, e (4) recompensá-los de maneira justa pelo sucesso da empresa. www.businessdictionary.com/definition/open-book-management-OBM.html.
5. Ver, por exemplo, *Open-book management*, de John Case; *Creating an "open book" organization: where employees think and act like business partners* [Criando uma organização com "Livro Aberto": onde funcionários pensam e agem como parceiros de negócios], de Thomas J. McCoy (Nova York: AMACOM, 1996); e *The open-book management field book* [O manual de open-book management], de John P. Schuster, Jill Carpenter e M. Patricia Kane (Hoboken, NJ: Wiley, 1997).
6. GROVE, Andrew. *Só os paranoicos sobrevivem: como tirar melhor proveito das crises que desafiam carreiras e empresas*. São Paulo: Futura, 1997.
7. A declaração da missão do Facebook está disponível em www.facebook.com/facebook?ref=pf#/facebook?v=info&ref=pf. Uma análise da evolução da sua missão está disponível em www.observer.com/2009/media/evolution-facebooks-mission-statement.

68 Liderança Aberta

8. A plataforma Facebook e o serviço Facebook Connect oferecem às empresas a possibilidade de usar os ativos do Facebook (como perfis e relacionamentos com amigos) em seus próprios sites. Os desenvolvedores podem também criar aplicativos que rodam no próprio Facebook. Empresas como a criadora de jogos Zynga são avaliadas na casa dos centenas de milhões, devido à clientela que ela é capaz de reunir na plataforma Facebook.

9. Informações detalhadas sobre os planos de curto prazo da Facebook estão disponíveis em: http://wiki.developers.facebook.com/index.php/Developer_Roadmap.

10. O blog de Paul Levy está disponível em http://runningahospital.blogspot.com/. Os comentários citados estão disponíveis em http://runningahospital.blogspot.com/2009/10/5s-projects-are-spreading.html, http://runningahospital.blogspot.com/2009/10/icu-i-really-care-for-you-and-your.html e http://runningahospital.blogspot.com/2007/01/do-i-get-paid-too-much.html.

11. Trecho do primeiro comentário postado por Paul Levy, 2 de agosto de 2006, disponível em: http://runningahospital.blogspot.com/2006/08/running-hospital.html.

12. Weber, Larry. *Sticks & stones: how digital reputations are created over time and lost in a click* [Paus e pedras: como reputações digitais são criadas ao longo do tempo e perdidas em um clique]. Hoboken, NJ: Wiley, 2009. p. 35.

13. Frank Eliason e a página da ComcastCares no Twitter estão disponíveis em: http://twitter.com/comcastcares.

14. Micah Laaker escreveu o artigo "What it means to be open" [O que significa ser aberto], publicado em CRUMLISH, Christian, MALONE, Erin. *Designing social interfaces*. O'Reilly/Yahoo! Press, 2009. p. 443–444.

15. "Last lecture" [A lição final], de Randy Pausch está disponível em www.youtube.com/watch?v=ji5_MqicxSo; "JK wedding entrance dance" [A dança de entrada do casamento de JK] pode ser vista em www.youtube.com/watch?v=4-94JhLEiN0; o guia para inserir um cateter venoso central está em www.youtube.com/watch?v=1xsgE7ueaek; e "Hamster on a piano" [Hamster ao piano] está disponível em www.youtube.com/watch?v=rfqNXADI3kU&feature=fvw.

16. As reportagens de Chris Morrow estão disponíveis em www.ireport.com/people/ChrisMorrow.

17. Os resultados do *USA Today Ad Meter* para o Super Bowl de 2009 estão disponíveis em www.usatoday.com/money/advertising/admeter/2009admeter.htm.

18. Informação importante: o logotipo do Altimeter Group, empresa de consultoria especializada em estratégias digitais fundada por Charlene Li, foi criado por www.crowdspring.com.

19. A expressão *spec work* é aplicada ao método inescrupuloso de obter um trabalho ou serviço de graça sob a fachada de um concurso. Nesse caso, em geral, o designer abre mão de todos os seus direitos sobre o trabalho. Um grupo chamado "No! Spec" defende o fim dessa prática. Ver www.no-spec.com. A autora acredita que sites como www.crowdspring.com e www.99designs.com estão a serviço dos interesses dos *designers* deixando claro o tipo de relação e a propriedade das criações no início do contato.

20. Um excelente painel sobre abertura e tecnologia pode ser encontrado em CRUMLISH, Christian, MALONE, Erin. *Designing social interfaces*. O'Reilly/Yahoo! Press, 2009. Capítulo 17.

21. Por exemplo, a plataforma do Facebook foi estendida a milhares de outros sites por meio de um programa chamado Facebook Connect, que é capaz de rápida e claramente estabelecer seus próprios padrões. Por outro lado, a rival API do OpenSocial precisava ainda lançar a versão 1.0 até o momento em que este livro estava sendo escrito, principalmente porque depende de acordo entre parceiros como Google, Yahoo, Microsoft e MySpace. Mais informações sobre o OpenSocial disponíveis em www.opensocial.org.

22. O site da campanha *Do us a flavour* está disponível em: www.walkers.co.uk/flavours/#/howitworks.

23. O jornal *Financial Times* publicou um rápido panorama sobre a estrutura organizacional e de tomada de decisões da W. L. Gore em www.ft.com/cms/s/0/32fba7da-bfc9-11dd-9222-0000779fd18c.html.

24. HAMEL, Gary. *O futuro da administração*. Rio de Janeiro: Campus, 2007. pg. 88 do original em inglês.

25. Informações detalhadas sobre a maneira como a Mozilla administra a tomada de decisões distribuída e sobre o trabalho em módulos podem ser consultadas em www.mozilla.org/hacking/module-ownership.html.

PARTE II

FORJANDO A SUA
ESTRATÉGIA DE ABERTURA

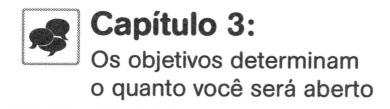
Capítulo 3:
Os objetivos determinam o quanto você será aberto

Agora que compreendemos as diferentes maneiras pelas quais você e sua empresa podem ostentar abertura, é chegada a hora de determinarmos o quão aberto você precisa ser. Se você completou a avaliação disponível no final do capítulo 2, já possui uma boa ideia dos aspectos nos quais você é, ou não, aberto nos dias de hoje. A questão é: você é aberto o suficiente? Essa pergunta não pode ser respondida isoladamente e, com frequência, as organizações ficam presas em um diálogo que se assemelha ao seguinte:

Diretor de marketing: – Precisamos nos aproximar dos nossos clientes e ser mais transparentes com eles. Por que não implementamos um blogue e abrimos uma conta no Twitter?

Vice-presidente de serviços ao cliente: – Isso não vai funcionar. Tudo o que conseguimos são queixas de clientes irritados. Não podemos vencer nesse tipo de situação.

Vice-presidente de desenvolvimento de produtos: – Mas precisamos ter um *feedback* sobre o que os clientes gostam e não gostam, caso contrário nunca criaremos produtos melhores do que os dos nossos concorrentes.

Diretor de vendas: – Nossos concorrentes serão capazes de explorar áreas em que nossos clientes estão insatisfeitos e, assim, nos roubarão oportunidades de venda.

74   Liderança Aberta

Diretor de marketing: – Melhor descobrirmos isso diretamente. Deveríamos ter um lugar em nosso site onde os clientes pudessem avaliar nossos produtos, assim saberíamos o que apresenta problemas e precisa ser corrigido.

CEO: – Mas disponibilizar essas avaliações negativas em nosso próprio site irá acabar com as vendas.

Vice-presidente de desenvolvimento de produtos: – Outras empresas como a nossa estão fazendo isso. A Dell, por exemplo.

CEO: – Nós não somos a Dell.

Essa conversa lhe soa familiar? Você não é o único. Muitas empresas estão presas ao equivalente estratégico de um nó górdio:* eles não conseguem abandonar o círculo vicioso que se cria e, por conseguinte, não resolvem o problema. Todos apresentam alguma razão crucial para que a empresa se abra, ou não, e para que mantenha o controle, ou não. O que se precisa aqui é de uma estrutura e de um processo comuns por meio dos quais algumas decisões claras sobre a abertura possam ser tomadas.

Muitas vezes, o que falta quando se procura decidir o grau de abertura a adotar é uma estratégia coerente – algo que gosto de denominar "objetivos dirigidos à abertura". Com a devida estratégia, a decisão deixa de ser *se* você deve se abrir, e torna-se *o quanto* você precisa ser aberto para alcançar seus objetivos estratégicos globais. Neste capítulo, analisaremos quatro importantes objetivos que uma abertura maior poderá alcançar.

QUAL É O SEU OBJETIVO?

Em meu trabalho junto a uma grande variedade de empresas, descobri que há quatro objetivos subjacentes integrados a quase todos os planos estratégicos bem-sucedidos. Tais objetivos se aplicam a situações internas e externas, a um público basicamente composto por funcionários, clientes e parceiros. São eles:

---

* Nó górdio é aquele impossível de desatar, significa uma dificuldade séria. (N.T.)

- **Aprender.** Acima de tudo, as organizações sabem que, antes de fazer qualquer coisa, devem aprender com seus funcionários, clientes e parceiros. Como discutido no capítulo 1, organizações e líderes devem estar constantemente abertos ao aprendizado. É preciso que se faça isso antes de procurar alcançar qualquer outro objetivo – caso contrário, corre-se o risco de operar em um vácuo.
- **Dialogar.** A comunicação – tanto interna quanto externa – transforma relacionamentos. Ela deixa de se caracterizar pelo simples envio de mensagens de mão única e passa a representar um diálogo entre iguais. Além disso, ao longo do caminho, as pessoas que participam do processo tornam-se cada vez mais engajadas, chegando ao ponto de estabelecer diálogos entre si, sem que necessariamente você precise estar presente.
- **Apoiar.** As pessoas, tanto dentro como fora da organização, precisam de ajuda em diferentes momentos, que vão desde a pré-venda até o pós-venda.
- **Inovar.** A criatividade precisa ser estimulada, tanto dentro como fora da organização.

Como podemos observar na Figura 3.1, o primeiro objetivo, aprender, é a base para todos os demais. Façamos, então, um exame mais aprofundado dos quatro principais objetivos de abertura, começando com o aprender.

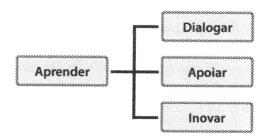

Figura 3.1. Os quatro objetivos dirigidos à abertura dão suporte à estratégia para a realização do processo.

APRENDER: ENVOLVENDO TODA A ORGANIZAÇÃO

Olhe para esse objetivo pelas lentes de um novo relacionamento que busca desenvolver com funcionários e clientes mais fortes. Você os compreende bem? Provavelmente não tanto quanto precisa. Tradicionalmente, os departamentos de pesquisa de mercado das empresas usam ferramentas como grupos de focalização e pesquisas, enquanto o departamento de recursos humanos realiza, uma vez por ano, uma investigação junto aos funcionários. Entretanto, a cultura do compartilhamento criou uma nova e oportuna maneira de ouvir e, mais importante, ela a disponibilizou a qualquer membro da organização disposto a aprender.

Por exemplo, ferramentas básicas de monitoramento, como o Google Blog Search ou a busca do Twitter facilitam a identificação de discussões de clientes a respeito da sua organização.[1] A um determinado custo, é possível realizar um monitoramento em tempo real do conteúdo social por meio de empresas como a BuzzMetrics, a Cymfony, a Radian6, a Umbria ou a Visible Technologies*.[2] Além disso, novos produtos da Microsoft, da Oracle, da Salesforce.com e de uma série de novas empresas irão integrar essas ferramentas de monitoramento aos seus aplicativos de gestão de vendas ou de atendimento a clientes, o que significa que será perfeitamente possível saber se as pessoas que estão escrevendo sobre a sua empresa são, de fato, seus clientes.[3]

Imagine se tais informações fossem ser disponibilizadas aos seus funcionários em tempo real. O serviço de atendimento ao cliente poderia ser proativo na abordagem de questões, reclamações e comentários dos clientes, da mesma maneira como a ComCast alcança seus usuários por meio do Twitter. Um vendedor poderia (1) identificar que a pessoa usando o nome "Wildman369", que postou comentários no blogue da empresa, é um cliente em potencial que foi recentemente contatado, (2) acessar o perfil LinkedIn desse indivíduo, e (3) usar essas informações como ponto de partida para uma próxima conversa. Ao permitir que seus funcionários ouçam e aprendam diretamente com os clientes, você os capacita a usar essas informações para melhorar o seu trabalho.

---

* Para mais informações sobre a empresa, acesse: www.visibletechnologies.com/company.html. Site em inglês. (N.E.)

Comunidades suplementam grupos focais

As comunidades também podem oferecer informações importantes, tanto particulares quanto públicas. As comunidades particulares virtuais – como as gerenciadas por empresas como a Communispace, a Networked Insights, a Passenger e a Umbria – organizam grupos que variam de algumas centenas a vários milhares de pessoas, com a finalidade de gerar ideias e obter *feedback*. Contudo, os membros desses grupos não se limitam a participar de pesquisas *on-line* ou a postar mensagens – ao contrário, os administradores dessas comunidades envolvem seus membros em chats ao vivo, estimulam essas pessoas a contar suas experiências por meio de ferramentas de vídeo e a elaborar seus registros diários, e solicitam *feedback* sobre ideias de novos produtos.

Esses recursos não se limitam apenas a clientes externos e *stakeholders*. Por exemplo, a Communispace administra uma comunidade virtual de quatrocentos funcionários locados em várias partes do mundo para uma grande empresa de serviços financeiros, permitindo o engajamento entre eles e a própria organização. Os executivos da empresa recebem *feedback* sobre iniciativas que incluem desde a estruturação de benefícios até a maneira como novas diretrizes estratégicas são recebidas. Uma parcela fundamental do sucesso dessa comunidade de funcionários foi o desenvolvimento da confiança – desde o início os executivos asseguraram diretamente aos funcionários que queriam um *feedback* honesto e direto. O resultado: *insights* em tempo real que ajudaram os executivos a tomar importantes decisões estratégicas.

O que dificulta a aprendizagem aberta

Os benefícios de se usar tecnologias sociais para a pesquisa incluem:

- velocidade – tempo real, agilidade;
- abrangência – variados pontos de entrada de informações, que vão além de grupos de vinte componentes focados ou de pesquisas realizadas com uma média de quatrocentas pessoas;
- custos mais baixos – pode ser tão barato como um simples monitoramento para a obtenção de *insights*);
- distribuição – indivíduos que estão fora da pesquisa de mercado podem acessá-la.

78 Liderança Aberta

Tudo isso sugere, portanto, uma pesquisa de mercado rápida e relativamente barata – o que poderia ser melhor?

Em contrapartida, existem alguns obstáculos que precisam ser discutidos. Em primeiro lugar, o monitoramento da mídia social resulta em muito ruído – muitos comentários, postagens em blogues e, especialmente, atualizações do Twitter – que simplesmente não são relevantes para o que a empresa quer saber. Entretanto, ferramentas de análise melhores estão tornando mais fácil filtrar tendências e lições importantes.

Em segundo lugar, as ideias que surgem nessas comunidades particulares não são representativas, por isso é preciso saber interpretar os dados. Por exemplo, as respostas de oitocentas pessoas a um questionário *on-line* podem ser muito menos representativas do mercado do que as oferecidas por quatrocentas pessoas estatisticamente selecionadas para representar este mesmo mercado.

Por último, a nova natureza da aprendizagem – distribuída – assusta um importante *stakeholder* – o departamento de pesquisa de mercado. Na verdade, essas novas técnicas não suplantam os métodos de pesquisa tradicionais, como grupos de focalização e pesquisas, apenas os suplementam. Contudo, além de uma falta de familiaridade básica com essas ferramentas, os departamentos de pesquisa de mercado temem, sobretudo, a perda de seu status como detentores e guardiões das informações estratégicas sobre clientes e funcionários. Um executivo pode facilmente influenciar uma discussão, trazendo à tona o comentário de um único cliente, mas ser capaz de invalidar semanas de cuidadosa pesquisa de mercado. Para reafirmar o seu conhecimento e sua autoridade, os pesquisadores de mercado devem se abrir a mais oportunidades de ouvir e aprender em todos os níveis da organização e, dessa maneira, atuar como agregadores e refinadores de valiosas informações.

DIALOGAR: ESTIMULANDO AS PESSOAS A FALAR

Sejamos francos, ninguém gosta de receber mensagens padronizadas e impessoais! No entanto, isso é o que geralmente acontece quando uma mensagem precisa ser enviada, seja para funcionários ou clientes. Em sua essência, o objetivo do marketing e da comunicação é construir relacionamentos, mas o segredo é saber como fazê-lo de maneira que pareça relevante e "autêntico" para a outra pessoa. Basicamente, a comunicação precisa deixar de ser apenas transacional, impessoal e de curto prazo para se tornar um relacionamento mais pessoal, íntimo e de longo prazo. Em resumo, torna-se necessário a humanização do marketing e da comunicação, substituindo essa "voz" imparcial e anônima por outra, que transmita significado e denote envolvimento. Considerando que o poder está agora nas mãos de clientes e funcionários, é preciso que as organizações conquistem o direito ao diálogo e saibam fazê-lo no momento certo.

Sem um relacionamento bem-estabelecido, até mesmo as melhores campanhas de marketing cairão em ouvidos moucos, especialmente porque as pessoas lutam cada vez mais para filtrar sinais significativos em meio à cacofonia e ao caos da mídia atual. Sem o devido cuidado, abordagens do tipo "compre já!" irão se mostrar tão prematuras quanto um pedido de casamento logo no primeiro encontro, e, exceto em raras exceções, serão certamente rejeitadas.

Examinemos o que a Kohl's está fazendo. Há pouco tempo, esta empresa varejista norte-americana contabilizava quase um milhão de seguidores em sua página no Facebook. Sua homepage apresenta marcas características e informações de vendas, enquanto no *wall** encontramos atualizações da empresa, como: "É uma liquidação. É enorme! Na verdade, é mais que enorme!" Porém, olhando mais atentamente para a página, veremos algo interessante acontecendo ali. Em um só dia, havia 32 comentários de seus seguidores. E para a metade desses comentários, a Kohl's postou algum tipo de resposta.[4] A seguir está um exemplo dos diálogos:

Edie: Boa essa liquidação [...] Acabei de sair de lá [...]
Kohl's: O que você comprou!? O que você comprou!? O que você comprou!? :)
Edie: Um suéter, leggings e uma blusa para o aniversário da minha neta!
Kohl's: Você é a melhor avó do mundo! Obrigado por postar, Edie!

Desconfio que Edie jamais esperasse receber uma resposta da loja quando postou seu comentário, e muito menos que a empresa falasse dessa maneira – afinal, esse não é o tipo de linguagem corporativa à qual estamos acostumados! Tudo o que é preciso fazer para que isso aconteça é disponibilizar um funcionário e alguns minutos por dia para responder a uma dúzia ou mais de postagens, pois é exatamente esse tipo de diálogo que está mudando a natureza dos relacionamentos.

---

*   O termo é utlizado em inglês. Refere-se a um mural de informações. (N.T.)

E considerando a natureza do Facebook, o impacto desse diálogo não se limita apenas a Edie. Em primeiro lugar, todos os que visitam a página da Kohl's veem essa conversa e compreendem que alguém na empresa está pessoalmente interessado em seus clientes e em suas compras. Entretanto, mais importante do que isso é o fato de que cinquenta amigos de Edie que visitaram sua página viram que ela postou na página da Kohl's. Na verdade, as 32 pessoas que postaram seus comentários naquele dia representavam, de certa maneira, 4.109 indivíduos que faziam parte de suas comunidades pessoais. Se todas essas pessoas se sentissem curiosas para saber o que seus amigos estavam fazendo na página da Kohl's, estariam a apenas um clique de descobrir. (Edie teve de torcer para que sua neta não clicasse e estragasse sua surpresa de aniversário!)

O que realmente importa é que a partir desse tipo de relação, as pessoas passaram a conversar sobre a Kohl's. Agora, quando alguém posta uma questão, há quem se adiante e, às vezes, responda à pergunta antes da própria empresa. Isso cria o que chamamos de boca a boca ou marketing viral, e é o que acontece quando o diálogo transcende os limites de uma conversa isolada e passa a ter vida própria a partir de um pequeno esforço ou empurrão da empresa.

Compreendendo a nova natureza do engajamento

Muitas organizações têm o objetivo estratégico de se engajar em um novo mercado com o objetivo explícito de vender mais produtos e serviços. Porém, um foco simplista em vendas obscurece a necessidade de se construir um relacionamento que apoie não apenas uma venda em curto prazo, mas um relacionamento fiel de longa duração. Muitas organizações se preocupam em compreender o significado do verdadeiro engajamento, potencialmente com milhares de pessoas, por meio do diálogo. O que está em jogo? O que se deve priorizar? O que dizer?

O engajamento é uma entidade multiforme que se adapta a cada situação. Um modo de abordar a questão é agrupar e priorizar os tipos de engajamento dentro do que denomino "pirâmide de engajamento" (ver Figura 3.2). A pirâmide mostra como as pessoas – clientes e funcionários – estão engajadas com sua empresa, marca, produto, ou até mesmo com um tema mais abrangente. É composta por cinco níveis, cada um representando um grau mais elevado de comportamento engajado. Assemelha-se a outros métodos de avaliação de usuários, como a

Teoria da Desigualdade de Participação, também denominada "90-9-1", que estabelece a seguinte proporção: 90% dos visitantes de um site são apenas observadores, 9% participam ocasionalmente e somente 1% está verdadeira e profundamente engajado.[5] A nova pirâmide apresenta as formas e os comportamentos específicos de engajamento, que começam desde os níveis mais básicos.

Figura 3.2. Pirâmide de engajamento

Tomemos como exemplo o tema "férias no Havaí" e vejamos como o engajamento se configura em cada nível da pirâmide, demonstrando como um hotel imaginário, "Happy Days Resort", poderia abordar o engajamento e a respectiva possibilidade de diálogo.

- Observação. No nível mais baixo de engajamento, as pessoas passivamente leem blogues, ouvem podcasts ou assistem a vídeos sobre férias no Havaí. Podem também visitar uma série de sites diferentes, incluindo o oficial GoHawaii.com para obter informações gerais sobre a ilha, o TripAdvisor.com para ter acesso a avaliações de hotéis, ou o próprio site do Resort para ver fotos do lugar. Elas podem até fazer reservas para as férias, mas, nesse ponto, a interação com o hotel é mínima e se resume à transação. O objetivo aqui é obter alguma informação sobre o lugar, mas, em geral, as encontradas até agora são suficientes. Não existe qualquer necessidade ou desejo de maior envolvimento.

82 Liderança Aberta

É preciso considerar que, até o momento em que um "observador" estabelece contato direto com o hotel, este nem percebe sequer o interesse por parte desse potencial usuário em passar férias no Havaí. O resultado: pouco engajamento com um "observador".

- **Compartilhamento.** Neste nível, a observação se transforma em compartilhamento. Um estudo recente realizado pela ShareThis* descobriu que o compartilhamento pode representar de 5% a 10% do tráfego total de um site, o que significa até 50% mais visualizações do site por pessoa do que em pesquisas nos buscadores.**[6] Por exemplo, uma pessoa pode estar em pleno processo de escolha de um hotel e fazer uma atualização no Twitter com a expressão "pesquisando onde se hospedar no Havaí". Um amigo que também está planejando suas férias vê a atualização e segue o link. Essa pode ser uma oportunidade para o hotel fazer contato com o primeiro "compartilhador". Tal interação não precisa ser complexa nem ter um "aspecto de vendas". É como se você estivesse em uma fila no supermercado e ouvisse duas mulheres conversando e, então, dissesse: "Desculpe, mas que tipo de hotel você está procurando? Talvez eu possa ajudar". Este, aliás, seria um bom início para uma conversa.

- **Comentário.** Após ter se hospedado no "Happy Days Resort", um turista que já tenha retornado de suas férias poderá postar um comentário em um site de avaliação de viagens, como o TripAdvisor, ou comentar sobre sua estada utilizando o blogue do próprio hotel. O indivíduo estará apenas adicionando um comentário a outros que já proporcionam uma discussão a respeito do "Happy Days", mas agora seu nível de engajamento é maior, porque está compartilhando ativamente sua própria opinião e fazendo isso no contexto de uma conversa já existente. Dependendo da natureza do comentário,

---

* Para mais informações sobre a empresa, acesse: http://sharethis.com/about. Site em inglês. No Brasil ainda não temos empresas atuando nesta área, até porque as aplicações se utilizam do próprio código disponibilizado pela ShareThis, ou seja, não há necessidade de se reinventar a roda. Outra empresa similar a esta é a AddThis (www.addthis.com). Site também em inglês. (N.E.)

** A incidência de pesquisa por meio de redes sociais em vez do uso de buscadores é crescente e até ultrapassa os mecanismos tradicionais em alguns casos. (N.E.)

o hotel poderá agradecer o cliente por uma excelente avaliação ou até solicitar mais informações que esclareçam por que a estada não atendeu às suas expectativas.

- **Produção.** Se você já editou um blogue, criou um podcast ou tentou manter um canal no YouTube, sabe como é difícil atrair e envolver o público. Produzir é diferente de comentar, pois envolve a criação e a produção de conteúdo para um público específico por algum tempo. Não se trata de uma participação ocasional. O "Happy Days Resort" poderá produzir um blogue, mas também poderá simplesmente engajar respeitados blogueiros que estão acostumados a escrever sobre férias no Havaí.

- **Curadoria.** As pessoas que se dedicam à curadoria – observação e organização – se destacam por seu alto nível de engajamento em uma comunidade. Elas passam incontáveis horas como moderadores de grupos de discussão ou como editores de *wiki*,* trabalhando não apenas para que o conteúdo esteja bem organizado para os usuários do site, mas também para que as pessoas participem ativamente da comunidade. Em alguns casos, esse indivíduo poderia ser um profissional contratado para gerenciar um fórum de discussão no site da empresa, mas poderia também ser um voluntário experiente e dedicado que simplesmente goste de ajudar as pessoas. Para o hotel "Happy Days", manter um relacionamento com o moderador de um grupo de discussão sobre viagens pode ser útil se surgirem problemas mais tarde.

A vantagem da pirâmide de engajamento é que ela facilita a identificação, a observação e a medição desses comportamentos. Não traz qualquer definição rígida e arbitrária tentando relacionar determinados comportamentos ou tecnologias a determinados níveis, e é assim que deve ser, pois a tecnologia associada a esses níveis de engajamento está sempre mudando. O mais importante é identificar a mentalidade que acompanha o engajamento em cada nível e estabelecer um relacionamento pessoal apropriado.

---

* Tipo específico de coleção de documentos em hipertexto ou o software colaborativo utilizado para criá-lo. (N.E.)

Veja a seguir um retrato do engajamento mensal dos internautas em cada nível da pirâmide. Esses dados se referem ao Brasil, Estados Unidos, Reino Unido e Coréia do Sul (ver Tabela 3.1).[7] Os dados, incluindo dezesseis países e detalhes sobre as atividades em cada categoria, estão disponíveis em www.open-leadership.com.*

Tabela 3.1. Níveis de engajamento no Brasil, Estados Unidos, Reino Unido e Coréia do Sul

Porcentagem de internautas on-line	Brasil	E.U.A.	Reino Unido	Coréia do Sul
Curadores	1%	1%	1%	1%
Produtores	47%	24%	19%	53%
Comentadores	53%	36%	32%	74%
Compartilhadores	76%	61%	58%	63%
Observadores	90%	80%	77%	91%

* Fonte: TrendStream Global Web Index Wave 1, Julho de 2009, www.trendstream.net (N.E.)

Usando a pirâmide de engajamento

Existem três aspectos a observar sobre a pirâmide de engajamento. Em primeiro lugar, as pessoas se envolvem com a sua empresa e marca independentemente de você querer ou não. Além disso, tal envolvimento ocorre e se torna visível na internet – na verdade, o mais provável é que toda essa atividade não aconteça especificamente em seu site. Para estabelecer um relacionamento com esse público, é preciso que estejamos onde ele está, ou seja, em comunidades sobre as quais não se tem controle direto.

Em segundo lugar, a manutenção de diálogos diretos com os participantes desses foros é fundamental. Muitas vezes, executivos nervosos perguntam-me: "O que devo dizer?" – o desconforto é semelhante àquele que sentimos quando chegamos a um evento em que não conhecemos ninguém. Pode haver a preocupação de não ser visto como "corporativo"

---

* Site da autora, em inglês. (N.E.)

e/ou inautêntico. Contudo, se compreendermos bem que o primeiro objetivo é aprender, teremos uma boa ideia dos assuntos que as pessoas desejam discutir. Além disso, ao entendermos onde elas estão na Pirâmide de Engajamento, saberemos como iniciar a conversa – Minha resposta é: caso aborde o curador de um fórum de discussão, como o TripAdvisor*, converse com ele de maneira muito diferente daquela utilizada para tratar com alguém que tenha acabado de postar um comentário negativo.

Por último, não devemos nos concentrar excessivamente nas pessoas nos níveis mais altos e engajados da pirâmide. Embora esse grupo seja importante, o trabalho deve começar na base, estabelecendo um forte engajamento sobre o qual poderemos construir outras iniciativas de diálogo. Precisamos nos concentrar na melhor maneira de estimular as pessoas a deixar a condição de observadoras passivas e a passar ao nível de compartilhamento, talvez simplesmente adicionando ao nosso site um botão "compartilhar", para que os visitantes possam facilmente postar o conteúdo desejado no Facebook ou no Twitter. Mesmo se tudo o que conseguirmos for possibilitar que os clientes encaminhem o conteúdo de um e-mail para outra pessoa que conhecem, já estaremos estimulando a cultura de compartilhamento que hoje permeia a web.

Abrindo o diálogo: todos somos profissionais de marketing

Agora que já possuímos algum entendimento sobre como um diálogo mais aberto pode ocorrer entre as empresas e as pessoas a elas engajadas, a questão é quem assumirá essa responsabilidade. No capítulo 6, analisaremos a Southwest Airlines em mais detalhes, mas, por enquanto, abordaremos rapidamente o modo como esta empresa gerencia o diálogo. Em seu blogue há uma grande variedade de profissionais escrevendo em nome da empresa, incluindo pilotos, representantes do serviço de atendimento, mecânicos e até mesmo clientes. Estas pessoas não têm nada a ver com marketing e comunicação, mas representam a empresa.

Tomemos como exemplo Bill Owen, um executivo importante do departamento de planejamento de voo – seu cargo lhe permite decidir para onde os aviões da Southwest voam. Para termos uma ideia de como Owen escreve, veja como ele começou uma mensagem em 13 de outubro de 2009:

---

* Para mais informações, acesse: www.tripadvisor.com/pages/about_us.html. Site em inglês. (N.E.)

86 Liderança Aberta

Hoje começamos a aceitar reservas para o período de 14 de março a 7 de maio de 2010. Festa à vista, aí vem a Páscoa! É tempo do Pessach!* Está na hora de planejar uma viagem para algum lugar e garantir sua reserva. Vamos viajar![8]

Com certeza, esse texto não se parece em nada com um *release* de imprensa! Owen é um dos blogueiros mais populares da Southwest, habitualmente tecendo dezenas de comentários em seus posts. Ele também responde ativa e diretamente a perguntas e pedidos. Veja a seguir um de seus diálogos típicos:

Alex: Mais uma vez, Bill, estou admirado com todas essas novidades! Denver é incrível para a Southwest Airlines, a empresa está crescendo rapidamente na cidade. Estou muito animado com os novos destinos a partir dessa cidade, que, aliás, continuam a partir!

Bill Owen: Alex, você é bem-vindo! Eu nunca vi nada parecido com nosso crescimento em Denver. Nem mesmo os voos em Los Angeles durante a guerra com a concorrência cresceram assim tão rápido. E eu estava falando sério sobre a grande mudança no Terminal C – é incrível!

Por que a Southwest Airlines se sente tão segura em deixar Owen e outros funcionários falarem em nome da empresa? Em 2004, a Southwest permitiu a gravação de um documentário que apresentava os funcionários durante oito horas de trabalho, registrando tudo, das coisas boas às ruins. A empresa não tinha nenhum controle editorial sobre os programas que foram transmitidos pela rede A&E, embora a companhia aérea pudesse pedir aos produtores do programa a inclusão de qualquer esclarecimento que fosse necessário. O que tudo isso fez para a Southwest? Brian Lusk, gerente de relacionamentos e projetos especiais *on-line*, conta que toda terça-feira de manhã, após a transmissão de um episódio do programa, a Southwest registrava um aumento nos pedidos de emprego e no faturamento das reservas. Dessa maneira, quando criou seu blogue, a empresa o entendeu como uma continuação natural e como um fruto do diálogo que já havia começado com os seus clientes e funcionários.

---

* Palavra hebraica que significa passagem. Trata-se da Páscoa Judaica, uma festa religiosa em que se comemora a libertação do povo judeu escravizado no Egito. (N.T.)

Então, quem nossos clientes e funcionários ouvirão? A voz monolítica da companhia? Ou será que estão mais propensos a escutar pessoas parecidas consigo mesmos, com quem possam se engajar em um diálogo que os conduza a um relacionamento mais significativo? Marketing e comunicação estão sendo transformados – não se trata mais da criação e distribuição de mensagens, mas, sim, da expressão aberta das preocupações e esperanças de clientes e funcionários, amplificadas por meio desses novos diálogos e relacionamentos.

O APOIO SE TORNA ATIVO E INTEGRADO

Passemos agora ao terceiro objetivo, abrindo caminho para ajudar e apoiar esses novos relacionamentos. Muitas vezes, este apoio é visto como um tipo de pós-venda. Entretanto, penso nele também como suporte às vendas e às necessidades dos funcionários. Comecemos discutindo primeiramente como o apoio ao cliente está se tornando mais aberto.

O hotel Ritz-Carlton é sinônimo de luxo – salões e quartos decorados com requinte e, claro, um serviço impecável. Era exatamente isso o que um casal esperava encontrar ao fazer uma reserva no Ritz para a sua noite de núpcias. Devido a um orçamento limitado, o casal preferiu um quarto simples em vez de uma suíte especial para sua lua de mel. Embora fosse um quarto muito bonito, a sua vista era voltada para o estacionamento! A noiva, decepcionada, fez o que lhe ocorreu naturalmente: postou uma mensagem no Twitter!

Contudo, o gerente do hotel era experiente em tecnologia social e tomou conhecimento do problema quase imediatamente, graças à ferramentas de monitoramento. Ele subiu ao quarto, pediu desculpas pelo desapontamento de suas expectativas e transferiu o casal para a suíte presidencial! O custo para o hotel – mínimo. Bruce Himelstein, vice-presidente sênior de vendas e marketing do Ritz-Carlton, compartilhou o seguinte comigo: "Com a mídia social, podemos tomar conhecimento de um problema enquanto o hóspede está em nossas instalações, quando ainda podemos fazer alguma coisa para resolvê-lo". Para o Ritz-Carlton, o monitoramento proativo de problemas relacionados a estadas é responsabilidade dos funcionários que estiverem no local, pois eles têm probabilidade maior de responder rapidamente. Trata-se de uma abertura não apenas do processo de atendimento ao cliente, mas também de quem é responsável pelo monitoramento e tomada de decisões.

Integrando o apoio

A iRobot é fabricante e distribuidora de produtos eletrônicos de limpeza, e famosa por seu aspirador robô Roomba. Desde o início da empresa, que vale hoje cerca de 300 milhões de dólares, os clientes participaram de uma comunidade que discutia os produtos, oferecendo sugestões e conselhos. Maryellen Abreu, diretora de suporte técnico global da iRobot, estima que 90% das perguntas que surgem nesse conselho da comunidade são respondidas pela própria comunidade e apenas 10% pelos empregados da empresa. "Temos agora mais de três milhões de unidades vendidas e meu orçamento para serviços ao cliente vem se mantendo estável ano após ano, apesar do aumento do número de unidades no mercado". Os supervisores somente se envolvem em uma conversa quando percebem que um cliente está discutindo questões como levar um aparelho para um serviço técnico não autorizado, o que o faria perder a garantia.

Além disso, a iRobot integra seus fóruns de discussão e comunidade (hospedados pela Lithium Technologies)* ao seu sistema de apoio ao cliente (administrado pela RightNow Technologies). Quando uma pergunta não respondida é transferida do fórum da comunidade para o centro de apoio da iRobot, o representante da empresa pode ter acesso a informações sobre a participação do cliente na comunidade virtual, incluindo as questões que apresentou e quais foram respondidas.

O apoio também ocorre no início de um relacionamento, quando um potencial cliente ainda está tomando uma decisão de compra. Por exemplo, a empresa de tecnologia SAP criou o EcoHub, um lugar em que disponibiliza todas as suas soluções, além de permitir que parceiros em seu campo de atuação – como integradores de sistemas ou áreas de tecnologia ou de software – ofereçam suporte adicional ou soluções próprias.[9] O EcoHub da SAP incorpora ferramentas como avaliações feitas por indivíduos que realmente usaram um determinado produto, e temas relevantes de discussão e comentários de blogues postados pelos dois milhões de membros da forte comunidade de desenvolvedores e usuários da SAP. Os perfis e informações de contato desses colaboradores também estão disponíveis, de maneira que potenciais clientes podem consultá-los diretamente para obter avaliações e *feedbacks* autênticos e honestos.

A SAP abriu formalmente o processo de apoio às vendas para mostrar como decisões de compra são, na verdade, complexas, a ponto de

---

* Empresa de tecnologia. Para mais informações, acesse: www.lithium.com. Site em inglês. (N.E.)

ocorrerem normalmente num contexto mais amplo de clientes e parceiros de referência. O SAP EcoHub reuniu e integrou um grupo maior de pessoas que influenciam as decisões de compra. O resultado: os potenciais clientes encontram soluções mais rápidas, e a SAP, ou os vendedores-parceiros, realizam um trabalho mais qualificado. A empresa não precisou criar uma nova comunidade de apoio para as vendas, mas apenas integrar o fórum de apoio existente ao processo de vendas, de modo que o *expertise* estaria facilmente acessível.

Agora, observe sua própria organização e avalie onde o apoio integrado e aberto poderia melhorar um processo importante ou fortalecer os relacionamentos naturais que você já possui.

INOVAR: LEVANDO O *CROWDSOURCING* PARA A ORGANIZAÇÃO

Como vimos no capítulo 2, as organizações estão começando a se voltar para seus clientes à procura de ideias, dessa maneira alavancando mercados de *crowdsourcing* como o crowdSPRING, o uTest e o InnoCentive, respectivamente, para design, testes e inovação.[10] Embora impulsionados em parte pela economia, também os clientes e os funcionários estão reivindicando o direito de dar sua opinião na criação de produtos e serviços.

Em fevereiro de 2007, a Dell lançou o IdeaStorm.com, que permite aos clientes apresentarem suas ideias e, posteriormente, votarem nas preferidas. Trata-se de um modelo semelhante ao Digg.com.* Por meio dessa comunidade, a Dell obtém uma lista de ideias sobre as quais trabalhar em ordem de prioridade. Um dos seus primeiros sucessos foi o lançamento em apenas sessenta dias de um PC baseado em Linux** (em comparação ao prazo normal que, em geral, é de doze a dezoito meses). Devido ao sucesso do IdeaStorm,*** a Dell rapidamente voltou-se para os funcionários e, em junho de 2007, lançou o EmployeeStorm.**** Esta comunidade logo surgiu com informações e decisões que no passado nunca tinham sido discutidas na empresa, o que mudou substancialmente o curso da comunicação interna e a própria cultura da organização.

---

* O verbo *to dig*, do inglês, significa cavar ou escavar. Neste caso, a ideia é procurar novas ideias. (N.E.)

** Trata-se de um sistema operacional, assim como o Windows. (N.E.)

*** Tempestade de ideias, como em *brainstorm*. (N.E.)

**** Ideias oferecidas pelos funcionários. (N.E.)

90 Liderança Aberta

A rede de cafeterias Starbucks tem um sistema semelhante ao Idea-Storm da Dell (na verdade, baseado na mesma plataforma, o Salesforce Ideas*) que se chama MyStarbucksIdea.com.** Fiquei particularmente fascinada pelo que foi feito no sistema para oferecer apoio ao site internamente. Aquela fora sua primeira grande incursão na mídia social, mas a empresa não desejava apenas um site simbólico – queria que as sugestões e ideias mais votadas tivessem ressonância no interior da Starbucks. Assim, Alexandra Wheeler, diretora de estratégia digital da empresa, identificou e garantiu a participação de cinquenta pessoas relacionadas à Starbucks, que supervisionariam as sugestões em suas áreas. Dessa maneira, o diretor de inovação do Starbucks Card*** poderia monitorar diretamente as ideias e os debates referentes ao produto e trazer as mais relevantes para a atenção da equipe. Ao dividir a responsabilidade, Wheeler foi capaz de integrar a inovação proposta externamente de maneira rápida e profunda à Starbucks.

Entretanto, como podemos estimular inovações e ideias em um ambiente de trabalho em que as pessoas não estão diante de um computador o dia inteiro? Esse foi o problema fundamental enfrentado pelo Hospital Geral de Toronto, pois a jornada de trabalho da equipe médica é longa e há, sobre todos, um enorme poder hierárquico e também por parte dos *stakeholders*, já que o risco – a vida das pessoas – é extremamente alto. *Feedbacks* malformulados ou mal-interpretados poderiam afetar a coesão e o desempenho da equipe e, portanto, o atendimento do paciente.

A solução foi usar os serviços da empresa de tecnologia Rypple**** para coletar *feedback* regular e anônimo por meio de perguntas feitas uma de cada vez, como: "O que podemos fazer para reduzir as taxas de reinternação?" Ao fazer uma única pergunta por semana, é possível se obter um número de respostas muito maior; estas podem ser compartilhadas rapidamente e gerar soluções conjuntas. Várias equipes solicitam *feedbacks* toda semana e divulgam os resultados em um mural no hospital onde

---

* Para mais informações sobre a plataforma, acesse: www.salesforce.com/br/?ir=1. (N.E.)

** Tradução livre: Minha ideia para a Starbucks. (N.T.)

*** Cartão de relacionamento da Starbucks que permite aos clientes da empresa fazer compras e participar de ações de fidelidade promovidas pela organização. Para mais informações, acesse: www.starbucks.com/card. Site em inglês. (N.E.)

**** Para mais informações sobre a empresa, acesse: http://rypple.com/company. Site em inglês. (N.E.)

todos podem ver as ações e, mais importante, os resultados dessas ações. Dante Morra, diretor do Centro de Inovação em Terapias Complexas e médico do Hospital Geral de Toronto, observou:

> As pessoas ficavam chocadas ao perceber o quanto a organização era hierárquica e como era difícil para os membros de diferentes equipes se expressar. Esse processo abriu canais de *feedback* entre as diferentes hierarquias e nos capacitou a estabelecer um sistema de aprimoramento contínuo da equipe.

Por fim, como estimular a inovação em uma organização que acredita que novas ideias devem surgir principalmente dentro da própria empresa? Durante um século, a fabricante de produtos de higiene e limpeza Procter & Gamble foi fiel ao princípio de "crescimento com recursos internos", segundo o qual as pessoas começavam e terminavam suas carreiras na empresa. Durante a maior parte da sua história, essa foi uma estratégia fantástica, garantindo uma cultura de negócios unificada e global. No entanto, quando o então novo CEO A. G. Lafley começou seu mandato em 2000, verificou-se que a empresa estava perdendo, lenta e continuamente, sua capacidade de inovar – apenas 15% dos novos produtos alcançavam êxito.[11] Além disso, produtos domésticos de marcas patrocinadas por grandes redes como a Walmart desafiavam a proposição de valor da P&G.

A solução: buscar novas ideias no mercado. Lafley criou um novo programa chamado "Connect + Develop". Dentro dos princípios da empresa, a ideia era se conectar externamente, encontrar novas ideias e, então, desenvolvê-las internamente, como somente a P&G poderia. Pelo menos metade dos novos produtos deveriam ser desenvolvidos a partir dessa estratégia. Em certa ocasião, perguntei a Jeff Weedman, vice-presidente de desenvolvimento de negócios globais da P&G, o quanto fora difícil superar a rejeição da empresa ao conceito de "isso não foi inventado aqui". "Muito!", disse ele. A liderança da P&G teve de valer-se de exemplos para provar a seus funcionários que havia uma maneira diferente de se fazer uma carreira dentro da empresa. Ela utilizou-se de perguntas, como: "Você já olhou para fora? Exatamente para onde lá fora você olhou? Você já pensou em parcerias?" Weedman disse:

92 Liderança Aberta

Tivemos de deixá-los vivenciar a situação por si próprios e escolher líderes que exibissem alguns desses novos comportamentos, porque essa era a única maneira de mostrar para o resto da organização que esse era o melhor caminho para progredir na organização e ser bem-sucedido na empresa.

Uma das estratégias da P&G foi usar um novo site, o PGConnect-Develop.com, para destacar algumas das linhas de pesquisa nas quais a empresa tinha interesse e então estimular a colaboração das pessoas. O objetivo: ampliar para além dos cerca de 9 mil cientistas atuando dentro da P&G e alcançar um número estimado de 2 milhões de pesquisadores que trabalhavam em temas relevantes relacionados. Sem o site, as necessidades da P&G nunca teriam chegado ao conhecimento desses cientistas. O impacto tem sido significativo – 65% dos novos produtos tornaram-se bem-sucedidos no mercado, sendo que 35% deles se originaram externamente. Tudo isso era feito ao mesmo tempo em que os custos globais de pesquisa e desenvolvimento diminuíam. No capítulo 10, voltaremos a discutir sobre o modo como a P&G foi capaz de transformar sua cultura corporativa e abrir-se para o mercado.

OS OBJETIVOS DA ABERTURA E OS SEUS FOCOS ESTRATÉGICOS

Até aqui discutimos os quatro grandes objetivos da abertura – aprender, dialogar, apoiar e inovar. A questão que se aplica a todos eles é, mais uma vez: o quão abertos precisamos ser? Se o objetivo é aprender, seria possível aprender mais se fôssemos mais abertos? Se a resposta for "sim", essa já é uma excelente razão para a abertura. Entretanto, é preciso avaliar a questão em relação ao público-alvo, a suas necessidades e suas expectativas. Eles participarão com você? Há riscos em cada um desses objetivos? Sempre! Portanto, a verdadeira pergunta aqui é: qual a dimensão desses riscos? Todas as nossas decisões devem ser tomadas no contexto dos objetivos.

Recomendo categoricamente aos líderes que baseiem suas estratégias de liderança aberta nos objetivos estratégicos globais de suas organizações. Ao baseá-las em alvos com os quais todos já concordaram, garantem-se também os apoios executivos, financeiros e emocionais necessários à difícil transição para uma maior abertura. Como vimos no capítulo 1, ser aberto é difícil, por isso toda a ajuda que se puder conseguir será benvinda.

Se de acordo com seus objetivos estratégicos não fizer sentido tornar--se mais aberto em uma determinada área, então não o seja. Caberá ao líder focar a estratégia de abertura em objetivos concretos. Portanto, se não houver um objetivo claro para a manutenção de um blogue ou para a presença no Twitter, então, faça a si mesmo um favor e não embarque nessas ideias, pois estará apenas perdendo seu tempo. E pior, poderá ainda minar seu próprio entusiasmo para se engajar abertamente nessas estratégias.

Vale a pena discutirmos brevemente o que deve ser feito se a opção para se tornar mais aberto não se encaixar em seus objetivos estratégicos. Em essência, estamos nos referindo a empresas que são bem-sucedidas apesar de não serem tão abertas. Examinemos agora uma empresa que é notoriamente fechada e, ainda assim, extremamente bem-sucedida – a Apple.

O FATOR APPLE

Quando menciono os benefícios de uma empresa ser mais aberta, é inevitável que alguém mencione a Apple como exemplo de empresa bem--sucedida, apesar de fechada e controladora. Embora seja categoricamente aberta no que se refere a plataformas (veja a iTunes Store e o iPhone Apps) e no oferecimento de suporte aos clientes por meio de seus fóruns, ela também marca presença em espaços como o Facebook e, mais recentemente, no Twitter.[12] Em contrapartida, a empresa não mantém blogues oficiais, e o diálogo, tanto no Facebook quanto no Twitter, é, com certeza, de mão única – da Apple para o mundo.

Poderíamos argumentar que, considerando os objetivos estratégicos da Apple, a empresa não tem imperiosa necessidade de se abrir – pelo menos enquanto continuar a desenvolver produtos de classe mundial. Tomemos o primeiro objetivo – de aprender – como exemplo. Recentemente, uma pesquisa em inglês por "computadores da Apple", no Google, resultou em mais de 66 milhões de páginas. Outra busca por menções em blogue apresentou quase 12 milhões de resultados. Como podemos ver, as pessoas já estão falando muito sobre a Apple e seus produtos. Há uma quantidade enorme de conversas disponíveis, portanto, os funcionários do departamento de pesquisa de mercado da própria empresa podem simplesmente extraí-las, refiná-las e enviar as informações para os setores da empresa em que serão mais úteis. Eles também têm total acesso às pesquisas, além de todas as ferramentas para acompanhar as tendências

94 Liderança Aberta

do mercado e de seus usuários. Eles simplesmente não precisam ser mais abertos do que já são para cumprir este primeiro objetivo.

Da mesma maneira, já existe uma quantidade enorme de diálogos sobre a marca e seus produtos, embora a própria Apple não participe diretamente deles. Na verdade, muitas pessoas realmente gostam de falar sobre o fato de que a Apple não diz uma palavra sobre si mesma, exceto sob condições cuidadosamente controladas.

Para o apoio ao usuário, a empresa conta com os fóruns da Apple, nos quais os próprios usuários ajudam uns aos outros. A empresa raramente participa disso, já que os entusiastas da marca podem cuidar de si mesmos. Assim, a Apple é realmente aberta em alguns aspectos, e ao permitir que outras pessoas cuidem do apoio ao cliente de maneira que ela não precise fazê-lo, ela reduz seus custos – um dos seus principais benefícios.

Por fim, quando se trata de inovação, a Apple conta com as mentes mais inovadoras e criativas da área tecnológica, sendo assim, expor novas ideias em comunidades como a IdeaStorm.com, em um mercado altamente competitivo, não valeria a pena para esta empresa.

A Apple não precisa ser mais aberta do que já é. Portanto, enquanto ela continuar em sua linha bem-sucedida de oferecer produtos capazes de inovar e liderar o mercado, agradando seus clientes, ela não precisará mudar a sua maneira de operar. Contudo, problemas eventualmente ocorrem. O lançamento inadequado do MobileMe* obrigou Steve Jobs a fazer um raro pedido de desculpas. Conforme a Apple enfrentar maior concorrência direta de empresas extraordinárias como a Google, esperamos que ela se abra ainda mais e conquiste seus consumidores não permanentes.

Então, tome cuidado se tiver um alto executivo que diz: "Quero ser como a Apple. Se ela consegue se manter fechada e bem-sucedida, então nós também não precisamos de abertura". A relação causal está invertida. Apesar das dificuldades, a Apple pode operar mesmo sendo menos aberta porque já é uma empresa bem-sucedida. Portanto, se a sua empresa tem o que eu chamo de "fator Apple" – uma combinação de engenheiros e designers brilhantes, um CEO carismático e uma marca que todo mundo ama – então essa abertura não importa tanto. Entretanto, pela minha experiência, poucas empresas são bem-sucedidas o bastante – como a Apple – para permanecerem fechadas.

---

* Serviço de mobilidade oferecido pela Apple para o iPhone, Mac e PC. Para mais informações, acesse: www.apple.com/br/mobileme. Site em inglês. (N.E.)

Plano de ação: criando a sua estratégia de abertura

Como discutimos neste capítulo, é crucial amarrar sua estratégia de abertura aos objetivos estratégicos globais da empresa. Veremos a seguir um plano de ação que irá orientá-lo passo a passo, demonstrando não apenas como fazer isso, mas também como priorizar e como promover a abertura.

1. **Identificar qual objetivo estratégico abordar primeiro.** Retome e avalie os objetivos corporativos da sua empresa tendo em mente as seguintes questões:
   - quais têm ficado para trás?
   - quais encontram dificuldades para avançar?

Seja onde estiver o maior ponto crítico, ele será um bom ponto de partida para sua primeira iniciativa de abertura, já que a atenção dos executivos estará concentrada em alcançar esse objetivo. Quando abordamos e nos concentramos em um ponto crítico, conseguimos construir credibilidade e ganhar impulso para atingirmos outras áreas. Tomemos dois exemplos de objetivos estratégicos para servir de base para esta discussão:
   - entrar em um novo mercado;
   - melhorar o estado de espírito dos funcionários diante de condições econômicas difíceis.

2. **Colocar em prática sistemas de aprendizagem para apoiar esse objetivo.** Descobri que a maioria dos objetivos estratégicos se desvia cedo de seu rumo devido à falta de conhecimento e de informações – como o novo mercado se comporta em relação a uma determinada categoria de produto; o que os funcionários estão dizendo sobre a empresa? – Não importa qual será o segundo passo, mas é primordial que se coloque em funcionamento os sistemas de aprendizagem adequados para se ter uma ideia clara do contexto no qual a empresa pretende operar. Esse é um bom momento para usar ferramentas de monitoramento prontamente disponíveis para dar início ao processo de aprendizado.

3. **Determinar qual objetivo dirigido à abertura pode ser mais útil.** Além de aprender, é preciso determinar qual dos outros objetivos – "dialogar", "apoiar" ou "inovar" – mais sustenta o que a empresa pretende alcançar. No caso da iniciativa de entrar em um novo mercado, faria sentido atentar para o diálogo para identificar pontos-chave de relacionamento usando a pirâmide de engajamento. Caso o objetivo seja melhorar o estado de espírito dos funcionários, alguns elementos do "diálogo" podem ser úteis, mas será preciso valer-se primordialmente do "apoio" para que executivos e funcionários se relacionem e se sustentem mutuamente.

4. **Avaliar a necessidade de abertura.** Este é um passo crucial – atingir nosso objetivo em termos de abertura e definir o quão aberto precisamos ser. Essa questão é, muitas vezes, impulsionada por fatores externos, como a posição de uma empresa no mercado ou a vontade do público de interagir com esta organização. Por exemplo, se estivermos procurando entrar em um mercado cujo público é altamente engajado em um diálogo interno, ou cujos atuais participantes já mantêm um envolvimento frequente, teremos necessariamente de ser mais abertos se quisermos obter algum progresso. Em contrapartida, se este público funcionar com base na pirâmide de engajamento, provavelmente será preciso ser mais delicado em seu envolvimento.

5. **Avaliar a sua capacidade de ser aberto.** Este é o momento para retomarmos a avaliação de abertura realizada no final do capítulo 2. Se o seu objetivo for o diálogo, você acredita estar pronto para desenvolver o diálogo que o mercado exige? Observe os elementos aplicáveis nesse caso, por exemplo, o compartilhamento de informações. Se a sua organização demonstrou pontuação baixa nessa área, talvez seja necessário tomar medidas adequadas para melhorar a capacidade de abertura da empresa. Sua organização conta com políticas e estruturas adequadas para apoiar a abertura, ou será que os executivos ainda precisam apoiar mais claramente uma estratégia nesse sentido?

Nos próximos três capítulos trataremos exatamente dessa questão – na existência de uma lacuna entre a necessidade e a capacidade de abertura, como fazer para nos tornarmos mais abertos do que já somos? O primeiro passo é entender os benefícios específicos desse processo. Apresentá-los à organização e a seus líderes é particularmente importante, pois ambos podem estar contaminados pela inércia da acomodação. No capítulo 4, discutiremos diferentes maneiras de medir – ou não – os benefícios da abertura. Essa será a base para a elaboração de nosso plano de abertura nos capítulos 5 e 6.

Notas da autora

1. Google Blog Search está disponível em blogsearch.google.com e a busca do Twitter em search.twitter.com. O uso das duas ferramentas é gratuito.
2. Existem centenas de ferramentas de monitoramento de mídia social e de marcas disponíveis. Um relatório contendo uma lista bastante abrangente pode ser encontrado em www.charleneli.com/open-leadership.com.
3. Looking Glass da Microsoft e Chatter da Salesforce são apenas dois exemplos que foram anunciados quando este livro estava no prelo.
4. O mural da Kohl's no Facebook pode ser acessado em www.facebook.com/kohls#/kohls?v=wall. Essas observações foram feitas em 14 de novembro de 2009.
5. Para mais informações sobre a Teoria da Desigualdade de Participação, ver www.useit.com/alertbox/participation_inequality.html. Jake McKee também aborda o assunto em seu site em www.90-9-1.com.
6. O relatório ShareThis foi um estudo comissionado pela Forrester Research, "The ins and outs of on-line sharing: how and when consumers share content," [Os detalhes do compartilhamento *on-line*: como e quando os consumidores compartilham conteúdo]. 7 de Julho de 2008.
7. Informações baseadas na atividade do mês anterior registradas por www.trendstream.net. Dados adicionais sobre a pesquisa para dezesseis países estão disponíveis em www.charleneli.com/open-leadership.com.
8. A mensagem de Bill Owen, funcionário da Southwest Airlines, está disponível em http://www.blogsouthwest.com/blog/march-schedule-now-bookableso-go-somewhere.
9. SAP EcoHub está disponível em http://ecohub.sdn.sap.com.
10. O crowdSPRING (www.crowdspring.com) oferece serviços de design, o uTest (www.uTest.com) oferece serviços de avaliação de software e o InnoCentive (www2.innocentive.com) trabalha com inovação para a solução de problemas.
11. "P&G's new innovation model" [O novo modelo de inovação da P&G]. *HBS Working Knowledge*, 20 de março de 2006. Disponível em: http://hbswk.hbs.edu/archive/5258.html.

12. iTunes está disponível no Facebook em www.facebook.com/iTunes, e também no Twitter em http://twitter.com/iTunesMusic, http://twitter.com/iTunesPodcasts, http://twitter.com/iTunesMovies e http://twitter.com/iTunesTV. Apple Students também está presente no Facebook em www.facebook.com/applestudents.

Capítulo 4:
Compreendendo e avaliando os benefícios de ser aberto

Agora que já temos uma ideia de quais serão os objetivos, é importante compreendermos seus valores e colocarmos em prática sistemas de medição para garantir que estamos no caminho certo para alcançar os benefícios. A importância de tais medições se confirma nas conversas que tive com executivos sêniores sobre o valor da liderança aberta. É inevitável que eles queiram saber qual é o Retorno Sobre o Investimento (ROI).* Entretanto, dar tamanha ênfase a isso é o mesmo que questionar o valor de um relacionamento mais profundo e mais próximo. Embora eu concorde que a liderança deva examinar com rigor os benefícios da abertura, a ênfase exagerada sobre o ROI não é positiva para ninguém.

Para ilustrar essa questão, veja o que diz John Hayes, diretor de marketing da American Express, ao explicar com eloquência o dilema dos sistemas de medida em geral: "Temos a tendência de supervalorizar as coisas que podemos medir e subestimar aquelas que não podemos mensurar".[1] Esta é, sem dúvida, uma verdade no mundo dos negócios: apesar de todo o nosso esforço para tornar os investimentos e processos mais mensuráveis e controláveis, há um limite para o que é viável (e econômico) medir. Inevitavelmente, baseamos muitas de nossas decisões em apenas uma ínfima parte das informações e evidências ou, o que é mais provável, em nossa intuição.

Por exemplo, em termos de investimento, qual é o retorno sobre um simples aperto de mão? Pense no almoço que teve recentemente com um colega ou um subordinado direto, em que investiu tempo e dinheiro para desenvolver um relacionamento mais profundo. Como calcular o ROI de um almoço de trabalho? Esses exemplos ilustram o problema fundamental da abertura e dos negócios em geral: algumas

---

* Esta é a sigla em inglês para *return on investment*, comumente utilizada no Brasil. (N.T.)

102 Liderança Aberta

ações em um relacionamento até podem ser mensuradas e controladas, mas muitas outras não podem. Empresas investem enorme quantidade de dinheiro em relacionamentos, incluindo todo o tipo de atividades, que vão desde a criação de um departamento de relações públicas para estabelecer ligações com indivíduos altamente influentes da mídia até a disposição de garrafas de café na copa para manter o ânimo dos funcionários. Na maioria dos casos, mais da metade das despesas operacionais de uma empresa são gastas em atividades que impactam indiretamente em seus resultados. Podemos não ser capazes de relacionar o ROI dessas despesas às vendas diretas, mas sabemos que elas trazem alguns benefícios adicionais, e que, por isso, têm valor.

O problema fundamental está no fato de ser difícil quantificar o valor de um relacionamento, porque o percebemos de muitas maneiras diferentes. Pensemos em nossos laços mais íntimos e no modo como os medimos. Como, afinal, percebemos o valor de uma relação? Tomemos, por exemplo, um de meus seguidores do Twitter: como um observador passivo de minhas atualizações, esse indivíduo não seria tão valioso; contudo, quando ele responde a um pedido ou faz uma atualização – envolvendo-se mais diretamente comigo –, começo a perceber seu valor.

A dificuldade, hoje, das novas tecnologias sociais – como Facebook, blogues, fóruns de discussão e Twitter – é o fato de seus benefícios não serem claros e diretos, quando comparados aos canais de relacionamento tradicionais. Na realidade, as atividades que ocorrem nesses espaços são intrinsecamente mensuráveis, contudo, não conseguimos ainda estabelecer um conjunto de conhecimentos e experiências sobre o valor de tais atividades em comparação aos custos e aos riscos de alcançarmos seus benefícios. Neste capítulo, examinaremos e explicaremos como os benefícios de cada um dos quatro objetivos dirigidos à abertura – observados no capítulo anterior – podem ser compreendidos e potencialmente mensurados, tanto de maneira direta quanto indireta.

Em minhas pesquisas, descobri que todos os objetivos dirigidos à abertura geram alguns benefícios comuns, conforme:

- **a eliminação da resistência.** Ao removermos barreiras ao acesso à informação e às pessoas, o custo do compartilhamento de informações e de tomada de decisões é reduzido, e o processo torna-se mais fácil;

- o estabelecimento de parâmetros para os esforços. A cultura do compartilhamento significa que as coisas são divulgadas de maneira mais rápida e mais ampla, com menos investimentos diretos;

- a obtenção de respostas rápidas. Sendo o "tempo real" uma característica das tecnologias sociais, podemos responder às ocorrêcias rapidamente. De fato, se não estivermos lá para dar conta da onda cada vez maior, podemos nos afogar;

- o ganho de compromisso. Este é, provavelmente, o aspecto mais difícil de se quantificar, mas também o mais importante, pois é com ele que capturamos os corações e as mentes de nossos funcionários e clientes.

Examinemos como os benefícios podem variar dependendo de o foco estar no público externo (clientes e parceiros) ou nos funcionários e *stakeholders* internos. No final de cada seção, haverá um exemplo de como uma empresa hipotética, com faturamento de 500 milhões de dólares, poderia se beneficiar de cada objetivo. Esses exemplos também estão disponíveis *on-line* no site www.open-leadership.com, onde também é possível adicionar seus próprios dados e simular situações. No final do capítulo, discutiremos ainda algumas maneiras novas de pensar nas métricas já existentes, como o *customer lifetime value* (CLV).*

OS BENEFÍCIOS DA APRENDIZAGEM ABERTA

Como vimos no capítulo 3, uma quantidade enorme de informações pode ser reunida por meio de ferramentas gratuitas e simples, como buscas na internet ou no Twitter, bem como por meio de ferramentas pagas de monitoramento. Lembre-se, contudo, de que podem haver custos significativos, tanto em termos do tempo necessário para filtrar e analisar os dados, como dos serviços pagos de comunidades particulares, que podem alcançar centenas de milhares de dólares. Entretanto, antes de examinarmos os custos, trataremos dos benefícios.

---

* Trata-se do valor financeiro do cliente durante sua vida útil de consumo. No Brasil, utiliza-se o termo em inglês. (N.T.)

104 Liderança Aberta

Em primeiro lugar, contabilizamos uma economia de custos diretos tangíveis do orçamento que seria gasto em métodos tradicionais de pesquisa de mercado, como: grupos de focalização, entrevistas individuais e em locais de grande fluxo, pesquisas etnográficas e gerais, e enquetes. Tomemos, por exemplo, o custo de um grupo de focalização composto por dez pessoas, que pode chegar a 5 mil dólares ou mais por uma única tarde. Façamos uma comparação entre o custo dessa abordagem e de uma investigação de comunidades virtuais já existentes, cujos membros se reúnem em torno de um interesse comum.

Um exemplo bastante pessoal dos benefícios diretos da aprendizagem é a maneira como o título deste livro foi escolhido. Meus editores e eu não estávamos muito satisfeitos com nossos títulos preliminares, então decidi postar uma mensagem em meu blogue pedindo sugestões de título. Após algumas semanas, realizei uma pesquisa *on-line* com os quatro títulos finalistas. Paralelamente, meus editores e meu agente enviaram e-mails para uma lista selecionada de nomes, o que rendeu algum retorno, contudo, a grande maioria das 575 respostas veio de pessoas que leram sobre o assunto em meu blogue, em minha página no Facebook, ou por meio de uma única atualização que publiquei no Twitter (que foi, posteriormente, reenviada várias vezes). Este é um pequeno, mas poderoso exemplo dos benefícios que as tecnologias sociais nos oferecem.

No final da pesquisa, o título favorito foi *Liderança aberta*. O custo de organizar a pesquisa foi de 35 dólares, pagos à SurveyMonkey.com. O custo de se obter as 575 respostas foi insignificante devido ao relacionamento preexistente que eu e minha rede estendida já mantínhamos em funcionamento. Além disso, metade dos respondentes pediu para ser notificada sobre o lançamento da obra, o que representaria o potencial faturamento de mais de 6 mil dólares com sua venda!

Entretanto, além da economia de custos diretos e dos benefícios de um possível faturamento, foram também contabilizados consideráveis benefícios indiretos. Em primeiro lugar, está a velocidade. Mais da metade das respostas chegaram nas primeiras doze horas a partir das postagens originais. Em segundo lugar, estas mensagens provocaram vários comentários sobre o próprio livro e sobre os assuntos nele tratados, o que gerou vários exemplos de estudos de caso, assim como uma interessante propaganda boca a boca. Esses benefícios são muito mais difíceis de se quantificar; qual é o valor de um único estudo de caso no livro? No final, fiquei bastante satisfeita com a natureza indireta e "inquantificável" desses benefícios, porque seu valor até aqui excede o custo tangível de 35 dólares!

Devo reconhecer que não existem custos ocultos. Passei um tempo considerável investindo em minha rede social – havia mais de 30 mil seguidores no Twitter quando o livro foi enviado para impressão, além de milhares de "amigos" no Facebook. Isso não se consegue da noite para o dia.

Mudando mentalidades com a voz dos clientes

Mesmo se tivermos em mãos benefícios concretos, ainda podemos ser incapazes de mudar a mentalidade de executivos que veem o mundo de uma maneira específica. O fato é que as pessoas, mesmo aquelas cujas mentes são guiadas por números, não se deixam influenciar facilmente por conceitos que possam contradizer aquilo no que já acreditam. Nesses casos, precisaremos explorar o poder emocional das histórias para defender nossa posição. Neste caso, nada é mais poderoso do que uma interessante e persuasiva história envolvendo clientes. O mais interessante é que, atualmente, milhões de clientes estão contando suas histórias – e apenas esperando que você se junte à conversa.

Por exemplo, havia muito tempo que a Comcast alcançara os mais baixos níveis de satisfação de seus clientes em seu ramo,[2] quando o CEO da empresa, Brian Roberts, resolveu pôr um fim àquela situação, mudando a missão da Comcast para: "Oferecer uma experiência excepcional aos nossos clientes todos os dias". Porém, uma coisa é ter uma missão, outra, bem diferente, é ter no quadro alguém que se preocupe em humanizar os clientes para a empresa.

Para a Comcast, essa pessoa era a Vovó Annie. Seu nome de batismo é Anna May, uma adorável avó que mantém um blogue basicamente para estar em contato com sua família, especialmente os netos. Um dia, ela escreveu um post intitulado "Eu não gosto da Comcast!" Ela contou que estava enfrentando problemas com a nova conexão da Comcast e com a configuração de seu e-mail.[3] Frank Eliason, que dirige o novo programa de Atendimento Direto da Comcast (e a sua conta no Twitter, @ComcastCares), encontrou a mensagem com um software de monitoramento, entrou em contato com a Vovó Annie e a ajudou a resolver o problema. Porém, ele não parou por aí. Ele relatou o caso da consumidora internamente e recordou:

Sua experiência não fora assim tão ruim, mas, afinal, tratava-se da Vovó Annie! Depois disso, quando enviei a *newsletter* da companhia, recebi centenas de e-mails dos próprios funcionários, que diziam: 'Como pudemos fazer isso com a Vovó Annie?' A partir daquele momento, sempre que falávamos sobre a Vovó Annie, todos se mostravam engajados.

Falamos frequentemente em humanizar a empresa por meio da mídia social, mas no caso da Comcast, o que eles precisavam fazer era tratar seus clientes como pessoas, e não como números. Quando os clientes passam a ter nome, rosto e voz, é como se figurativamente caminhassem pelos corredores da empresa. Qual é o valor de ser capaz de dar vida à missão de uma empresa? Em uma situação como essa, o benefício e o ROI de tais ações deixam de ser uma opção entre engajar-se ou não; ao contrário, tornam-se uma questão de como participar da maneira mais eficiente possível para que se alcançar o objetivo desejado.

Uma das métricas muito usadas em relações públicas é a do "sentimento". Trata-se de um tipo de medição que informa se os artigos, comentários, atualizações e avaliações são positivos ou negativos. Quando a Comcast começou sua campanha de atendimento direto em 2007, a empresa contou com uma pesquisa realizada pela Nielsen para medir os níveis de sentimentos negativos e positivos nos diálogos *on-line*. O resultado: 70% eram sentimentos positivos, enquanto expressivos 30% eram negativos. Após dois anos em que a empresa procurou se relacionar por meio de comentários em blogues, fóruns de discussão e atualizações no Twitter, a Nielsen constatou que 90% dos comentários dos consumidores eram positivos e apenas 10%, negativos. Frank Eliason admitiu que a empresa usa o sentimento como sua principal ferramenta de medição, dizendo:

> Nunca nos concentramos nas vendas e na retenção como uma medida fundamental para os nossos programas de atendimento ao consumidor. Sabemos que resolver os problemas dos clientes tem um grande impacto, mas não nos concentramos em tais medições.

Ao contrário, eles se concentraram em identificar oportunidades para melhorar as relações com os clientes de maneira geral, sabendo que tal estratégia acabaria resultando em sentimentos mais positivos por parte dos clientes.

Construindo o entendimento dos funcionários

A ideia do aprendizado não está reservada apenas aos clientes – muitas organizações usam as novas tecnologias para melhor compreender e se aproximar de seus próprios funcionários. O SunTrust, um grande banco que opera principalmente no sudeste dos Estados Unidos, sofreu um processo de transformação para responder ao agravamento da crise financeira. Com uma das iniciativas chamada "voz do parceiro de equipe", o banco reuniu *feedbacks* dos seus 28 mil empregados. No passado, quando o SunTrust reunia sugestões de seus funcionários, estes, muitas vezes, ficavam sem saber o que acontecia com elas. O diretor de comunicações internas, Chuck Allen, contou-me que o banco percebeu que isso precisava mudar: "Buscávamos melhores maneiras de nos relacionar com a nossa equipe; sabíamos que poderíamos fazer um trabalho melhor se ouvíssemos e atuássemos sobre os *feedbacks*".

Uma das soluções foi envolver a Communispace na criação e no gerenciamento de uma comunidade privada de trezentos funcionários. A administração poderia pedir feedbacks e ideias aos funcionários – e também comunicar o que foi feito com suas sugestões. Uma das iniciativas testadas foi sobre um folheto sobre as estratégias do SunTrust para o futuro, que a equipe de comunicação queria enviar para a casa de cada funcionário. Entretanto, antes de enviá-lo, a Communispace levantou a questão na comunidade para ver o que seus participantes pensavam sobre a proposta. Embora eles gostassem do conteúdo, sentiram que era inconsistente com a mensagem que a equipe de liderança havia exposto sobre cortes de custos e eficiência. Allen contou:

> Economizamos 40 mil dólares ao tomarmos a decisão de não imprimir o folheto e, em vez disso, disponibilizá-lo *on-line*. Por outro lado, também capitalizamos muito em boa vontade com a participação de toda a equipe.

Recapitulando, as organizações podem, às vezes, quantificar de maneira direta o capital economizado ao optar por meios mais eficientes de aprender com clientes e funcionários. Em contrapartida, os benefícios intangíveis indiretos – como tempo real e *insights* melhores e mais profundos – são muito mais difíceis de se quantificar, mas, a longo prazo, agregam valores ainda maiores à organização.

Avaliando os benefícios do aprendizado

Como já discutimos anteriormente, pode ser difícil atribuir números concretos a uma iniciativa de aprendizagem específica. Porém, tentaremos fazê-lo por meio de uma série de suposições concentrando-nos especificamente no valor dos benefícios indiretos. Na Tabela 4.1, apresentamos os benefícios e os custos de um serviço de monitoramento pago, como o Radian6, complementado com dados de uma comunidade particular, como os fornecidos por empresas como a Communispace* ou a ThinkPassenger.** Vale observar que esses números representam uma empresa com 500 milhões de dólares em vendas e dois mil funcionários e têm a finalidade de nos fornecer uma ideia sobre como estimar o valor dos benefícios indiretos. Como poderemos verificar, há uma série de previsões indicadas em cada linha, especialmente para os custos mais indiretos. Cada organização é única, assim, a maneira como cada indivíduo percebe e reconhece o valor será diferente.

OS BENEFÍCIOS DO DIÁLOGO ABERTO

O diálogo é a base de qualquer relacionamento. Grande parte dele ocorre fora da organização, e o engajamento que ele cria é facilmente observável. Há momentos em que uma organização pode atribuir o faturamento ou os custos mais baixos diretamente a determinadas conversas que se estabeleceram, mas, na maioria das vezes, o diálogo contribui para o aprofundamento geral de um relacionamento, cujos ganhos poderão se apresentar muito tempo depois. Abordaremos agora a tarefa de correlacionar o diálogo ao impacto direto nos negócios. Posteriormente, trataremos dos benefícios indiretos.

Impulsionando as vendas

Sendo bastante objetiva, é perfeitamente possível ganhar dinheiro com a abertura e a utilização de tecnologias sociais! Tomemos, por exemplo, a maneira como a Dell Outlet impulsiona as vendas com o Twitter. Utilizando

---

* Para mais informações, acesse: www.communispace.com/about/whoweare.aspx. Site em inglês. Não há serviços similares no Brasil, mas, de maneira geral, as grandes agências podem prestá-lo, sob encomenda. (N.E.)

** Para mais informações acesse: www.thinkpassenger.com. Site em inglês. Não há notícia de serviço similar no Brasil, porém grandes agências podem prestá-lo, sob encomenda. (N.E.)

Tabela 4.1. Compreendendo os benefícios do aprendizado (em dólares)

Descrição	Benefício
Redução dos custos de grupos de focalização • Previsão de doze grupos focais a 5 mil dólares cada.	60 mil
Geração mais rápida de *insight* (em tempo real) • Velocidade de resposta ao mercado – desenvolvimento de um novo produto por ano (10% do lucro de novos produtos de 1 milhão de dólares cada).	100 mil
• Evitar um grande erro – economia de custos pela não autorização de campanha publicitária.	25 mil
Desenvolvimento de alinhamento para objetivo estratégico • Custos reduzidos de treinamento e reuniões – a produtividade de cada funcionário aumenta quatro horas por ano a 20 dólares por hora (para 2 mil funcionários).	160 mil
• Melhor comprometimento com o objetivo – a motivação do funcionário aumenta, a rotatividade de pessoal é reduzida e os custos de recrutamento são evitados. Pressupõe a redução de 1% na rotatividade de pessoal, custos de recrutamento de 10 mil dólares.	200 mil
• Parceiros estratégicos desenvolvem mais soluções e podem vender 1% mais do que os seus atuais 250 milhões de dólares, com 10% do lucro para a empresa.	250 mil
Total de benefícios	**795 mil**
Custos	
• Plataforma de monitoramento de mídias sociais - Previsão de 5 mil dólares por mês	(60 mil)
• Comunidade particular - Previsão de 250 mil dólares por ano	(250 mil)
• Recursos internos - Previsão de um funcionário em tempo integral a 100 mil dólares por ano	(100 mil)
Total de custos	**(410 mil)**
Benefícios líquidos	**385 mil**
Retorno	**94%**

* Fonte: TrendStream Global Web Index Wave 1, Julho de 2009, trendstream.net. (N.E.)

110 Liderança Aberta

a natureza de tempo real do Twitter, desde março de 2009 a Dell começou a postar em sua página twitter.com/delloutlet ofertas válidas somente para aquele ambiente.[4] O número de pessoas que passou a seguir a Dell Outlet rapidamente chegou a 600 mil em junho de 2009, e mais do que dobrou em janeiro de 2010, alcançando a marca de 1,6 milhões. Com isso, a Dell Outlet viu suas vendas aumentarem – após o seu primeiro ano no Twitter, a empresa havia faturado 2 milhões de dólares diretamente em sua página no Twitter e outro milhão de dólares de compradores que decidem optar por sistemas diferentes na Dell.com, e não no outlet.[5] Além disso, Stephanie Nelson, a funcionária da Dell por trás da página no Twitter, e responsável por todas as atividades de relações públicas concernentes à Dell Outlet, passa apenas uma pequena parte do seu tempo nesse espaço. Naturalmente, Nelson soube explorar o seu investimento no Twitter, de modo que o retorno sobre o tempo disponibilizado foi enorme![6]

Entretanto, há mais coisas nessa história do que simplesmente oferecer produtos para venda no Twitter. Existem hoje inúmeras empresas que mantêm páginas de ofertas no Twitter e até sites que reúnem tais ofertas.[7] O que a Dell Outlet faz de diferente é engajar os visitantes em um diálogo e, durante o processo, oferece suporte de vendas. Vejamos um exemplo:

Nathan: Estou confuso: por que impressoras P703w recondicionadas são vendidas no mercado por valores que variam de 129 a 149 dólares, enquanto aqui (http://bit.ly/rb1Mj) custam apenas 99 dólares?

@DellOutlet: Bem, esse é um preço promocional por tempo limitado. Os preços do *outlet* serão ajustados ao meio-dia de hoje. Basta checar mais tarde.

A Dell está fazendo mais do que simplesmente informar as pessoas sobre os produtos disponíveis – também está oferecendo apoio direto às vendas, o que pode resultar justamente no fechamento de negócios e, ao mesmo tempo, eliminar atritos inerentes ao processo de comercialização. O tempo e o esforço que Nelson despende com esse trabalho são diretamente mensuráveis nas vendas que impulsiona por meio da página do Twitter, mas isso se deve à natureza específica da página e do modelo de negócios da Dell – venda direta. Examinemos a seguir alguns benefícios indiretos que podem resultar de mais diálogos e de maior engajamento com seus clientes e funcionários.

Impulsionando a publicidade

Um dos aspectos mais poderosos do diálogo é o fato de ele se espalhar naturalmente quando o assunto é interessante e atraente. Foi nisso que a Ford apostou quando lançou seu novo modelo Fiesta nos Estados Unidos, oferecendo gratuitamente um carro, durante seis meses, a cem pessoas do mundo virtual – em uma campanha publicitária chamada Movimento Fiesta.[8] Trata-se de uma competição em que cada "agente", como são chamados os participantes, recebe pontos pelos vídeos, mensagens em blogues e no Twitter e fotos enviados. Eles também recebem pontos pelos comentários e avaliações em sites como o YouTube, que ajudam a espalhar ainda mais os comentários sobre o Fiesta.

Os resultados foram surpreendentes – na véspera do lançamento do carro em dezembro de 2009, havia mais de seis milhões de visualizações no YouTube, 740 mil exibições de fotos no Flickr e 3,7 milhões de impressões no Twitter. A Ford também contabilizou 80 mil interessados que solicitaram mais informações sobre o carro, inclusive sobre quando ele estaria disponível – sendo que 97% deles jamais tivera um veículo da Ford. A percepção geral do Fiesta por seu público-alvo – jovens de até 30 anos de idade da Geração Y* – atingiu mais de 40% do número de pessoas planejado pela Ford, equivalente à de um carro que está no mercado há vários anos. E tudo isso sem o apoio da mídia tradicional, já que a campanha é 100% baseada em mídia social.

Entretanto, a Ford não se limita apenas a esses números; a empresa está colocando o seu dinheiro onde acredita que será mais valorizado. Um quarto do seu orçamento de marketing foi destinado às mídias digital e social, considerando a capacidade desses meios não apenas de potencializar as ações, como também de envolver profundamente as pessoas de uma maneira até então impensável. Além disso, note que a Ford é a única montadora de automóveis nos Estados Unidos que não teve nenhuma ajuda do governo federal norte-americano durante a crise financeira. Sem dúvida, as coisas parecem estar indo bem na Ford.

Medindo o engajamento

No capítulo 3, apresentamos a "pirâmide de engajamento" como um sistema que nos permite compreender de que maneira as pessoas estão engajadas a uma determinada organização, um produto ou um tema. As

---

* Também chamada de Geração do milênio ou Geração da Internet. (N.E.)

112 Liderança Aberta

organizações precisam de um método semelhante para compreender e medir seu tipo de engajamento com os clientes. A questão fundamental é que as organizações precisam fazer mais do que simplesmente estar presentes em diferentes canais – elas também precisam se engajar profundamente com seus clientes.

No verão de 2009, minha empresa, a Altimeter Group, e a Wetpaint* avaliaram os níveis de engajamento das cem principais marcas globais com seus clientes na mídia social.[9] O relatório, denominado "Engagementdb"**, demonstra que engajamento significa mais do que apenas criar um blogue e deixar comentários aos visitantes, ou mesmo ter uma página com seguidores no Facebook. Ao contrário, a verdadeira e profunca participação resulta de atividades como manter o conteúdo do seu blogue atualizado e responder aos comentários dos seguidores no Facebook, como feito pela Kohl's no capítulo anterior. Não se trata apenas de se manter no Twitter, mas, sobretudo, de saber como envolver-se com seu público de maneira mais profunda e significativa. Somando todos os resultados, classificamos cem empresas com base em seu nível de engajamento, sendo que a Starbucks, a Dell, a eBay e a Google alcançaram os níveis mais altos.

Contudo, o aspecto mais interessante foi o fato de descobrimos que havia uma correlação entre o engajamento amplo e profundo e o desempenho financeiro dessas empresas, especificamente quanto ao faturamento e ao lucro.[10] As empresas que estão amplamente engajadas com a mídia social superam o desempenho de outras empresas em termos de faturamento, margem e lucro brutos por uma diferença significativa.[11] Embora essa correlação não signifique necessariamente uma causalidade – afinal de contas, há uma longa cadeia de atividades entre o engajamento social no Facebook e o faturamento – com certeza, observamos uma tendência. Verificamos aqui uma significância estatística entre as marcas mais valorizadas do mundo, em que um engajamento mais profundo resultou em um desempenho financeiro estatisticamente diferente.

Embora, como dito anteriormente, tais descobertas não determinem necessariamente uma relação causal, elas trazem fortes implicações. Engajamento na mídia social e sucesso financeiro parecem trabalhar juntos para perpetuar um ciclo de negócios saudável: uma mentalidade orientada

---

* Para mais informações sobre a empresa, acesse: www.wetpaint.com/about-us. Site em inglês. (N.E.)

** Para mais informações, acesse: www.engagementdb.com. Site em inglês.(N.E.)

para o cliente, decorrente de uma profunda interação social, permite a uma empresa identificar e satisfazer as necessidades do cliente no mercado, gerando lucros superiores. Por sua vez, o sucesso financeiro da empresa permite investimentos mais altos em engajamento, que visam justamente a conhecer melhor o cliente e, dessa maneira, gerar ainda mais lucros – e o ciclo se mantém.

A dificuldade é identificar as relações entre engajamento e faturamento. Existem indicadores não financeiros – como satisfação do cliente e lealdade do funcionário – que podem ser observados e mensurados; embora eles não levem necessária e diretamente ao faturamento, é possível perceber uma relação. A questão fundamental que deve ser respondida em relação à sua organização é: qual é sua capacidade de engajamento aberto e de criação de novos e valiosos relacionamentos? Cada organização é diferente, portanto, compreender onde o diálogo de engajamento será mantido – certificando-se que seja devidamente mensurado – é crucial para a percepção do valor do diálogo e do próprio engajamento.

Antes de prosseguirmos, é importante considerarmos um último benefício de um diálogo mais amplo: a proteção de nossa reputação. Como vimos no primeiro capítulo, o potencial para a ocorrência de problemas do tipo "a United quebra violões", sempre existirá – e não há nada que se possa fazer para impedir isso. Contudo, existe uma maneira de atenuar o estrago: ser capaz de se engajar imediatamente em um diálogo, em tempo real.

A proteção da reputação

Em seu livro *Empresas feitas para vencer*,* Jim Collins afirma que as empresas são como um ônibus em movimento: é preciso colocar as pessoas certas nos lugares certos antes de se decidir para onde dirigi-lo.[12] Retornemos ao exemplo da Ford. A empresa trouxe Scott Monty para dirigir sua estratégia de mídia social, e essa ação mostrou-se acertada em 2008, quando Monty teve de lidar com um site chamado The Ranger Station (TRS),** um espaço de entusiastas da picape Ford Ranger dirigido por Jim Oaks.[13] Em um estudo de caso, Ron Ploof nos conta como Oaks reagiu a uma notificação da Ford, exigindo que ele não apenas desistisse da URL***

---

* Rio de Janeiro: Campus, 2001. (N.E.)

** Tradução livre: estação dos usuários do Ford Ranger. (N.E.)

*** No Brasil utilizamos a sigla em inglês. O significado é localizador uniforme de recursos, esquema utilizado na web para localizar uma determinada página ou arquivo. (N.E.)

114 Liderança Aberta

do site, como também pagasse à montadora 5 mil dólares por danos so-
fridos. Em um fim de tarde de terça-feira, um perplexo Oaks postou uma
mensagem descrevendo a situação em seu fórum de usuários: "A TRS
está sendo atacada pela Ford Motors Company".

Dentro de dois minutos, comentários indignados começaram a ser
publicados. Na manhã de quarta-feira, Monty tomou conhecimento de
que a Ford tinha uma crise de relações públicas em desenvolvimento; a
mensagem de Oaks havia se espalhado como um vírus para outros sites.
Diante da situação, Monty enviou atualizações no Twitter para as 5.600
pessoas que o seguiam. Vejamos a sequência das suas atualizações:

10:54: "Tomei conhecimento da crise esta manhã e estou atrás do nosso comitê de marca para avaliar a situação. Nada bom".
10:55: "Estou trabalhando nisso. Recebi o parecer de nossa equipe jurídica e estou
tentando conter este pesadelo de relações públicas".
11:13: "Agora estou lendo o parecer. Espero ter uma resposta em breve".
11:23: "Neste momento, estou em reunião com o nosso diretor do comitê de
marca, discutindo o assunto. Não estou nem um pouco satisfeito".

Então, Monty tomou uma atitude que teria sido impossível dois anos
antes. Às 11:31 ele postou: "Para quem tiver perguntas sobre o caso dos
sites de entusiastas da Ford e da ação legal: estou discutindo ativamente
com o nosso departamento jurídico para resolver o assunto. Por favor,
reenviem". Isso significa simplesmente que a mensagem seria encaminhada aos seguidores de cada pessoa. Dezenove seguidores de Monty
no Twitter reenviaram sua mensagem para suas próprias comunidades,
abrangendo mais de 13.400 pessoas.

Monty foi informado sobre o que havia provocado a notificação original:
a Ranger Station estaria vendendo produtos da Ford falsificados – adesivos
com o logotipo da empresa. Durante todo o dia, Monty trabalhou junto aos
advogados e ao departamento de comunicações da Ford para redigir uma
declaração pública em um tom mais moderado; ele ligou diretamente para
Oaks para discutir a situação e ambos chegaram a um acordo. No final do
dia, Monty postou uma nova mensagem no Twitter: "Aqui está a resposta
oficial da Ford para a crise do nosso site". Ele incluiu o link e pediu que seus
seguidores reenviassem a mensagem; 25 atenderam o seu pedido, encami-
nhando a mensagem para mais de 21 mil dos seus seguidores.

Ao final, 22 horas tinham se passado desde que Oaks divulgara o seu primeiro grito de frustração. A empresa ter em sua equipe alguém capaz de navegar pelos departamentos internos e o mundo exterior foi crucial. Porém, ainda mais importante do que isso, foi o fato de Monty ter os relacionamentos necessários e prontos para divulgar sua mensagem quase em tempo real. Tivesse a Ford tomado o caminho tradicional para lidar com a crise da Ranger Station – organizar uma comissão para definir como responder à situação – provavelmente ela teria ido parar na grande imprensa, e daí em diante, a empresa estaria para sempre em desvantagem. Não importa o quanto a crise da Ranger Station custou à Ford, a Monty e a outros funcionários do jurídico e de comunicações com relação a tempo.Certamente foi uma ninharia se comparado ao que a crise teria custado se tivesse se prolongado.

Ao procurarmos medir os benefícios e o ROI da manutenção de diálogos e de profundos relacionamentos com nossos clientes, precisamos perceber que é impossível calcular a importância de se proteger a reputação de uma empresa, principalmente considerando que a comunicação ocorre em tempo real. Outra maneira de abordar a questão é se perguntar: qual é o ROI de sua política de seguro contra incêndio? Seria impensável existir sem ela, não é? Contudo, o objetivo de proteger a própria reputação não pode ser óbvio, caso contrário, ficará claro que a organização está agindo de maneira defensiva, e, não, buscando desenvolver um relacionamento verdadeiro. No final, a proteção da reputação deve surgir como um subproduto do bom relacionamento; como um benefício que as organizações obtêm quando funcionários – e clientes – vêm em seu socorro.

Medindo os benefícios do diálogo

Da mesma maneira como fizemos em relação aos objetivo de aprendizado na Tabela 4.1, calculamos os benefícios diretos e indiretos do diálogo na Tabela 4.2. Há muitos benefícios tangíveis diretos em um maior diálogo que não foram discutidos em detalhes, mas que estão incluídos na tabela, como, por exemplo, a identificação de mensagens de blogues nos mecanismos de busca. Este exemplo prevê vários benefícios decorrentes das atividades de uma única pessoa em tempo integral dedicada a promover o diálogo, além de demonstrar especialmente o benefício de multiplicar o diálogo entre os consumidores.

116   Liderança Aberta

Tabela 4.2. Compreendendo os benefícios do diálogo (em dólares)

Descrição	Benefício
Aumento do faturamento	
• Previsão de 10% de lucro sobre 3 milhões de dólares em vendas adicionais.	300 mil
• Interações estimulam vendas adicionais a clientes existentes – prevê aumento de vendas de 100 dólares em 10% das interações, 100 mil interações por ano.	100 mil
Aumento da percepção	
• Publicidade equivalente ao alcance da mídia social – 5 milhões de impressões a 10 dólares (custo por mil impressões – CPM).	500 mil
Melhora na reputação da organização	
• Sentimento negativo reduzido de 25% para 10% – prevê a não perda de mil clientes, ao valor anual de 100 dólares.	100 mil
Potencial evitamento de crise de relações públicas	250 mil
• Prevê possível custo de 250 mil dólares por perda de reputação e de negócios.	
Contratação de pessoal mais qualificado, graças ao seu desejo de trabalhar para uma boa empresa	
• Reduz custos de recrutamento de 10 mil dólares para 8 mil dólares por nova contratação, afetando 200 novas contratações.	400 mil
Engajamento em escala	
• Alcance de mais pessoas com a mesma quantidade de recursos e de esforço (resultando em um aumento de 1% nas vendas)	500 mil
Melhoria da visibilidade em mecanismos de busca, graças a maior entrada de links na mídia social	
• Melhor posicionamento nos resultados de buscas – tráfego 10% maior para o site, aumento das vendas em 1% sobre a base de 500 milhões de dólares (prevê 10% de lucro)	500 mil
Total de benefícios	**2.65 milhões**
Custos	
• Salário + benefícios de um gerente em tempo integral	(150 mil)
Total de custos	**(150 mil)**
Benefícios líquidos	**2.5 milhões**
Retorno	**1,667%**

OS BENEFÍCIOS DO APOIO ABERTO

Como vimos no capítulo anterior, um dos principais benefícios de se oferecer um ambiente de apoio mais aberto é que as pessoas espontaneamente se unem para ajudar uns aos outros. A Lithium Technologies e a FT Works* produziram um excelente relatório técnico abordando os vários benefícios das atividades dirigidas ao apoio às comunidades.[14] Quando um consumidor responde à pergunta de outro em um fórum (deflexão direta), economiza-se tempo dos funcionários de uma determinada empresa. Quando, em contrapartida, o consumidor já encontra a resposta no site sem jamais ter postado a pergunta (deflexão indireta), economiza-se o tempo de todos.

Agora, como calcular os benefícios? Concentremo-nos principalmente nos da deflexão direta (ver Tabela 4.3, mais adiante neste capítulo). Supondo que 10% das cem mil ligações do serviço de atendimento ao cliente sejam redirecionadas a um custo de 10 dólares por ligação, teremos uma economia de 100 mil dólares por ano. Se o custo técnico para a criação e manutenção de um fórum de apoio ao cliente somado ao valor do tempo gasto pelo pessoal do serviço de atendimento para monitorá-lo forem de 50 mil dólares, haverá uma economia de 50 mil dólares – um retorno razoável. Evidentemente, sempre haverá alguns clientes que não conseguirão respostas satisfatórias ou que precisarão de ajuda adicional, mas o custo incremental ainda resultará em um benefício positivo.

A mesma lógica pode ser aplicada ao Twitter, ao Facebook, aos blogues ou a quaisquer outros canais pelos quais os problemas dos consumidores sejam tratados. Há benefícios adicionais ao apoio aberto, já que ele pode oferecer informações sobre os chamados problemas de "cauda longa",** que são difíceis de resolver, e também identificar áreas problemáticas importantes ou emergentes. Por fim, tal estratégia pode ser uma fonte de aprendizagem e inovação. Trataremos disso mais adiante neste capítulo.

O futuro do apoio aberto demonstra que as novas ferramentas a serem usadas no serviço de atendimento ao cliente, assim como a automação da força de vendas, ajudarão a priorizar os processos de trabalho,

---

* Para mais informações sobre a empresa, acesse: www.ftworks.com/index.html. Site em inglês. (N.E.)

** Trata-se de um termo estatístico (do inglês: *long tail*) usado para ilustrar a procura elevada por um conjunto pequeno de produtos e procura muito reduzida por um conjunto elevado de produtos. Fonte: Wikipedia http://pt.wikipedia.org/wiki/A_Cauda_Longa (N.E.)

118   Liderança Aberta

disponibilizando prontamente o histórico, a importância (peso comercial) e a influência dos clientes. Um funcionário que responder a uma pergunta no Twitter será capaz de associar e identificar cada cliente e, dessa maneira, não apenas priorizar suas respostas, mas também fazê-lo de maneira apropriada considerando as experiências anteriores. Este melhor apoio proporcionará ganho indireto, pois estará em conformidade com o relacionamento geral que a empresa já mantém com seus clientes.

Respondendo a questões com antecedência

Outro benefício importante do apoio aberto é a "deflexão indireta". Por meio dela, é possível evitar o surgimento de dúvidas, pois estas já estarão previamente esclarecidas. Isso implica mais do que utilizar um bom mecanismo de busca que guie o usuário a um fórum de discussão. Envolve também o monitoramento proativo de situações e questões que possam eventualmente surgir. Neste caso, a velocidade de resposta é primordial.

Frank Eliason, da Comcast, tem um exemplo maravilhoso para nos contar. Certa vez um de seus canais de comunicação inesperadamente saiu do ar. Ele recorda:

> De fato, descobrimos o problema pelo Twitter antes mesmo do nosso *call center* receber as primeiras chamadas. Verificamos a transmissão da TV aberta e da Direct TV, além de outros serviços a cabo e percebemos que eles também estavam fora do ar. Então, 'tuitamos' uma mensagem informando sobre o problema. Esta foi reenviada aos milhões. Também notificamos nossos *call centers* e, inclusive, inserimos uma mensagem de esclarecimento junto à saudação telefônica, de maneira que se alguém ligasse em busca de informações, imediatamente obteria uma resposta. Por fim, solicitamos à nossa equipe de engenharia que não se concentrasse no problema, já que nosso sistema e nossa rede não o estavam provocando.

O mais incrível naquela situação foi o tempo levado pela empresa para colocar todas essas medidas em funcionamento: Três minutos. Segundo Eliason, as ligações recebidas pelo *call center* foram mais tarde mapeadas e o número de chamadas defletidas foi analisado, demonstrando redução de custos "certamente na casa dos milhões". Tudo isso, apenas evitando as ligações dos consumidores.

Os benefícios internos do apoio

Como vimos no capítulo 2, a atualização e o diálogo, elementos básicos do compartilhamento aberto de informações, podem resultar não apenas em comunicação melhor, mas também em significativa economia de tempo e energia. Pense, por exemplo, na diminuição do número de e-mails, na redução do tempo gasto pesquisando informações ou consultando especialistas e, o melhor de tudo, no menor número de reuniões – resultados do melhor compartilhamento de informações. Os exemplos da relação custo x benefício são quase risíveis: é evidente que o benefício de se usar tecnologias colaborativas é muito superior ao seu custo.

Por exemplo, a Cisco divulgou um estudo detalhado sobre o impacto financeiro promovido por suas iniciativas em Web 2.0. As maiores economias vieram da colaboração à distância e do teletrabalho (*telecommuting*), por meio do uso de ferramentas de videoconferência (TelePresence) da Cisco, assim como da WebEx.* A maior parte da redução de custos referiu-se à diminuição das viagens entre unidades distantes da Cisco, contudo, a economia resultou também do aumento da produtividade e da obtenção mais rápida de resultados, já que menos tempo foi gasto em viagens. Em 2008 foram registradas despesas de 75 milhões de dólares, enquanto os benefícios somaram 655 milhões de dólares. A Cisco também quantificou os benefícios de outras iniciativas internas, incluindo a criação de blogues de executivos (ao custo de 500 mil dólares e benefícios de 10 milhões de dólares) e até mesmo de um "wiki Mac" que suporta usuários de computadores Apple (menos de 100 mil dólares de custo, com 4 milhões de dólares em benefícios). Acredito que estes dados falem por si só! Ao todo, a Cisco calcula que, em 2008, suas despesas de 82 milhões de dólares geraram 772 milhões de dólares em benefícios – economia registrada diretamente no resultado financeiro da empresa.[15]

Os benefícios da melhoria na colaboração e no apoio internos não se limitam a empresas de tecnologia. A TransUnion, uma das maiores empresas de gestão de crédito dos Estados Unidos, inicialmente implantou uma plataforma de colaboração com o software SocialText. A intenção era impedir que seus funcionários compartilhassem informações no Facebook.[16] No início, os funcionários usavam o sistema principalmente para apresentar

---

* Empresa pertencente à Cisco que cria e vende, para companhias de diferentes portes, soluções sob demanda para colaborações *on-line*, webconferências, audioconferências, compartilhamento de desktops e treinamentos *on-line*. Para mais informações, acesse: www.webex.com.br. (N.E.)

120 Liderança Aberta

questões entre si. Estes diálogos eram gravados em um banco de dados, e outras ferramentas possibilitavam que todos votassem em suas soluções favoritas. As respostas escolhidas eram analisadas e verificava-se, então, quais delas mostravam-se mais valiosas para a empresa como um todo. O benefício, rapidamente contabilizado pela empresa, foi justamente a solução de vários de seus problemas.

Considerando que a TransUnion é uma empresa voltada ao desenvolvimento de sistemas para clientes, seus funcionários frequentemente reivindicavam investimentos em tecnologia da informação para resolver questões intricadas. Com a implantação da plataforma SocialText, todos passaram primeiro a consultar-se mutuamente para verificar soluções colaborativas para seus problemas. O resultado: quase 2,5 milhões de dólares em gastos com tecnologia da informação diferidos em menos de cinco meses. O custo: 50 mil dólares para a instalação do SocialText. Além disso, a TransUnion pôde identificar quais funcionários eram mais eficientes em determinadas áreas, o que a levou a redefinir as atribuições de sua equipe; contudo, o trabalho colaborativo na plataforma SocialText passou a integrar formalmente suas funções.

Medindo os benefícios do apoio

Como acabamos de discutir, o grande benefício do apoio mais aberto decorre da eliminação da resistência por parte da equipe e da redução de custos em soluções inadequadas, cuja medição é bastante simples. Entretanto, existem também benefícios indiretos, cujas avaliações são bem mais difíceis, como a melhoria do relacionamento e do compromisso entre clientes e funcionários. Na Tabela 4.3, apresentamos alguns exemplos de como o apoio aberto é capaz de criar um impacto positivo nos negócios, por meio da implementação de um fórum de apoio voltado ao cliente, e de uma plataforma colaborativa interna. O exemplo também inclui dois funcionários que trabalham em tempo integral para gerenciar tais iniciativas, um para cada plataforma.

OS BENEFÍCIOS DA INOVAÇÃO ABERTA

O último dos objetivos dirigidos à abertura, a inovação, apresenta a quantificação de benefícios mais difícil. Qual é o valor de uma ideia nunca imaginada antes? Como se avalia a capacidade de levar um produto ao

Tabela 4.3. Compreendendo os benefícios do apoio (em dólares)	
Descrição	**Benefício**
Deflexão de ligações • Prevê 10% das 100 mil ligações por ano – a 10 dólares por ligação.	100 mil
Identificação de problemas com antecedência • Notificar os clientes com antecedência a respeito de problemas; evitar 10 mil novas ligações a 10 dólares por ligação.	100 mil
Aumento na produtividade dos funcionários (diminuição no número de e-mails; disponibilização mais rápida de informações e/ou de especialistas; redução no número de reuniões) • Prevê a recuperação, por parte dos funcionários, de duas horas semanais – a 150 dólares por funcionário por hora. • Economia de custos – os funcionários encontram as soluções.	600 mil 200 mil
Aumento da motivação e do compromisso dos funcionários • Melhoria no comprometimento com o objetivo; aumento da motivação dos funcionários; redução da rotatividade; evitamento de custos com recrutamento. Supõe a redução de 1% na rotatividade de pessoal, evitando custos de recrutamento de 10 mil dólares.	200 mil
Total de benefícios	1.2 milhões
Custos • Software para fórum de discussão • Software de colaboração • Dois funcionários em tempo integral	(50 mil) (50 mil) (200 mil)
Total de custos **Benefícios líquidos** **Retorno**	(300 mil) 900 mil 300%

mercado mais rapidamente do que já foi feito no passado? No final, os benefícios de uma inovação, melhor e mais rápida, resultam de passos incrementais que podem estar indiretamente relacionados aos esforços concretos de abertura.

Examinemos o site IdeaStorm, da Dell. Logo na página inicial, podemos encontrar os resultados dessa iniciativa. Desde o lançamento do site, em fevereiro de 2007, mais de 13 mil ideias foram sugeridas. Estas foram votadas mais de 700 mil vezes e receberam quase 90 mil comentários. Ao todo, a partir desse diálogo com os clientes, a Dell implementou 389 dessas ideias – isso significa uma média de onze ideias por mês, e de cerca de 3% de todas as sugestões apresentadas.

A Dell não procurou medir o valor das 389 ideias – isso não é o que mais interessa à empresa quando se trata de administrar o IdeaStorm. Ao contrário, a empresa se concentra nas métricas que avaliam a saúde de sua comunidade inovadora, ou seja, na porcentagem dos membros que participam ativamente das discussões e das votações, em relação aos membros inativos, na qualidade das ideias e, fundamentalmente, na taxa interna de resposta da Dell a essas ideias. A empresa destina um funcionário em tempo integral para moderar o site, e outro para garantir que a Dell como empresa esteja profundamente engajada em avaliar e implementar as sugestões que surgem.

Nisso reside a complexidade de se compreender os benefícios da inovação aberta – o valor real que decorre dessas novas ideias pode ser percebido apenas dentro da organização, e, não, dentro do próprio processo aberto de inovação. Estamos, basicamente, ajustando o motor que impulsiona a inovação. Na Tabela 4.4, apresentamos alguns exemplos de métricas, mas, novamente, tratam-se de exemplos hipotéticos de apenas alguns dos benefícios que podem ser facilmente quantificados. De maneira semelhante, a avaliação dos benefícios do diálogo, dos padrões métricos da inovação, terão de ser focados mais nas atividades que apoiam os esforços da inovação aberta do que naquelas que medem os benefícios propriamente ditos.

Novas métricas para novos relacionamentos

A discussão para se compreender o valor da inovação baseada em *crowdsourcing* atinge o cerne da questão: os conceitos atuais de ROI, de valor e de benefícios não conseguem captar a essência desses novos relacionamentos. Entretanto, em vez de procurarmos descobrir uma nova maneira de medir o engajamento, podemos nos utilizar de alguns métodos testados e comprovados, como o CLV, já mencionado anteriormente, e o Net Promoter Scores (NPS),* e compreender como tais índices podem ser modificados para levar em conta o valor que a abertura irá gerar.

---

* O termo é utilizado em inglês e serve para medir o nível de recomendação de uma empresa pelos clientes e funcionários. (N.E.)

Tabela 4.4. Compreendendo os benefícios da inovação (em dólares)	
Descrição	**Benefício**
Diversidade de designs e ideias • Resultados de produtos que vendem melhor (aumento de lucro de 1 milhão de dólares).	1 milhão
Inovações desenvolvidas com mais rapidez • Colocar o produto no mercado rapidamente em resposta à maior demanda – valor do produto de 250 mil dólares.	250 mil
Projeções e previsões mais precisas • Prevê que o produto não será um sucesso, assim encerra o seu desenvolvimento, economizando 50 mil dólares.	50 mil
Comprometimento e lealdade do cliente e dos funcionários • Melhor comprometimento com o objetivo; aumento da motivação do funcionário; redução da rotatividade; evitamento de custos de recrutamento. Pressupõe a redução de 1% na rotatividade de pessoal, evitando os custos de recrutamento de 10 mil dólares.	200 mil
Total de benefícios	1.5 milhões
Custos • Centro de inovação • Um funcionário em tempo integral	(100 mil) (100 mil)
Total de custos **Benefícios líquidos** **Retorno**	(200 mil) 1.3 milhões 650%

Em primeiro lugar, precisamos analisar o novo LTV dos clientes (veja a Tabela 4.5 e consulte o site www.open-leadership.com, no qual encontrará uma planilha com exemplos de cálculos).[17] A utilização desse método difere bastante de uma simples análise de ROI, pois, por meio dele, examinamos o valor de todo o relacionamento, incluindo desde uma possível recomendação a partir de um mero diálogo entre clientes, até os *insights*, as ideias e as sustentações que podem surgir de relações de longo prazo com uma empresa. Esse "grande panorama do cliente" vem apenas confirmar o que discutimos no primeiro capítulo: a abertura exige que olhemos para os clientes não apenas como uma possibilidade de transação, mas também como um relacionamento do qual poderemos extrair valor de inúmeras maneiras.

Tabela 4.5. O cálculo do novo CLV (em dólares)

+ Valor líquido presente de compras futuras
− Custo de aquisição
+ Valor de novos clientes oriundos de recomendações
  - Porcentagem que recomenda
  - Tamanho das redes
  - Porcentagem de pessoas recomendadas que compram
  - Valor das compras
+ Valor dos *insights*
+ Valor das ideias
+ Valor da sustentação
- Porcentagem de clientes que fornecem apoio
- Frequência e valor do apoio

= CLV

	Ano 1	Ano 2	Ano 3
Número de clientes originais	10 mil	5 mil	3.5 mil
Lucro bruto das compras	400 mil	200 mil	140 mil
Custo de aquisição e retenção	150 mil	25 mil	17.5 mil
Lucro líquido	250 mil	175 mil	122.5 mil
Total de CLV em 15 anos	**748.858**		
CLV tradicional por cliente	**74,89**		
Valor das recomendações	30 mil	45.906	45.287
Valor dos *insights*	10 mil	5.438	4.080
Valor das ideias	5.438	8.156	6.120
Valor da sustentação	2 mil	1 mil	1 mil
Lucro e valor líquido	297.438	235.5 mil	178.986
Total revisado de CLV em 15 anos	**1.014.839**		
CLV revisado por cliente	**101,48**		

Observação: o total de CLV é calculado ao longo de quinze anos, mas apenas os três primeiros anos são indicados. Os cálculos detalhados estão disponíveis em www.open-leadership.com.

Nesse exemplo, o CLV de um em dez mil clientes é de 74,89 dólares. Porém, se acrescentarmos o valor adicional criado por esses dez mil clientes como novos clientes recomendados, novos *insights*, questões respondidas e novas ideias, esse valor sobe para 101,48 dólares. Compreender onde surge o incremento nos permite tomar decisões, algo impossível a partir da simples avaliação do ROI. Por exemplo, vale a pena investir em um diálogo mais profundo com potenciais clientes e com os que já temos e que possuem redes sociais maiores? Provavelmente sim, mas somente se existir da parte deles recomendações para o seu produto, e se a manutenção desse diálogo ocorrer a um custo compatível com o seu negócio. Para ajudá-lo a compreender melhor esses aspectos e dilemas, disponibilizamos uma planilha detalhada com esses cálculos em www.open-leadership.com.

A métrica do momento

Por fim, muitas empresas adotaram o NPS como uma ferramenta fundamental para medir a fidelidade e a satisfação de seus clientes, e este índice se concentra apenas em uma pergunta para tal avaliação: "Você recomendaria a [nome da empresa] a um amigo ou conhecido?"[18] Em uma escala de 0 a 10, os consumidores que respondem "9" ou "10" são considerados Promotores, aqueles que respondem "7" ou "8" são denominados Passivos e aqueles que respondem de "0" a "6" são vistos como Detratores. Para calcular o NPS da sua empresa, basta tomar a porcentagem dos clientes que foram classificados como Promotores e subtrair a porcentagem de Detratores. A Satmetrix, empresa que implementa e gerencia programas de fidelidade NPS, comparou o índice em vários segmentos, e verificou que empresas como a Vonage* (45%), a Charles Schwab** (36%), a Apple (77%) e a Google (71%) lideram o mercado em suas respectivas categorias.[19]

O NPS é especialmente interessante pelo fato de estar fortemente relacionado às compras repetidas; além disso, o NPS explica as diferenças nas taxas de crescimento relativo da receita. Aumentar o NPS exige a elevação do número de Promotores e a redução do número de Detratores.

---

* Empresa de tecnologia. Para mais informações, acesse: www.vonage.com/corporate/index.php?lid=footer_about&refer_id=WEBAU0706010001W1. Site em inglês. (N.E.)

** Para mais informações, acesse: www.aboutschwab.com. Site em inglês. (N.E.)

126 Liderança Aberta

Uma abertura maior pode melhorar diretamente o NPS nessas duas áreas – pense em como frequentes atualizações poderiam converter Passivos em Promotores, ou como diálogos mais abertos poderiam satisfazer as necessidades dos Detratores.

Em meu trabalho de consultoria descobri que as organizações que já usavam o NPS ignoravam toda essa busca pela compreensão do ROI sobre a abertura e a implementação de tecnologias sociais, passando imediatamente a ponderar como a própria abertura poderia afetar o NPS. A beleza do NPS está no fato de ser imediata e facilmente mensurável. Como o NPS difere para os usuários do seu blogue e do Twitter em relação aos clientes que não participam? Os clientes que usam um produto fruto de *crowdsourcing* demonstram NPS superior? O NPS dos seus funcionários melhora quando são feitas mudanças no processo de tomada de decisões? Adotar uma métrica comum para toda a empresa nos oferece não apenas uma visão unificada, mas também uma maneira de tomar decisões consistentes.

Plano de ação: calculando os benefícios da abertura

Como vimos neste capítulo, existem várias maneiras de considerar os benefícios da abertura. Agora vem a parte divertida: implementar suas próprias medições! Ao se trabalhar nisso, é preciso pensar nas razões pelas quais essas métricas estão sendo desenvolvidas. Neste exato momento você pode estar na etapa das justificativas, procurando persuadir a organização a se tornar mais aberta e engajada. É possível que sejam necessários métodos para medir o progresso em direção à maior abertura. Seja como for, as cinco etapas seguintes lhe serão úteis nessa tarefa. Contudo, é fundamental observar que não há respostas fáceis, pois as métricas dependem (1) dos objetivos, (2) de como a abertura afetará o modo como eles serão atingidos e (3) do quanto a empresa é aberta hoje em relação ao grau de abertura que se deseja que ela alcance. Você terá a certeza de possuir as métricas certas quando elas se mostrarem úteis operacionalmente e o ajudarem a compreender de que maneira sua organização está avançando em direção aos seus objetivos estratégicos. Então, mãos à obra!

- **Etapa 1: Definição dos objetivos.** No final do terceiro capítulo, vimos como relacionar um objetivo dirigido à abertura a um objetivo estratégico, e examinamos como a abertura pode nos ajudar a alcançar nossa meta. Se você ainda não fez esse exercício, consulte rapidamente o plano de ação e defina o seu objetivo – não se pode medir algo que se desconhece! Para efeito desse plano de ação, utilize, mais uma vez, o exemplo hipotético segundo o qual nos aventuramos em um novo mercado. Seu objetivo será, ao longo do próximo ano, aumentar a percepção de nossa marca de 2% para 20% junto ao público-alvo.

- **Etapa 2: Identificação dos *key performance indicators* (KPIs)* mais importantes.** Esta é a etapa mais difícil, pois nela damos um salto, partindo dos objetivos abstratos rumo aos KPIs operacionais com os quais mediremos nosso desempenho. Por exemplo, o objetivo de manter um diálogo com um novo público precisa ser mais detalhado do que simplesmente "ter um maior engajamento". Seus indicadores devem ter objetivos muito claros e quantificáveis; por exemplo: "Aumentar o número de seguidores no Facebook e no Twitter; de leitores no blogue da empresa; de espectadores no YouTube" e "Aumentar o número de pessoas que compartilham informações sobre o nosso produto com seus amigos". Além disso, é essencial associar o objetivo indireto de elevação do público das mídias sociais ao aumento de percepção da marca pelo público-alvo, questionando: Ao final do período de teste, a elevação da percepção resulta do aumento da presença da empresa nas mídias sociais?

  Um dos perigos de se usar essas novas métricas é a de definir KPIs em excesso – é muito fácil cair na armadilha de mergulhar

---

* Termo e sigla usados em inglês. Significa: indicadores-chave de desempenho. (N.T.)

de cabeça nas métricas somente pelo fato de se poder fazê-lo. A concentração apenas nas medidas mais importantes que dizem como estamos alcançando nossos objetivos nos possibilita realizar as três próximas etapas, bem como gerenciar e otimizar as ações mais importantes à organização.

- **Etapa 3: Identificação de atividades abertas que apoiem os KPIs.** Caso sua empresa já possua uma página no Facebook, tomar a atitude de responder ativamente às mensagens dos seus clientes, como faz a Kohl's, aumentaria seu número de seguidores? Quanto tempo esse processo levaria? Ou a empresa deveria investir esses mesmos recursos em um blogue que tem alcance menor, mas envolve as pessoas em um nível mais profundo e estimula a conexão, mais mensagens e mais visibilidade nos mecanismos de busca? Será que a grande diferença está em simplesmente escrever mensagens que tratem de temas específicos de interesse? Não se pode tomar essas decisões em um vazio, a menos que seja possível comparar as prováveis contribuições de cada alternativa para os KPIs.

- **Etapa 4: Estabelecimento de parâmetros para seus objetivos e KPIs.** Observe que os objetivos e os KPIs que sugerimos não estão limitados a uma ação específica ou a um determinado momento. Ao contrário, as melhores métricas reconhecem que é a mudança ao longo do tempo que melhor reflete os benefícios. Por exemplo, seus KPIs podem se apresentar mais ou menos da seguinte maneira: "Aumento do número de seguidores no Facebook de 50 mil para 500 mil durante os próximos seis meses, fazendo pelo menos metade dos usuários se engajar em diálogos, o que consumirá 25% do tempo do gerente da comunidade". Se, contudo, tais esforços levarem a empresa apenas à obtenção de 250 mil seguidores, ficará claro que o trabalho rendeu apenas metade do objetivo – e, apesar de a atividade não atingir a meta inicialmente estabelecida, existiu um acúmulo de conhecimentos. É importante lembrar que, na ausência de métricas e parâmetros de valor estabelecidos para a abertura, torna-se necessário criá-los ao longo do caminho.

- **Etapa 5: Otimização e ajuste de KPIs e de prioridades.** Com os novos dados e experiências em mãos, é preciso fazer os ajustes. Os KPIs são realistas ou é necessário aumentar a quantidade de tempo que o gerente de comunidade investe no Facebook? Existe um uso melhor para o tempo desse funcionário, por exemplo, controlar o tráfego de mensagens e responder aos comentários em um blogue ou fórum de discussão? Ao longo do caminho, é indispensável verificar se os próprios KPIs se relacionam com os avanços em nosso objetivo – a percepção da marca está crescendo para além daqueles 2% iniciais, e alcançou 10% até o meio do ano? Quais KPIs parecem agregar mais valor ao seu objetivo geral?

Como demonstram essas cinco etapas, para se medir os benefícios da abertura, é preciso passar rapidamente da teoria para a ação e se manter devidamente alicerçado em boas práticas de negócios. Quanto mais cedo a estratégia de abertura da organização for amarrada a detalhes e medidas operacionais, mais cedo ela começará a trabalhar a fim de realizar suas metas.

Agora que temos uma ideia de como é possível medir os benefícios da abertura, passaremos a examinar maneiras de administrar o risco e a incerteza que acompanham o processo de abertura em cada organização. No próximo capítulo, analisaremos as políticas, os processos e os procedimentos que nos ajudarão a gerenciar o processo de abertura.

130   Liderança Aberta

Notas da autora

1. John Hayes, diretor de marketing da American Express, fez esse comentário durante uma conferência na Universidade Brandworks em 2 de junho de 2009, em Madison, Wisconsin. Mais informações estão disponíveis em www.lsb.com/brandworks-brandworks-2009.

2. De acordo com o Índice de Satisfação do Cliente Norte-americano, a Comcast e a Charter obtiveram 54 pontos, o nível de satisfação mais baixo na categoria TV a cabo e por satélite em 2008. Observe que a Comcast de fato melhorou significativamente o seu índice em 2009. Para maiores informações, ver www.theacsi.org/index.php?option=com_conte nt&task=view&id=147&Itemid=155&i=Cable+%26+Satellite+TV.

3. O post da Vovó Annie (Grannie Annie) está disponível em http://grannieannies.blogspot.com/2008/03/i-dont-like-comcast.html.

4. A página da Dell Outlet no Twitter está disponível em http://twitter.com/delloutlet.

5. A Dell divulgou em seu blog uma mensagem sobre a relação entre a sua conta Dell Outlet no Twitter e as suas vendas, que pode ser encontrada em http://en.community.dell.com/blogs/direct2dell/archive/2009/06/11/delloutlet-surpasses-2-million-ontwitter.aspx.

6. Presume-se que as vendas da Dell no Twitter foram um incremento e não canibalizaram as vendas que teriam ocorrido em outro lugar. Independentemente disso, os benefícios alcançados pela empresa excedem, de longe, o mínimo volume de recursos usados por Nelson.

7. Um site que reúne ofertas do Twitter é o cheaptweet.com.

8. O site da campanha Fiesta Movement [Movimento Fiesta] da Ford está disponível em www.fiestamovement.com.

9. O estudo está disponível em www.engagementdb.com.

10. Oitenta e seis das cem marcas avaliadas são negociadas publicamente, de maneira que informações financeiras sobre faturamento, margem bruta e lucro bruto foram comparadas ano a ano.

11. As empresas mais profunda e amplamente engajadas registraram um crescimento no faturamento, margem bruta e lucro bruto de +18%, +15% e +4%, respectivamente. Em comparação, as empresas menos profunda e amplamente engajadas registraram uma diminuição de -6%, -9% e -11% nos mesmos respectivos indicadores. Mais informações podem ser encontradas em www.engagementdb.com.

12. COLLINS, Jim. *Empresas feitas para vencer: porque algumas brilham e a maioria não*. Rio de Janeiro: Campus, 2001.
13. O site The Ranger Station está disponível em www.therangerstation.com. Agradecimentos a Ron Ploof, que reuniu as informações desse caso no documento "The ranger station fire: how Ford Motors Company used social media to extinguish a PR fire in less than 24 hours" [O incêndio da estação ranger: como a Ford usou as mídias sociais para apagar um incêndio de relações públicas em menos de 24 horas], disponível em www.scribd.com/doc/9204719/The-Ranger-Station-Fire.
14. "Gold in Them Hills: computing ROI for support communities". Lithium Technologies / FT Works, 2008. Disponível em: http://pages.lithium.com/gold-in-them-hills.html.
15. Um arquivo em PDF com o cálculo da economia dos custos da Cisco está disponível no site www.charleneli.com/open-leadership/.
16. Maiores informações estão disponíveis em uma entrevista com o diretor de tecnologia da TransUnion, John Parkinson, em Internet Evolution, www.internetevolution.com/document.asp?doc_id=173854.
17. Existem muitas maneiras de calcular o *lifetime value* (LTV), sendo que muitas usam taxas de desconto para calcular o valor presente líquido (do inglês *net present value* – NPV). O modelo usado aqui foi baseado em informações disponíveis em www.dbmarketing.com/articles/Art129.htm e em http://hbswk.hbs.edu/archive/1436.html, mas simplifica o cálculo não usando o NPV.
18. Mais informações sobre o *Net Promoter Score* estão disponíveis em www.netpromoter.com.
19. O relatório da Satmetrix, *Net Promoter Score Benchmark Rankings Report*, de 2009, disponível em www.satmetrix.com/satmetrix/news_events.php?page=1&pid=72.

Capítulo 5:
Estruturando a abertura com base no "pacto do tanque de areia"

Agora que sabemos como estabelecer a estratégia e como compreender os benefícios, é possível que ainda haja uma preocupação obscurecendo nosso entusiasmo – ou seja, de que a abertura pareça uma ação arriscada e perigosa. Muitas empresas pensam assim. Nesse caso, a pergunta mais frequente é: como lidar com a sensação de não estar no controle quando nos colocamos cara a cara com a abertura, especialmente quando solicitamos a executivos desconfiados que também embarquem nessa experiência? Embora o delineamento dos benefícios ajude, é importante também colocar em prática políticas, processos e procedimentos que nos ajudem a gerenciar e controlar a abertura, e, ao mesmo tempo, a ter um plano que nos oriente nesse sentido. Isso não é uma contradição, na verdade faz-se necessário que a estruturação, a explicação e a manutenção desse processo de abertura ocorram por meio de práticas responsáveis.

Neste capítulo, serão expostas as razões pelas quais é preciso estruturar adequadamente a abertura. Também será demonstrada a melhor maneira de se conseguir tal estruturação junto aos funcionários e clientes da empresa. Podemos iniciar definindo as bases dos novos relacionamentos abertos. No próximo capítulo, examinaremos como operacionalizar a estratégia de abertura.

POR QUE ESTRUTURAR É UMA NECESSIDADE?

Alguns indivíduos consideram que basta confiarmos nos outros para nos tornarmos abertos. Elas dizem: "Deposite sua fé nas pessoas e deixe-as fazer o que acham que é certo". Entretanto, o que aconteceria se aquilo em que estas pessoas acreditam não estiver alinhado ao pensamento de outras pessoas ou, até mesmo, aos objetivos de uma organização? O caos reinará. Nos capítulos anteriores, afirmamos que a abertura necessita de estrutura e do estabelecimento de prioridades – é fundamental determinar em quais aspectos ocorrerá, ou não, a abertura, o que será, ou não, permitido. Devem, portanto, existir limites.

Dessa maneira, os novos relacionamentos que criamos com a abertura, assim como as tecnologias sociais, precisarão de estrutura. Lembre-se de que estamos construindo relacionamentos até então inexistentes. A maioria das pessoas compreende as regras e a etiqueta do convívio social; por exemplo, quando encontramos um desconhecido pela primeira vez em um jantar, seguimos certos protocolos e não fazemos perguntas sobre seu posicionamento político ou sua renda – tampouco pedimos dinheiro emprestado. Contudo, nesses novos relacionamentos abertos, a mudança é tamanha que, muitas vezes, não sabemos exatamente como agir. Às vezes, percebemo-nos diante de um mundo alienígena, com língua e costumes sociais próprios.

O mesmo acontece com os novos relacionamentos que desenvolvemos com clientes e funcionários mais poderosos. Se desistirmos do poder, como saberemos se os outros serão responsáveis com esse poder? Se nos abrirmos e depositarmos confiança em outra pessoa, que tipo de responsabilidade esperamos encontrar?

Esses acordos não acontecem sozinhos, portanto, é necessário tempo e esforço para determinar as regras dos novos relacionamentos. É preciso definir expectativas e estabelecer claramente os limites para que a confiança se desenvolva ao longo do tempo. A liderança aberta exige a criação de estrutura, processo e disciplina, tudo isso a partir do nada. Isso mostrará a todos o que esperar e como se comportar em um novo ambiente aberto. Portanto, não devemos nos intimidar: sigamos em frente e façamos as regras, envolvendo nossos funcionários e clientes ao longo do caminho. Pensemos na questão como uma de nossas primeiras iniciativas de abertura – elaborando o que denomino "pacto do tanque de areia". Isso governará a maneira como iniciaremos esses novos relacionamentos.

Definindo o tanque de areia da sua organização

Uma das maneiras de pensarmos na abertura é utilizando o tanque de areia de um playground como metáfora. Se, por um aspecto, ele representa um local seguro para brincar, por outro, ele estabelece seus próprios limites e regras:

não jogar areia nas outras crianças, não pegar o brinquedo de alguém sem permissão, entre outros. Comecemos, então, com a construção do tanque.

A primeira etapa consiste em definirmos suas paredes, ou seja, seus limites: qual a sua dimensão e que atividades serão, ou não, permitidas nesse espaço. Um bom ponto de partida é olharmos para a avaliação de abertura realizada no final do segundo capítulo. Em quais aspectos nos sentimos seguros atualmente em relação ao que é ou não permitido realizar? Em quais deles precisaremos nos mostrar mais abertos e quais limites serão impostos? É possível examinar essas questões e decidir quais regras serão estabelecidas para cada um dos dez elementos da abertura que compõem o compartilhamento de informações e o processo de tomada de decisões. Dessa maneira, estaremos estabelecendo as bases de operacionalização, tanto para a organização como para nós mesmos.

Cada empresa estabelecerá seu próprio tanque de areia, de acordo com o grau de abertura que deseja alcançar. Também faz sentido que diferentes equipes tenham tanques maiores ou menores, dependendo dos objetivos que procuram realizar e dos papéis que seus funcionários desempenham dentro delas. Algumas empresas têm tanques de areia extremamente grandes. Quando a Microsoft criou o seu blogue, por exemplo, seus executivos decidiram deixar qualquer funcionário participar. Para isso, foi instituída uma política informal que consistia de apenas duas regras: "Lembre-se do acordo de confidencialidade assinado no ato de sua contratação" e "Seja inteligente". Na verdade, a Microsoft quis dizer: "Nós o contratamos porque você é inteligente e porque você é um indivíduo que pensa racionalmente." Assim, a empresa confiou que seus funcionários teriam bom senso para discernir o que poderiam e o que não deveriam blogar. Devido ao fato de contratar ótimos profissionais e confiar neles, a Microsoft consegue manter um gigantesco tanque de areia.

A Zappos, uma empresa de comércio eletrônico, é outra organização cujo tanque de areia é gigante. Ela não têm uma política explícita de mídia social, mas submete os funcionários recém-contratados a um rigoroso programa de treinamento, de maneira que todos absorvam os valores que orientam o serviço de atendimento ao cliente da empresa, e aprendam adequadamente a usar as mídias sociais. Como resultado, a Zappos não apenas estimula abertamente seus colaboradores a se engajarem nas mídias sociais, como também agrega e destaca as atualizações dos funcionários em seu Twitter, no endereço twitter.zappos.com.

136 Liderança Aberta

Tanto a Microsoft quanto a Zappos têm a segurança que lhes permite abrir mão do controle. Ambas sabem que o trabalho será realizado e que, na maioria das vezes, percalços serão evitados. Evidências demonstram que essa abordagem funciona: em 2009, o número de incidentes públicos envolvendo funcionários de empresas que mantêm uma política de mídia social bastante aberta (incluindo a Sun, a Intel e a IBM) é, inacreditavelmente, zero.

Entretanto, a maioria das organizações ainda não sente que pode liberar o uso das mídias sociais internamente e confiar em seus funcionários. Uma pesquisa realizada pela Robert Half Technology* com empresas norte--americanas revelou que 54% de um total de 1.400 diretores de tecnologia da informação (TI) bloqueiam o uso interno de sites de mídia social como Facebook, Twitter, LinkedIn e MySpace.[1] Outros 19% permitem o acesso apenas para fins comerciais, 16% permitem o uso pessoal limitado, enquanto apenas 10% permitem pleno acesso durante o horário de trabalho. A preocupação é que os funcionários percam tempo nesses sites e deixem de realizar suas atividades. Em outras palavras, essas organizações não confiam em seus funcionários, nem na capacidade de seus gerentes para monitorar a produtividade da equipe. Para essas organizações, o tanque de areia inexiste, embora seus líderes acreditem que, proibindo o acesso às mídias, estejam plenamente "no controle" da situação.

Essa é uma abordagem equivocada, especialmente agora que o acesso a esses sites é possível a partir de qualquer lugar e a qualquer momento por meio de telefones celulares. Proibições absolutas apenas dão a executivos e gerentes uma desculpa para não terem de lidar com o uso da mídia social no ambiente de trabalho. Porém, isso precisa ser enfrentado, pois seus funcionários continuarão a acessar tais mídias em suas casas. As informações que esses indivíduos trocam *on-line* sobre o trabalho e a organização são de extrema importância e isso precisa ser discutido.

É fundamental que toda empresa desenvolva e coloque em prática uma espécie de "pacto do tanque de areia" – algum tipo de abertura ou política de mídia social –, mesmo que isso não necessariamente implique estabelecimento de políticas específicas, e baseie-se apenas em normas, valores e processos já existentes que ofereçam garantias, como é o caso da Zappos. Vale dizer que, mesmo que uma organização insista

---

* Empresa de RH especializada em recrutamento de mão de obra qualificada de Tecnologia da Informação. Para mais informações, acesse: www.roberthalftechnology.com/aboutRobertHalfTechnology. Site em inglês. (N.E.)

em bloquear o acesso a essas comunidades, ainda é preciso manter um tanque de areia e definir o que os funcionários podem, ou não, compartilhar nas mídias sociais.

Não devemos nos preocupar se o nosso tanque de areia é pequeno e limitado: sejamos realistas em relação ao grau de abertura que nossa organização pode inicialmente assumir. Entretanto, devemos estar preparados para reavaliar constantemente a capacidade desse espaço. Conforme nossa confiança aumentar, com base em um engajamento aberto e bem-sucedido, todos nos sentiremos mais seguros em ampliar nosso tanque de areia.

Usando pactos para construir confiança

Mas por que "pactos" em vez de políticas e contratos? Pactos são promessas feitas entre os indivíduos, e diferem das tradicionais políticas e procedimentos corporativos que apenas determinam como as coisas deverão funcionar dentro das organizações. A filosofia que sustenta o conceito de "pacto" é mais adequada para as estratégias de abertura, já que as promessas, as trocas e os contratos refletem não apenas os verdadeiros compromissos, mas a transferência de poder e de responsabilidade. Quando os líderes abrem mão do controle, eles demonstram confiar que seus funcionários cumprirão o que prometeram e que seus clientes responderão e se engajarão de maneira civilizada.

A responsabilidade é parte fundamental de qualquer pacto. É preciso que a consequência esteja sempre clara, caso uma das partes não honre seu compromisso. Se, por exemplo, os funcionários não agirem de maneira responsável com a nova liberdade, esta lhes será tomada. Se, em contrapartida, os clientes agirem de maneira inadequada e ofenderem outros membros da comunidade, serão expulsos. Os líderes também poderão ser responsabilizados caso não ajam conforme prometido. Por exemplo, caso um executivo prometa compartilhar boas e más notícias com todos os funcionários, é melhor cumprir sua promessa ou terá de enfrentar colaboradores decepcionados.

A contradição em se estruturar a abertura

A princípio, pode parecer que estamos defendendo uma ideia contraditória – "o controle da abertura". No entanto, ao contrário de pensarmos nesta questão como uma estratégia para estabelecermos limites, precisamos encará-la como uma espécie de "tela de proteção", dentro da qual a abertura se tornará possível. A menos que nossas limitações estejam claramente definidas – todas as organizações e todos os indivíduos têm limites para o grau de abertura que desejam e podem alcançar – não teremos a confiança e a segurança necessárias para implementar a abertura. Como nossos funcionários saberão que lhes é permitido falar diretamente com os clientes em um fórum de discussão? Em que situações um gerente poderá ou deverá abordar um funcionário a respeito de suas atividades particulares nas mídias sociais que podem estar colocando a empresa em uma situação complicada e/ou perigosa?

Em última análise, o pacto do tanque de areia descreve detalhadamente o tipo de relacionamento que desejamos manter com nossos funcionários e clientes. Ele deve ser criado e escrito, acima de tudo, com a finalidade de estimular o desenvolvimento de um relacionamento mais aberto. Como um líder diante dessa realidade, estará em suas mãos estabelecer as bases para esse novo tipo de relacionamento, visto que poucas pessoas estarão dispostas a iniciar o processo.

Tornemos o conceito do pacto mais concreto, avaliando os dois tipos de diretrizes para mídias sociais em vigor nas organizações: (1) dirigidas a funcionários e (2) dirigidas a clientes, como a participação em comunidades, orientações para a publicação de comentários, divulgação de políticas sobre divulgação de informações e dos códigos de conduta destinados a construir a confiança com o público. Ambos serão devidamente examinados e incluiremos, para cada um deles, um plano de ação específico. Em primeiro lugar, abordemos as diretrizes para mídias sociais dirigidas a funcionários, que são fundamentais a qualquer organização.

CRIANDO DIRETRIZES PARA MÍDIAS SOCIAIS DIRIGIDAS A FUNCIONÁRIOS

Uma pesquisa recente realizada pela Deloitte*, revelou que apenas 22% das empresas têm algum tipo de diretriz ou política para o uso das mídias sociais.[2] Sem qualquer tipo de orientação, funcionários e gerentes ficam às escuras, sem saber o que lhes é permitido, ou não. Sem direcionamentos consistentes e uma estratégia global, esses colaboradores se veem obrigados a encontrar

---

* A Deloitte é uma empresas fundada na Suiça, em 1845, que atuas nas áreas de auditoria, consultoria tributária, consultoria em gestão de riscos empresariais, finanças corporativas, consultoria empresarial, *outsourcing*, consultoria em capital humano e consultoria atuarial. (N.E.)

sozinhos uma maneira de responder e de reagir no instante em que uma situação complexa se apresenta. Diante de percalços ou dúvidas, seria ideal que gerentes e executivos pudessem recorrer a diretrizes preestabelecidas em busca de orientações e possíveis soluções ou encaminhamentos.

No site www.open-leadership.com reunimos centenas de políticas e diretrizes para mídias sociais e analisamos a maioria delas. É animador observar o pensamento que está por trás deste conceito. Ao mesmo tempo, é divertido ver o quanto a técnica de "copiar e colar" está sendo utilizada. Tenho orientado várias empresas na criação de diretrizes para mídias sociais, e descobri que os seguintes elementos são essenciais (ver Quadro 5.1). A seguir, discutiremos cada um deles.

Quadro 5.1. Diretrizes para as mídias sociais – *checklist*

Introdução
- Estímulo e apoio – por que as tecnologias sociais são importantes?
- Em que situações as diretrizes se aplicam:
  - uso pessoal das tecnologias sociais, quando relacionada à organização;
  - uso profissional das tecnologias sociais em caráter oficial.

Diretrizes
- Transparência de identidade:
  - situações nas quais o indivíduo se identificará ou não como funcionário;
  - explícita, na discussão de temas relacionados à organização;
  - possíveis conflitos de interesse que devem ser conhecidos.
- Responsabilidade:
  - total responsabilidade assumida por tudo o que for escrito – não envio de qualquer mensagem anônima;
  - clareza em relação às afirmações – quais são suas e quais se originam da empresa; utilização de termos de isenção de responsabilidade;
  - respeito aos clientes, colegas e concorrentes;
  - não interferência das redes sociais em seu trabalho.
- Confidencialidade:
  - atenção para com o acordo de confidencialidade assinado com a empresa;
  - respeito à privacidade de clientes e colegas;
  - destaque aos pontos em que podem ocorrer problemas de quebra de confidencialidade;
  - relação do que pode ser compartilhado e daquilo que não deve ser informado.
- Bom senso e discernimento:
  - deixar claro que haverá áreas em que o bom senso será necessário;
  - perguntar antes de agir, se estiver inseguro.

140 Liderança Aberta

> ## Quadro 5.1. Diretrizes para as mídias sociais – *checklist*
>
> **As melhores práticas para os participantes da mídia social**
> - Tom:
>   - tenha personalidade, desenvolva voz própria;
>   - aja com cautela – não poste nada quando estiver irritado ou aborrecido.
> - Qualidade:
>   - cuidados com ortografia e gramática;
>   - agregue valor.
> - Construção da confiança:
>   - responda às pessoas;
>   - escreva sobre temas dentro de suas áreas de conhecimento;
>   - faça muitas conexões;
>   - admita seus erros.
>
> **Supervisão e consequências**
> - Em que situações a organização intervirá;
> - Processos gerenciais;
> - Processo de escalonamento e resolução.
>
> **Recursos adicionais**
> - Contatos nas áreas de recursos humanos, imprensa e consultoria jurídica para gerentes e funcionários;
> - Treinamento.

Introdução: definindo o cenário

É importante começar com o tom certo – e é por isso que recomendamos que suas diretrizes iniciem com uma declaração de estímulo e apoio. Ao abordar as diretrizes para as mídias sociais, o primeiro passo é reconhecer que a organização está entusiasmada com as tecnologias sociais e tem interesse em que os funcionários sejam mais abertos em relação aos clientes e a outros *stakeholders* por meio do uso das novas mídias. Vejamos um exemplo:

A HP reconhece o valor único das mídias sociais e apoia seus funcionários no uso responsável dessas ferramentas de comunicação e aprendizagem, cada vez mais populares. A participação ativa na blogosfera e em sites de mídia social permite aos colaboradores da HP interagir de maneira direta e aberta, em tempo real, com seus clientes atuais e potenciais, com parceiros de negócios e com o público em geral. Tal intercâmbio de informações e ideias, altamente personalizado, reflete a abordagem colaborativa centrada no cliente que define a nossa maneira de fazer negócios.

O engajamento efetivo nas mídias sociais pode nos ajudar a:

- criar e aprofundar o interesse em nossa empresa e em nossos produtos e serviços;
- possibilitar maior agilidade no reconhecimento e nas respostas a questões e preocupações urgentes;
- ajudar a estabelecer a HP e seus colaboradores como "líderes de pensamento" e formadores de opinião no dinâmico universo tecnológico de hoje.[3]

O propósito das diretrizes

Também é importante explicar em que situações a política deverá ser aplicada, e a quem será direcionada. É fundamental esclarecer a razão pela qual a organização necessita de diretrizes para as mídias sociais e, sobretudo, em que situações elas se aplicam ao uso pessoal, que pode diferir bastante do seu uso em caráter oficial. Neste caso, é preciso oferecer treinamento específico e orientações adicionais sobre as melhores práticas. A Razorfish, uma das principais agências de publicidade digital dos Estados Unidos, desenvolveu um excelente trabalho nesse aspecto, oferecendo, em suas diretrizes, várias situações concretas em que as orientações devem ou não ser aplicadas.[4] Além disso, é necessário ter em mente que gerentes e executivos poderão recorrer às diretrizes para determinar se um ato é permitido ou não; por isso, elas precisam ser de fácil acesso e consulta, oferecer muitos exemplos e incluir situações comuns. No exemplo a seguir, a Mayo Clinic explica o propósito das suas diretrizes:

A coisa mais importante que os funcionários da Mayo precisam se lembrar a respeito de blogues e sites de redes sociais é que as mesmas políticas básicas que se aplicam a outras áreas de suas vidas também se aplicam a esses espaços. O propósito destas diretrizes é ajudar nossos colaboradores a compreender como as políticas da Mayo se aplicam a essas novas tecnologias de comunicação, de maneira que possam participar com segurança não apenas deste blogue, como também de outras plataformas de mídias sociais.[5]

DIRETRIZES: OFERECENDO REDES DE PROTEÇÃO PARA O ENGAJAMENTO

Aqui está a essência do documento – o detalhamento que expressa suas expectativas em relação ao que as pessoas poderão fazer, ou não. Essas diretrizes são constituídas por vários componentes. Estes serão descritos em detalhe e acompanhados por exemplos para cada área.

Transparência de identidade

Significa revelar quem você é e para quem você trabalha, caso haja qualquer conflito de interesses. O que difere de uma empresa para outra é o momento em que essa regra se aplica. Algumas organizações determinam que o funcionário sempre declare sua condição ao discutir qualquer assunto ou tema relacionado a seus produtos ou serviços. Outras exigem que a identidade seja revelada apenas na ocorrência de possíveis conflitos de interesses, o que pode ser difícil de definir. Por exemplo, se uma funcionária da Procter & Gamble decidir comentar sobre o tipo de fraldas que utiliza em seus filhos, deverá necessariamente declarar sua ligação com a empresa, mesmo que não trabalhe na divisão de fraldas? A questão se resume a isso: faria diferença se o público soubesse?

A Honda deparou com uma situação de conflito de interesses em 2009, quando lançou o Accord Crossover no Facebook, e recebeu vários comentários negativos sobre o design do novo modelo. Então, um participante defendeu o automóvel, escrevendo: "considero o design interessante. Eu definitivamente compraria esse carro". Porém, muito embora essa tenha sido sua opinião pessoal e sincera, e o rapaz não estivesse agindo como porta-voz da fábrica, ele foi imediatamente questionado por não ter se identificado como funcionário da empresa.[6] A Honda rapidamente retirou o *post* do ar e publicou uma explicação, mas isso só serviu para jogar mais lenha na fogueira.[7]

O exemplo a seguir mostra como a Kodak orienta seus funcionários a se identificarem:

Mesmo quando estiver falando em seu próprio nome, as pessoas podem imaginar que está falando em nome da Kodak. Se escrever ou discutir sobre fotografias, impressão ou outros temas relacionados aos negócios da Kodak, seja honesto e esclareça que trabalha para a empresa; entretanto, se não for porta-voz oficial da Kodak, acrescente sempre a seguinte declaração de isenção de responsabilidade: "As opiniões e posições aqui expressas são de minha responsabilidade e não refletem necessariamente aquelas da Eastman Kodak Company".[8]

Responsabilidade

Significa que você será responsável por suas atividades pessoais na mídia social e que, se estiver escrevendo sobre temas relacionados ao seu trabalho, deverá se comportar de acordo com os valores e expectativas da empresa. Isso poderá exigir o uso de uma declaração de isenção de responsabilidade, como observado anteriormente, por meio da qual o usuário afirmará que os seus comentários são opiniões pessoais e que não representam as opiniões de sua organização. Além disso, o funcionário poderá ser solicitado a notificar os gerentes sobre suas atividades nas mídias sociais, sempre que estas puderem afetar a empresa. O colaborador deverá colocar-se de maneira respeitosa e educada, que repercuta bem na empresa. Deverá, ainda, garantir que suas atividades não causarão interferência no bom andamento do trabalho. O nível de responsabilidade pode variar significativamente de empresa para empresa, dependendo do quanto a organização é aberta ou restritiva em relação às mídias sociais. O exemplo a seguir é da operadora de sistemas de saúde Kaiser Permanente:

> *Assuma a responsabilidade: você é pessoalmente responsável pelo que escreve. Blogues, wikis e outras formas de comunicação on-line são manifestações individuais, e não comunicações corporativas. Os funcionários e a equipe médica da Kaiser Permanente são pessoalmente responsáveis por suas mensagens e posts. Lembre-se de que o que você escreve será público por um longo tempo.*
>
> *Um dos valores da Kaiser Permanente é "confiança e responsabilidade pessoal em todos os relacionamentos". Como empresa, a Kaiser Permanente confia – e espera – que a sua força de trabalho coloque em prática a responsabilidade pessoal sempre que se manifestar em qualquer tipo de mídia social.[9]*

Confidencialidade

Significa a não divulgação de informações confidenciais da empresa. Nesse caso, uma simples referência à política de confidencialidade da sua

144 Liderança Aberta

organização poderá ser suficiente. Entretanto, é preciso notar a existência de uma grande área cinzenta em que muitas situações são pouco definidas, por exemplo: está bem claro que não se deve comentar sobre a expectativa de lucros futuros, mas em que situações é possível compartilhar ideias sobre novos produtos com clientes importantes? Toda organização tem uma preocupação específica sobre a divulgação de informações confidenciais, sejam elas referentes a características de produtos, a informações sobre clientes, à propriedade intelectual ou a fofocas entre funcionários. Nesse sentido, poderá ser útil relacionar especificamente os diferentes tipos de informação que são particularmente vulneráveis a uma divulgação inadvertida. Retomo o exemplo da Kaiser Permanente que, como prestadora de serviços de saúde, tem preocupações específicas sobre a confidencialidade dos assuntos inerentes a pacientes e o cumprimento de requisitos legais. Vejamos como a empresa aborda a questão em sua política para as mídias sociais:

> *Confidencialidade de membros/pacientes. Não é permitido aos funcionários a divulgação nas mídias sociais de qualquer informação que possa identificar membros e/ou pacientes desta organização, sem a permissão expressa e por escrito desses indivíduos. Mesmo que uma pessoa não tenha seu nome divulgado, se houver possibilidade razoável que este membro ou paciente seja identificado a partir da informação fornecida, seu uso ou divulgação poderá constituir uma violação da Lei de Portabilidade e Responsabilidade de Seguros de Saúde (HIPAA) e da política da Kaiser Permanente.*[10]

Essa política permite que vários médicos da Kaiser Permanente mantenham uma comunicação ativa e frequente com seus pacientes, por meio de blogues e do Twitter.[11] Mantendo um bom treinamento sobre o cumprimento das exigências da HIPAA, a administração da operadora se sente segura e confiante de que seus profissionais da saúde se utilizarão das mídias sociais de maneira consciente.

Usar o discernimento e o bom senso

Esta é provavelmente a orientação mais importante a incluir em suas diretrizes. Nesse item, os colaboradores serão orientados a aplicar seu treinamento e experiência na distinção entre atitudes adequadas e inadequadas, e a procurar orientação quando estiveram inseguros. Muitas políticas reconhecem que não há como abordar amplamente todas as situações possíveis, por isso apelam para a inteligência e a capacidade individuais. Podem ocorrer casos em que o bom senso não seja necessariamente seguido, ou nos quais haja um mau discernimento, o que conduzirá a resultados indesejáveis. Esta é, sem dúvida, e de muitas maneiras, uma diretriz "genérica", pois prevê que haverá situações inesperadas que desafiam tanto funcionários como gerentes. Vejamos os exemplos a seguir:

> *O bom senso é o melhor guia, caso decida postar quaisquer informações relacionadas à Cisco.*[12]
> *Seu vídeo será analisado e rejeitado caso viole as diretrizes e as regras de bom senso e decoro. Não coloque a Força Aérea dos Estados Unidos em uma situação que possa resultar no encerramento de sua conta (acesso à mídia social).*[13]

AS MELHORES PRÁTICAS E COMO ESTABELECER EXPECTATIVAS

Muitas organizações também incluem em suas diretrizes as melhores práticas de participação nas mídias sociais, tanto para fins pessoais como profissionais. Para evitar confusão, o melhor é determinar se tais sugestões se referem a atividades pessoais e não oficiais, ou são padrões preestabelecidos para a participação oficial do funcionário nesses ambientes. Às vezes, a linha entre as atividades oficiais e não oficiais depende da necessidade de envolvimento por parte de um gerente – e nem sempre o contexto é positivo! Assim, relacionar as melhores práticas redobra a responsabilidade, estabelece o padrão de qualidade da organização para as melhores práticas e oferece um modelo para as situações em que um gerente precisar ser acionado caso as diretrizes não estejam sendo seguidas.

O tom é uma prática altamente pessoal, que incorpora não apenas o que denominamos "voz" – única para cada pessoa e organização –, mas também a atitude adequada dentro do contexto. Uma das melhores práticas, bastante estimulada pelas organizações, é "demonstrar personalidade" quando vamos além da sombra da empresa.

Ao mesmo tempo, existe um aspecto negativo no tom, já que, às vezes, as pessoas poderão inadvertidamente demonstrar raiva ou exasperação ao postarem suas mensagens. Muitas diretrizes, como as da Intel,

146 Liderança Aberta

estimulam os funcionários a fazer uma pausa: "Se sentir que está prestes a publicar algo que o deixe minimamente inseguro, pense antes de pressionar a tecla 'enviar'. Analise as diretrizes por alguns minutos e procure descobrir o que o está incomodando e, então, corrija".[14]

Qualidade

É importante também prestar atenção aos detalhes e garantir a qualidade. Questões básicas como verificar a ortografia e manter a correção gramatical são importantes. Além disso, há a qualidade real do conteúdo que está sendo criado – evite o excesso de atualizações ou de mensagens irrelevantes no Twitter ou em blogues. Isso poderá prejudicar a imagem desses canais e até mesmo fazer seus participantes passar a ignorá-los.

Qualidade também significa assegurar que as informações compartilhadas agreguem valor e não desperdicem o tempo dos visitantes. O problema é determinar o significado de "valor", pois isso depende de julgamento individual. As diretrizes da IBM nesse quesito abordam a questão de maneira eloquente:

> *Sua mensagem agregará valor se: ajudar você, seus colegas, clientes ou parceiros na realização de seus trabalhos e na resolução de problemas; aprimorar conhecimentos ou habilidades; contribuir direta ou indiretamente para o aperfeiçoamento dos produtos, processos e políticas da IBM; construir um sentimento de comunidade; e ajudar a promover os Valores da IBM. Embora não estejam diretamente relacionadas a negócios, o compartilhamento de certas informações pessoais, como dados sobre sua família ou interesses pessoais, podem ser úteis no estabelecimento de melhores relações entre você e seus leitores, contudo, tal opção é exclusivamente sua.[15]*

Construir confiança

Provavelmente, o conjunto mais importante de práticas reside nesta área, e inclui as atividades e comportamentos identificados como primordiais na construção de um relacionamento profundo com seu público e clientes. Essa construção envolve: (1) resposta rápida a perguntas e comentários, por exemplo: "Quando existir a necessidade de resposta, faça-o prontamente"; (2) lembrar de agregar, com frequência, pessoas externas à organização. Essa ideia é expressa pela Universidade DePaul da seguinte maneira:

"Sempre que possível, cite e inclua um link para as suas fontes, afinal, é assim que se constrói uma comunidade";[16] (3) admitir que um erro foi cometido. Por fim, a prática mais difícil entre todas. É sempre difícil admitir quando estamos errados, mas é duplamente árduo fazê-lo em virtude do caráter público das tecnologias. Portanto, se tivermos a intenção de incluir esta diretriz, é preciso que a questão seja colocada de maneira firme e clara (discutiremos as melhores maneiras de lidar com as falhas no capítulo 9). Novamente, a Universidade DePaul nos oferece uma ótima maneira de abordar esta prática: "Se cometer um erro, corrija-o rápida e visivelmente. Com essa atitude, você ganhará o respeito da comunidade *on-line*."

DESATENÇÃO E CONSEQUÊNCIAS: QUANDO A GERÊNCIA PRECISA SE ENVOLVER

Outra parte importante das diretrizes é definir o que acontecerá se as coisas não saírem de acordo com o planejado e a gerência da organização precisar intervir, principalmente quando isso envolver as atividades pessoais *on-line* de um funcionário. Para as organizações, a necessidade de intervir é vista como caminhar em uma corda bamba, por isso é preciso não apenas deixar claro em quais circunstâncias isso ocorrerá, mas também o processo que será utilizado.

Um das situações mais comuns é quando um funcionário escreve algo inadequado que chega ao conhecimento do seu gerente direto. O primeiro passo do gerente, neste caso, é ler as diretrizes e verificar se alguma orientação não foi seguida. Por sua vez, as diretrizes devem oferecer um claro processo de conduta, e indicar ao gerente que, por exemplo, mantenha uma conversa com o seu subordinado direto ou que procure orientação nas áreas de recursos humanos ou jurídica.

Se o treinamento e a divulgação das diretrizes forem consistentes, os funcionários abordados deverão imediatamente compreender a situação e não se mostrarem surpresos com o diálogo. Se a transgressão for suficientemente séria, como negligência grave ou má conduta, a organização poderá ter de tomar outras medidas, incluindo a demissão, se justificada. É por isso que algumas empresas incluem em suas diretrizes informações concernentes a essas questões – o intuito é esclarecer antecipadamente o que está em jogo. A Dell inclui a seguinte orientação em suas diretrizes:

148 Liderança Aberta

Os funcionários da Dell e/ou os representantes da empresa que não cumprirem estas diretrizes estarão sujeitos a medidas disciplinares, incluindo a demissão. Além disso, dependendo da natureza da violação ou do conteúdo publicado no canal on-line, os responsáveis também poderão estar sujeitos a penalidades civis e/ou criminais.[17]

Recursos adicionais

Finalmente, as diretrizes devem incluir recursos adicionais, como a possibilidade de contato com o departamento de relações públicas, caso haja alguma repercussão fora da empresa como resultado das atividades de um funcionário. Além disso, se os colaboradores tiverem dúvidas sobre as orientações, poderão precisar de outro recurso além do seu gerente direto para manter a confidencialidade e fazer suas perguntas, sem correr o risco de sofrer represálias. Podem ser listados, ainda, recursos de treinamento, orientações sobre as melhores práticas e especialistas da própria empresa. Por fim, seria ideal estabelecer um canal para o recebimento de sugestões que possam aperfeiçoar as diretrizes existentes, e também fornecer informações sobre futuros processos de revisão.

Plano de ação:
elaborando suas diretrizes para as mídias sociais

Esse é um breve panorama da estrutura de diretrizes gerais. O mais difícil é alinhar todos os membros de uma organização em torno de um documento específico, sobretudo sua equipe jurídica, que pode não estar tão bem informada sobre riscos e benefícios das tecnologias sociais quanto seria ideal. Este plano de ações fornece orientações para dar início ao processo:

1. **Avaliação de abertura realizada no final do capítulo 2 e dos objetivos estratégicos na abertura do capítulo 3.** Utilize essas ferramentas como ponto de partida para discussões com a equipe

jurídica. O objetivo é fazer os profissionais da área compreenderem o que se está procurando realizar e o grau de abertura que se planeja para a organização.

2. **Identificação das maiores esperanças e dos maiores medos que a organização, como um todo, enfrenta ao tentar alcançar esses objetivos.** É preciso incluir os *stakeholders* que estarão envolvidos na realização de seus próprios objetivos, pois eles serão os mais propensos a se opor às diretrizes.

3. **Reunião de exemplos concretos para ilustrar os vários elementos das diretrizes.** Devem ser incluídas práticas positivas e negativas, assim como exemplos de "áreas cinzentas" (indefinidas) em que o discernimento e o bom senso devem ser exercitados. As melhores políticas surgem quando são colocadas no contexto das atividades diárias.

4. **Manutenção das diretrizes úteis, identifição das situações nas quais elas serão realmente usadas.** Elas devem funcionar bem no treinamento e na educação da equipe, bem como na sua supervisão e escalonamento. As diretrizes devem ser aplicadas a situações reais e seu funcionamento deve ser avaliado.

5. **Planejamento com antecedência dos processos de elaboração das diretrizes e de suas respectivas tomadas de decisão:**
   - quem estará envolvido;
   - a quem caberá a última palavra;
   - como envolver *stakeholders*; e
   - como as revisões serão encaminhadas.

Programe processos claros de revisão e de *feedback* para futuras edições, que determinem especialmente quando e como a política será revisada de acordo com mudanças verificadas no mercado e nas tecnologias.

UM EXEMPLO DE DIRETRIZES PARA FUNCIONÁRIOS

Em 1997, a IBM recomendou a seus funcionários que utilizassem mais a internet – justamente em uma época em que muitas empresas se esforçavam para manter a sua força de trabalho longe dela. Em 2005, a IBM mais uma vez mostrou-se pioneira ao colocar em prática diretrizes para a criação de blogues. Para redigi-las, a empresa divulgou alguns princípios iniciais em um *wiki* interno e convidou todos os funcionários a participar e a ajudar a escrever o documento. As diretrizes foram então analisadas pelos departamentos jurídico e de recursos humanos, e aprovadas com pequenas alterações.

Ao longo dos quatro anos seguintes, a política foi revista – por meio do mesmo processo utilizado anteriormente (*wiki*) – e atualizada, basicamente com o intuito de incluir todos os tipos de tecnologias sociais, e não apenas blogues. Uma comparação entre as versões de 2005 e 2009 demonstra que, a despeito da rápida mudança e da adoção das tecnologias sociais, as orientações fundamentais permanecem em grande parte inalteradas.[18] Acredito que isso ocorra pelo fato de as diretrizes da IBM estarem centradas no tipo de relacionamento que a empresa tem procurado estimular entre seus funcionários e o mundo exterior, e, não, focadas no uso de tecnologias específicas.

Saberemos se as diretrizes que elaboramos são adequadas se elas forem capazes de estimular os funcionários a se engajarem a outras pessoas fora dos limites da empresa. Além disso, identificaremos uma excelente política quando os próprios funcionários passarem a criar novas situações, tipicamente indefinidas, e começarem a discutir como a organização poderia avançar em seu processo de abertura. Esse tipo de debate saudável, em que os funcionários procuram escalar os muros do tanque de areia, rumo a um maior e mais profundo engajamento é exatamente o que buscamos alcançar.

CONVIDANDO OS CLIENTES PARA FAZER PARTE DO PACTO

Uma coisa é estabelecer diretrizes obrigatórias aos funcionários – outra coisa totalmente diferente é abordar a questão junto aos clientes. Mesmo assim, é fundamental o estabelecimento de regras que governem a maneira como iremos interagir com os clientes, e vice-versa. Se oferecermos uma plataforma aos clientes, estaremos implicitamente confiando que a maioria deles agirá de maneira responsável e respeitosa ao participar de sua página no Facebook ou dos fóruns de discussão em seu site. Em contrapartida, será possível prever os problemas que inevitavelmente surgirão – bastará que algo saia errado ou que um cliente se mostre insatisfeito para que uma avaliação ou crítica negativas surjam no site da empresa.

Sam Decker, diretor de marketing da Bazaarvoice*, um provedor que serve aproximadamente seiscentas marcas oferecendo ferramentas de identificação e análise de conteúdos gerados pelo usuário, afirma que sua empresa precisou construir seu negócio enquanto superava o medo de uma abertura maior com os clientes:

> É fácil adotar uma atitude defensiva e tentar evitar críticas e incertezas. Tudo no mercado, tudo em Wall Street** premia a previsibilidade. Assim, do ponto de vista de um país corporativo (EUA), é temerário fazer algo imprevisível, e permitir que seus clientes digam o que quiserem bem ao lado da sua logomarca e dos seus produtos.

Curiosamente, as pessoas de um modo geral mostram-se bastante previsíveis quando escrevem suas críticas ou avaliações de produtos e serviços – a Bazaarvoice, por exemplo, descobriu que as avaliações de seus produtos são em grande parte positivas, já que 80% deles alcançam 4s ou 5s (sendo 5 a pontuação mais positiva) – a média de classificação dos produtos dessa empresa é de 4,3.

Embora desagradável, a presença de comentários negativos pode dar à conversa uma aura de autenticidade – afinal, nenhum grupo de clientes está sempre 100% satisfeito com um produto ou serviço! Além disso, considerando que as avaliações mostram uma tendência positiva – mas equilibrada – os clientes têm a oportunidade de acessar informações autênticas de outros clientes (em vez de recebê-las da empresa). Se estamos procurando vender um produto, esperamos encontrar avaliações de nossos pares. A esse respeito, Decker comentou: "Se a sua marca não conta com conteúdos gerados pelo usuário, é porque as pessoas não estão tomando conhecimento de sua existência. Eles simplesmente não a estão considerando."

---

* Empresa de tecnologia especializada no monitoramento das conversas *on-line* (em mídias sociais) dos clientes de companhias que a contratam. Para mais informações, acesse: www.bazaarvoice.com/about/what-we-do. Site em inglês. (N.E.)

** Wall Street é o principal centro financeiro do mundo, e se localiza em Nova York. Lá está sediada a Bolsa de Valores da cidade, além de importantes instituições empresariais e financeiras (N.T.)

152 Liderança Aberta

Entretanto, há momentos em que o comentário de um cliente não é apenas negativo, mas inaceitável, pois é ofensivo, obsceno ou simplesmente está fora de contexto – fundamentalmente, esse tipo de crítica não corresponde ao nível de conduta que deve ser permitido em um fórum público. Em que situações caberia eliminar um comentário ou mesmo bloquear a participação de alguém devido à inadequação de sua conduta; e em que conjuntura um comentário negativo é admitido porque, apesar de não concordarmos com ele, a crítica reflete uma opinião, é colocada de maneira respeitosa e promove o relacionamento da comunidade em geral? Essa pode ser uma decisão difícil, mesmo para as organizações abertas mais experientes.

Os grupos de discussão, e especialmente os blogues, são espaços de constante preocupação para as organizações. Em suas diretrizes para a comunidade, o Wells Fargo estabelece especificamente o que será feito, explicando: "Para garantir discussões produtivas, informativas e que respeitem os diversos pontos de vista e as leis, todos os comentários serão revistos, e NÃO SERÃO aprovados aqueles que [...]". A partir desse ponto, as diretrizes apresentam em detalhes os seguintes tipos de comentários: estiverem fora do contexto; que consistirem em *spam*;* que incluírem ataques pessoais; que se mostrarem ilegais; que contiverem linguagem ofensiva, informações privadas ou confidenciais. Ed Terpening, vice-presidente de mídias sociais do Wells Fargo, esclareceu que, em geral, a empresa não precisa recorrer a essas regras com muita frequência, pois os comentários negativos são minoria dentre as opiniões postadas.[19]

Em suas diretrizes para mídia social, a Intel também inclui informações sobre a política de moderação, com o objetivo de garantir o que chama de "diálogo equilibrado *on-line*". De maneira inteligente, as diretrizes incluem a seguinte cláusula:

Seja no caso de conteúdo pré-moderado ou moderado pela comunidade, siga estes três princípios: o positivo, o negativo, mas nunca o ofensivo. Se o conteúdo se encaixar nos dois primeiros casos e estiver dentro do contexto da conversa, ele será aprovado, independentemente de ser favorável ou desfavorável à Intel. Entretanto, se o conteúdo for repulsivo, ofensivo, depreciativo ou completamente fora de contexto, então ele será rejeitado.[20]

---

* Mensagem eletrônica indesejada. (N.E.)

Em geral, as organizações são suspeitas de exercer certo abuso de direito ao excluir comentários e/ou bloquear completamente alguém por considerar tal indivíduo inconveniente. Porém, defendo que as organizações tracem uma estratégia clara e firme, pois isso garantirá diálogos construtivos e a construção de relacionamentos produtivos. Pensemos na questão da seguinte maneira: o que se deveria fazer se alguém invadisse uma sala de reuniões e começasse a vociferar coisas desagradáveis e incoerentes, causando perturbação? Poderíamos até tentar argumentar com a pessoa, mas se o comportamento persistisse, chamaríamos a segurança para, de maneira educada, mas firme, escoltá-la para fora da sala – e, provavelmente, para fora do edifício. No mundo virtual, é importante deixar claro para os clientes em que situações haverá intervenção no sentido de salvaguardar o ambiente – ao mesmo tempo, é fundamental deixar claro que a empresa está disposta a ouvir opiniões divergentes, desde que sejam expressas por meio de comportamento civilizado.

CÓDIGOS DE CONDUTA E POLÍTICAS SOBRE DIVULGAÇÃO DE INFORMAÇÕES

É importante que as organizações estabeleçam as regras de engajamento e deixem claras as responsabilidades de cada lado. Um excelente exemplo disso é o "Pacto empresa-cliente" publicado pela GetSatisfaction, em que se propõe a responsabilidade compartilhada entre as partes (ver Documento 5.1).[21] Dessa maneira, o pacto funciona como um "tanque de areia", no qual cada lado promete respeitar um código de conduta.

Códigos de conduta e políticas sobre divulgação de informações servem a um propósito – desenvolver confiança. Chris Pratley, um dos primeiros blogueiros da Microsoft, relata sua experiência:

> Quando comecei a escrever, havia pessoas em meu blogue que diziam: 'Eu não acredito em você, você deve ser um funcionário do marketing. Este blogue deve ser uma fachada para alguma outra estratégia'. E eu respondia, dizendo: 'Realmente, isso me surpreende. O que fez você pensar assim? Pode me perguntar qualquer coisa e eu lhe responderei com toda a honestidade.

Documento 5.1. O pacto empresa-cliente*

Nós, clientes e empresa, precisamos confiar nas pessoas com quem fazemos negócios. Os clientes esperam uma relação honesta e direta, em que suas opiniões sejam ouvidas antes das compras, durante as negociações e no ínterim. As empresas trabalham para inspirar a satisfação e a fidelidade dos clientes por meio da melhoria contínua dos produtos e serviços que oferecem.

É evidente que todos nós temos um interesse crucial – e a responsabilidade – de transformar o caráter adverso que muitas vezes domina a experiência do cliente. Se trabalharmos juntos e compartilharmos a responsabilidade de promover uma conversa efetiva, poderemos construir relacionamentos de longo prazo mutuamente respeitosos.

Ao adotarmos estes cinco valores práticos, conseguiremos, juntos, implementar mudanças significativas em nossas relações comerciais.

	Empresa	*Cliente*
1) Seja humano	*Use um tom respeitoso nos diálogos. Evite roteiros de venda e linguagem ambígua técnica ou corporativa.*	*Seja compreensivo. Demonstre o respeito e a gentileza que gostaria que dispensassem a você.*
2) Seja acessível	*Cultive um diálogo público com os clientes e demonstre sua responsividade e disposição de prestar contas.*	*Compartilhe suas questões diretamente com a empresa ou em locais onde ela tenha a oportunidade de responder.*
3) Seja autêntico	*Estimule os funcionários a usar seus nomes verdadeiros e a oferecer um toque pessoal nas negociações.*	*Use sua verdadeira identidade e cultive uma reputação de longo prazo com a empresa.*

* Disponível em http://getsatisfaction.com/ccpact.

Documento 5.1. O pacto empresa-cliente*

4) Seja paciente	Alguns problemas levam mais tempo para serem resolvidos do que o esperado; assim, procure definir expectativas claras sobre como serão abordados.	Dê à empresa a informação e o tempo necessários para que ela possa resolver adequadamente o(s) problema(s).
5) Seja produtivo	Procure manter a conversa viva. Demonstre boas intenções, falando francamente com os clientes enquanto busca uma solução.	Esteja pronto para dar continuidade às conversas iniciadas. Dê à empresa o benefício da dúvida, enquanto ela busca uma solução.

* Disponível em http://getsatisfaction.com/ccpact.

Ao longo do tempo, Pratley foi capaz de conquistar a confiança dos visitantes, em parte porque manteve no ar comentários negativos e também porque respondeu rápida e educadamente às pessoas, mesmo quando elas discordavam de suas opiniões.

O benefício de manter um código de conduta e uma política sobre divulgação de informações é que essas ferramentas podem ajudar a reduzir o tempo que leva construir esse nível de confiança, pois ambos deixam claro para seus funcionários e seu público qual o comportamento que a organização espera deles. Em essência, o que se está fazendo é explicar que tipo de relacionamento se deseja manter com o público em geral. Se eles jamais depararam tal abertura, como podem saber o que esperar? Ao dar o primeiro passo e expor claramente sua contribuição para o pacto do tanque de areia, a empresa estabelecerá as bases do relacionamento.

Por exemplo, o código de conduta da HP para blogues estabelece logo no início, por meio de uma declaração simples e forte, como a empresa pretende se comportar: "Iremos nos esforçar para manter diálogos abertos e honestos com os nossos leitores".[22] O Documento 5.2 apresenta o exemplo da Hill & Knowlton, uma empresa de relações públicas que pretende deixar claro como e quando falará em interesse dos clientes.[23]

156 Liderança Aberta

Documento 5.2. Princípios da Hill & Knowlton para o uso de mídias sociais

Uso pessoal das mídias sociais

Se puder ser identificado como funcionário da Hill & Knowlton ou usufruir dos recursos da empresa para uso pessoal das mídias sociais, por favor, considere o seguinte:

- seus clientes, gerentes, subordinados e colegas podem ter acesso ao que escrever. Criticá-los pode resultar na perda de negócios para a empresa ou até mesmo levá-lo a perder o seu emprego;
- pense no que escreve da mesma maneira como pensa nas coisas que diz a um jornalista ou em conversas com pessoas que não conhece. Se considera que seria imprudente dizê-las nessas situações, não o faça on-line;
- nunca divulgue qualquer informação confidencial ou de propriedade de nossos clientes (da Hill & Knowlton, do grupo WPP), ou de qualquer outra parte que nos tenha confiado tais informações (jornalistas, fornecedores etc.), mesmo se considerar seguro. Seu atual contrato de trabalho proíbe essa atitude em qualquer caso;
- como integrante de uma empresa de capital aberto, existem muitas coisas que não devem ser mencionadas, como: faturamento, planos ou preços de ações do grupo WPP. A divulgação desses dados pode causar a você e à empresa problemas legais. Isso independe de ser apenas um ponto de vista pessoal e de haver ou não identificação do indivíduo como funcionário da Hill & Knowlton;
- o uso pessoal das mídias sociais no trabalho deve ser adequado à sua função. No caso de dúvidas, converse com seu gerente ou consulte o seu contrato de trabalho;
- se você explicitamente se identificar como funcionário da Hill & Knowlton, deve deixar claro que as opiniões que expressar são somente suas. Você poderá usar a seguinte expressão em seu blogue, site ou perfil:

"Estas opiniões são de minha inteira responsabilidade, não refletindo necessariamente as opiniões da empresa em que trabalho."

> **Documento 5.2. Princípios da Hill & Knowlton para o uso de mídias sociais**
>
> ## Uso profissional das mídias sociais
> ## em nome da Hill & Knowlton e clientes
>
> *Quando as mídias sociais forem utilizadas em caráter profissional (ou seja, como parte de uma abordagem de venda, de uma campanha comercial ou em representação à Hill & Knowlton), por favor, siga os princípios básicos a seguir:*
>
> - *compreenda as regras, as crenças e os desejos das comunidades virtuais com as quais se comunicar;*
> - *não participe de mídias sociais cujos usuários aleguem falar em nome de clientes sem o devido conhecimento ou explícita permissão e orientação do consultor da Hill & Knowlton responsável pelo projeto; não se engaje em mídias que contrariem as políticas dos clientes;*
> - *compreenda as políticas de seus clientes e siga-as. Onde existir conflitos insolúveis, os princípios da Hill & Knowlton prevalecerão;*
> - *declare quem você é e para quem trabalha (tanto a agência como o cliente);*
> - *seja honesto e não finja ser alguém ou algo que você não é;*
> - *respeite a privacidade e as preferências de contato de cada pessoa com quem interage, sempre que possível.*
>
> *Inclua o link que apresenta nossos princípios em suas comunicações de abertura (www.hillandknowlton.com/principles), sempre que possível.*

Existem outros excelentes exemplos e também o *Disclosure best practices toolkit,** disponíveis no site do Social Media Business Council.**[24]

---

* Guia das melhores práticas de divulgação de informações. (N.T.)

** Conselho Comercial de Mídias Sociais. (N.T.)

LIDANDO COM O DEPARTAMENTO JURÍDICO

A Johnson & Johnson, uma grande empresa farmacêutica e de produtos para a saúde, mostrou-se compreensivelmente preocupada em franquear ao público acesso livre para que deixassem comentários em seus sites. O que a J&J deveria fazer se ali fosse registrada alguma reação adversa a um dos seus produtos registrados? O que aconteceria se alguém discorresse sobre um efeito colateral, mesmo que benéfico – uso para o qual o produto não foi aprovado, e que, portanto, não consta da bula – e estimulasse outras pessoas a usar o medicamento? "Permitir um diálogo sobre usos não aprovados de um produto registrado poderia nos causar problemas junto a FDA (Agência de Controle de Alimentos e Medicamentos dos Estados Unidos) para a propaganda desse produto", explicou Marc Monseau, diretor de mídia social da Johnson & Johnson.

Quando a empresa decidiu mergulhar nas mídias sociais e iniciar o seu primeiro blogue em 2006, Margaret Gurowitz, membro do departamento de comunicações corporativas, estava convencida de que poderia dar conta daquelas preocupações. Sendo uma autoproclamada entusiasta da história, Gurowitz propôs um blogue chamado "Kilmer House", cujo objetivo era contar os 120 anos de história da empresa.[25] Para Gurowitz, um blogue sobre história seria uma iniciativa de baixo risco para a Johnson & Johnson começar a participar das mídias sociais, porque a maioria dos fatos sobre os quais ela escreveria tinham acontecido há cem anos. Independentemente disso, ela trabalhou em estreita colaboração com a equipe jurídica para compreender suas preocupações, e obteve as aprovações necessárias para ir em frente, incluindo a autorização do CEO.

O elemento decisivo foi contar com políticas e processos definidos. Diz Monseau:

> Margaret organizou uma política para a inclusão de comentários, não apenas definindo que os comentários seriam analisados antes de serem postados, como também deixando bem claro que apenas alguns comentários seriam permitidos – aqueles que não abordassem produtos comercializados pela empresa.

Eles também estabeleceram um processo pelo qual qualquer comentário enviado que relatasse casos de reações adversas seriam encaminhados para canais previamente definidos, e, a partir daí, a equipe de assuntos clínicos se encarregaria dos casos, em conformidade com as exigências legais.

Um ano mais tarde, Monseau procurou as mesmas equipes jurídicas para dar início ao blogue JNJ BTW, cujo objetivo é discutir temas atuais da Johnson & Johnson.[26] Contando com a experiência anterior do blogue Kilmer House, a equipe jurídica e os executivos sêniores estavam mais confiantes em abordar questões presentes. Então, Robert Halper, diretor de comunicações de vídeo da Johnson & Johnson, mergulhou no mundo do vídeo *on-line*. Aplicando algumas das abordagens adotadas por Margaret e Marc, Rob trabalhou com o departamento jurídico para estabelecer um novo conjunto de processos com a finalidade de criar um canal no YouTube para divulgar vídeos educativos, além de permitir a publicação aberta (mas moderada) de comentários. Monseau explica:

> Trata-se de dar passos de bebê que não apenas ofereçam experiência, como também tornem projetos como este menos preocupantes para a organização, permitindo, dessa maneira, que outros desenvolvam ideias mais agressivas. Rob, Margaret e eu descobrimos que, dando esses passos na Johnson & Johnson, abrimos caminho para que os outros nos seguissem.

Já trabalhei com muitos departamentos jurídicos apreensivos e descobri que a questão fundamental é manter uma conexão com eles desde o início do processo e fazê-los compreender os benefícios de uma maior abertura – do contrário, tudo o que eles veem são apenas os riscos reais de um engajamento aberto. Usar a analogia do pacto do tanque de areia ajuda a envolvê-los nas discussões, pedindo sua orientação para definir os muros que deverão ser construídos, em vez de simplesmente descartar a ideia completamente. Finalmente, identificando os piores cenários e estabelecendo políticas de mitigação e de contingência, poderemos, com frequência, abordar e atenuar muitas preocupações legais e gerenciais.

Plano de ação:
elaborando diretrizes para a criação de uma comunidade

Se empresas como a Johnson & Johnson e o banco Wells Fargo, que atuam em setores altamente regulamentados, podem manter um engajamento aberto com seus públicos, o mesmo é possível para todos. O importante, mais uma vez, é começar com o tipo de relacionamento que se deseja estabelecer com o público externo; isso será definido pelos processos implementados. O plano a seguir irá ajudá-lo a elaborar, passo a passo, as diretrizes para a abertura de uma nova comunidade.

1. **Da mesma maneira como ocorre com as diretrizes para as mídias sociais dirigidas a funcionários, você deve começar avaliando não apenas a abertura, mas os objetivos de sua estratégia, mencionados nos capítulos 2 e 3.** Com os objetivos em mãos, é importante organizar uma discussão inicial com a equipe jurídica para que todos compreendam os benefícios do que se planeja fazer.
2. **Defina os comportamentos e ações que serão ou não aceitos.** Isso inclui diferenciar o significado dos termos "negativo" – quando pontos de vista distintos e legítimos são expressos – e "desrespeitoso". É importante esclarecer todas as atividades que serão consideradas inaceitáveis.
3. **Crie processos de revisão e análise, e também um mecanismo que permita a verificação de qualquer violação das diretrizes da comunidade.** Treinamentos completos para as pessoas que estarão envolvidas nesse processo deverão ser fornecidos.
4. **Estabeleça processos e fluxos de trabalho que capacitem a empresa a lidar com críticas e comentários relacionados ou não ao serviço de atendimento ao cliente.** Esse processo deve ser ágil e respeitoso. Seria inadequado que qualquer pessoa que tivesse problemas no atendimento ao cliente não fosse rapidamente contatada. (Discutiremos mais sobre mudanças nos fluxos de trabalho no próximo capítulo.)

> 5. **Compreenda e defina claramente as responsabilidades da organização e dos funcionários que nela trabalham. Isso poderá incluir um código de conduta ou uma política de divulgação de informações.** Certifique-se de que colaboradores de destaque que atuam como porta-vozes recebam treinamento adequado sobre essas diretrizes.
> 6. **Por último, utilize constantemente o *feedback* de seu público para revisar suas diretrizes.**

ALGUNS CONSELHOS FINAIS

Neste capítulo, estabelecemos alguns planos de ação específicos para a elaboração de diretrizes para mídias sociais dirigidas aos funcionários e também ao público externo. Entretanto, antes de prosseguirmos, gostaria de compartilhar algumas sugestões sobre o estabelecimento de regras e processos de controle. Para isso, busquei inspiração no modo como a empresa de locação de vídeos Netflix identifica tais processo. Segundo ela, os "bons" são aqueles que ajudam as pessoas a realizar mais, enquanto os "ruins" são os que procuram evitar erros recuperáveis.[27] A Netflix acredita em ambientes criativos, e, não, nos voltados apenas para a produção – a empresa acredita que evitar erros pode inibir um trabalho excelente. Assim, ela procura ativamente se livrar das "más" regras que obstruem o caminho em busca da excelência.

A empresa fez exatamente isso quando aboliu sua política de férias. Até 2004, vigorava um padrão que estabelecia o período de férias a que cada funcionário teria direito. Porém, a realidade é que todos trabalhavam durante a noite, checavam e-mails em horários estranhos e tiravam horários de folga durante a tarde para resolver assuntos pessoais. A Netflix não controlava quantas horas seus funcionários trabalhavam, então não fazia sentido controlar quantos dias eles não trabalhavam. Para citar a própria Netflix, "assim como não temos uma política de horário de trabalho das 9

162 Liderança Aberta

às 5,* não precisamos de uma política de férias". Portanto, a empresa simplesmente não tem uma política de férias ou de controle sobre isso.

Entretanto, não bastou a Netflix estalar os dedos para colocar a nova política em prática. Antes disso, foi preciso que desenvolvesse uma cultura forte, e que buscasse e apoiasse o que ela chama de "colegas excepcionais". É mais vantajoso garantir que essas pessoas venham para a Netflix – e ali permaneçam. Com profissionais de alto desempenho, a Netflix não precisa se preocupar com o número de dias de férias que eles tiram – eles podem até gozar de períodos mais longos no final, mas isso compensa todas as horas extras que trabalharam.

Abordamos essa questão porque a prática do pacto do tanque de areia precisa ser coerente e congruente com o tipo de relacionamento que se tem com os funcionários e com o público externo. Se eles não estiverem prontos para a abertura, e se a empresa não estiver preparada para esse processo, então os acordos precisarão ser mais rígidos e mais bem definidos para se alcançar um bom relacionamento de trabalho. Porém, estimulo todos a começarem a dar os primeiros passos, mesmo que estes sejam pequenos, e que construam bases para relacionamentos ainda mais profundos e duradouros no futuro.

Avancemos agora para o capítulo 6, no qual discutiremos os detalhes operacionais que possibilitem orquestrar uma estratégia de abertura.

---

* Nos EUA o horário de trabalho compreende, normalmente, o período das 9h às 17h, de 2ª a 6ª feira. (N.E.)

Charlene Li   163

Notas da autora

1. Um *press release* da Robert Half Technology, datado de 6 de outubro de 2009, contendo informações detalhadas sobre a pesquisa está disponível em http://rht.mediaroom.com/index.php?s=131&item=790.

2. O estudo da Deloitte, "Social networking and reputational risk in the workplace" [Redes sociais e o risco de perda de reputação no ambiente de trabalho], pode ser encontrado em www.complianceweek.com/s/documents/DeloitteSocialNetworking.pdf.

3. A política da HP para as mídias sociais é um documento interno; esse extrato foi oferecido como cortesia e é publicado aqui com a permissão da empresa.

4. O documento contendo as diretrizes da Razorfish para seus funcionários, *The razorfish employee social influence marketing guidelines*, está disponível em www.razorfish.com/img/content/RazorfishSIMguideWebJuly2009.pdf.

5. As diretrizes de participação para os funcionários da Mayo, *The participation guidelines for Mayo employees*, estão disponíveis em http://sharing.mayoclinic.org/guidelines/for-mayo-clinic-employees.

6. Detalhes sobre o caso do Accord Crosstour no Facebook estão disponíveis em um artigo publicado em http://www.autoblog.com/2009/09/03/honda-purges-some-comments-fromcrosstour-facebook-page.

7. A resposta da Honda sobre o caso do Accord Crosstour no Facebook está disponível em www.facebook.com/accordcrosstour?v=wall&viewas=725095119#/accordcrosstour?v=app_6009294086.

8. As orientações para as mídias sociais da Kodak, Kodak's Social Media Tips, estão disponíveis em www.kodak.com/US/images/en/corp/aboutKodak/on-lineToday/Kodak_SocialMediaTips_Aug14.pdf.

9. A política para as mídias sociais da Kaiser Permanente, *The Kaiser Permanente social media policy*, está disponível em http://xnet.kp.org/newscenter/media/downloads/socialmediapolicy_091609.pdf.

10. Ibidem.

11. Uma lista dos médicos da Kaiser Permanente que mantêm contas no Twitter pode ser encontrada em http://twitter.com/htpotter/permanente-physicians. Um dos blogues mais ativos é o do doutor Ted Eytan, disponível em www.tedeytan.com.

164 Liderança Aberta

12. A política de internet da Cisco, *Internet postings policy*, está disponível em http://blogs.cisco.com/news/comments/ciscos_internet_postings_policy.

13. As diretrizes da Força Aérea norte-americana estão incluídas no documento "New media and the Air Force" [As Novas Mídias e a Força Aérea], disponível em www.af.mil/shared/media/document/AFD-090406-036.pdf.

14. As diretrizes da Intel para mídia social, *Intel's social media guidelines*, estão disponíveis em www.intel.com/sites/sitewide/en_US/social-media.htm.

15. As diretrizes da IBM, intituladas *IBM social computing guidelines*, podem ser encontradas em www.ibm.com/blogs/zz/en/guidelines.html.

16. A política da Universidade DePaul pode ser encontrada em http//brandresources.depaul.edu/vendor_guidelines/g_socialmedia.aspx.

17. A política de comunicações *on-line* da Dell, *On-line communications policy*, está disponível em www.dell.com/content/topics/global.aspx/policy/en/policy.

18. As Social Computing Guidelines da IBM podem ser encontradas em ,www.ibm.com/blogs/zz/en/guidelines.html. Para efeitos de comparação, a versão das diretrizes de 2005 está disponível em formato PDF em www.wordbiz.com/x9ksp38/IBM_Blogging_Policy_and_Guidelines.pdf.

19. Informações retiradas de uma entrevista que realizei com Ed Terpening, disponível em http://vator.tv/news/show/2009-03-04-using-blogs-in-a-public-relations-crisis. Em outra entrevista, Terpening discute as iniciativas bem-sucedidas da Wells Fargo com blogues; ver http://vator.tv/news/show/2009-02-19-how-wells-fargo-successfully-blogs. As diretrizes da empresa para a comunidade, *Wells Fargo's community guidelines*, estão disponíveis em http://blog.wellsfargo.com/community-guidelines.html.

20. As diretrizes da Intel para mídia social, *Intel's social media guidelines*, estão disponíveis em www.intel.com/sites/sitewide/en_US/social-media.htm.

21. "The Company-Customer Pact" [Pacto Empresa-Cliente] da GetSatisfaction está disponível em http://getsatisfaction.com/ccpact.

22. O código de conduta para Blogar da HP, *Blogging code of conduct*, encontra-se disponível em www.hp.com/hpinfo/blogs/codeofconduct.html.

23. Os princípios para as mídias sociais (*Social media principles*) da Hill & Knowlton, estão disponíveis em www.hillandknowlton.com/principles.

24. O *Disclosure best practices toolkit* [Guia para as melhores práticas de divulgação de informações], do Social Media Business Council [Conselho de Mídias Sociais para Negócios] está disponível em www.socialmedia.org/disclosure.
25. O blogue *Kilmer house* está disponível em www.kilmerhouse.com.
26. O blogue *JNJ BTW* está disponível em www.jnjbtw.com.
27. A Netflix publicou um documento em que apresenta a cultura da empresa em www.netflix.com/Jobs?lnkceData=22&lnkce=ftrlnk&trkid=912834. O slide 61 traz outros detalhes sobre o que a Netflix considera processos "bons" e "ruins".

Capítulo 6:
Orquestrando sua estratégia de abertura

Decididos os objetivos e descobertas as maneiras de organizar os pactos do tanque de areia adequados para que todos saibam o modo como as coisas caminharão, é hora de integrar os processos. Este capítulo fornecerá orientações para o planejamento da abertura em toda a organização. Por definição, abertura significa que haverá pontes de acesso entre departamentos e "feudos" tradicionalmente isolados – algumas pessoas podem não gostar dessa mudança. Muitos indivíduos sentem-se seguros ocupando posições bem-definidas; então, de repente, deparam mudanças cujo principal objetivo é alterar as regras, exigindo que todos trabalhem juntos em função de um objetivo comum.

Essa mudança não acontece da noite para o dia, nem sozinha. Será preciso um plano de ação global que estabeleça os detalhes para a estratégia de abertura e para a colocação em prática dos objetivos desenvolvidos no capítulo 3 – trata-se, essencialmente, de uma referência que será utilizada para a condução e a liderança de uma organização. Caso a empresa esteja começando do zero, este capítulo funcionará como um mapa inicial. Em contrapartida, se a organização, como muitas outras, já se envolveu em iniciativas de abertura e já se utilizou da mídia social, este capítulo também será adequado, porém, deverá ser usado mais para uma possível correção de rumo. Definiremos aqui as principais estradas do mapa e incluiremos no final do capítulo um *checklist* que ajudará líderes a garantirem que todos os elementos de uma estratégia de abertura bem orquestrada estejam nos devidos lugares. Um plano detalhado deverá incluir os seguintes cinco elementos:

1. Criação de perfis sociográficos consistentes de seus clientes e funcionários;
2. Identificação dos pontos em que o fluxo de trabalho e os *stakeholders* são afetados;

168 Liderança Aberta

3. Determinação da melhor estrutura organizacional;
4. Atribuição de funções e responsabilidades;
5. Preparação de planos de treinamento e incentivo adequados.

Comecemos com uma auditoria formal envolvendo clientes e a própria organização.

CRIE UM PERFIL SOCIOGRÁFICO

Se quisermos manter um relacionamento com alguém, é interessante sabermos algumas informações sobre esse indivíduo. Embora já tenhamos nossa avaliação do processo de abertura e de nossos objetivos, o que realmente sabemos sobre as pessoas com quem desejamos nos relacionar? Certamente todos já ouviram falar de dados demográficos e psicográficos, e provavelmente também estão familiarizados com perfis comportamentais que podem ser construídos a partir das atividades *on-line* de um indivíduo. A sociografia leva esse aspecto um passo adiante e avalia todo o contexto social em que o nosso público vive. Esta ciência avalia três elementos:

1. Auditoria social. Quais espaços virtuais os clientes frequentam socialmente, o que eles fazem lá e que tipo de questões discutem? Ferramentas de monitoramento social, como a Radian6, estão se associando a fornecedores de *web analytics*,* como a Webtrends, e a ferramentas para a Gestão do Relacionamento com o Cliente (CRM),** como a Sales-Force.com, para oferecer um retrato mais completo dos seus clientes; essas ferramentas também podem mapear comportamentos e atividades. O mesmo pode ser feito em escala menor com os funcionários de uma empresa que já estiver utilizando ferramentas e aplicativos de colaboração integrados. Por exemplo, onde os clientes de uma organização costumam ir para discutir assuntos relacionados aos negócios? Quais sites e serviços seus funcionários usam – tanto interna como externamente – para se conectar entre si e com os clientes?

---

* *Web analytics* é um processo de monitoramento e análise do comportamento de visitantes em *websites*, que visa a compreender e aprimorar seu uso. Com esse tipo de ferramenta as empresas passam a ter melhor entendimento das interações entre sites e visitantes, podendo assim formular planos mais adequados de marketing e vendas. (N.T.)

** A sigla utilizada vem do inglês: Customer Relationship Management (N.T.)

2. **Auditoria de engajamento.** Usando a "pirâmide de engajamento" discutida no terceiro capítulo, seremos capazes de compreender o grau de engajamento de clientes e funcionários em relação a determinados temas, marcas e empresas. Ter uma ideia de como os diferentes segmentos estão engajados é crucial para identificarmos os primeiros passos táticos. Por exemplo, se soubermos que muitos de nossos funcionários já estão envolvidos em algum tipo de compartilhamento social, bastará apenas um pequeno esforço ou incentivo para que comecem a fazer o mesmo internamente e para que apoiem uma nova iniciativa estratégica.

3. **Auditoria de influência.** Por fim, é preciso compreender quem tem influência – e também quem é influenciado. Por exemplo, se temos um cliente que possui uma grande rede social e demonstra grande influência, provavelmente priorizaremos todos os pedidos efetuados por ele. Da mesma maneira, se sabemos que um cliente potencial ostenta forte ligação com outros compradores, podemos analisar seus padrões de aquisição para avaliar em que produtos essa pessoa pode estar interessada.[1] Dados sobre relacionamentos sociais têm se tornado mais prontamente disponíveis. Eles são fornecidos por empresas como a Rapleaf*, a Lotame** e a Media-6Degrees***, e nos permitem a exploração do gráfico social das pessoas. Essas plataformas criam alertas que chegam ao gerente de contas, caso um cliente compartilhe um link relacionado à empresa ou faça um comentário pertinente.

Ao mapearmos os perfis sociográficos básicos do nosso público, teremos parâmetros fundamentais que nos dirão onde nossos clientes e funcionários estão hoje. Sem tal conhecimento, estaremos partindo em uma jornada sem ter em mãos um mapa completo, e, com isso, poderemos rapidamente nos perder. Como, afinal, podemos criar um perfil sociográfico? Existem três abordagens básicas que podemos usar:

---

* Empresa de tecnologia. Para mais informações, acesse: www.rapleaf.com/about. Site em inglês. (N.E.)

** Empresa de tecnologia. Para mais informações, acesse: www.lotame.com/company. Site em inglês. (N.E.)

*** Para mais informações, acesse: http://media6degrees.com. Site em inglês. (N.E.)

170 Liderança Aberta

1. **Monitoramento.** Há inúmeros serviços de monitoramento disponíveis, incluindo desde serviços tradicionais como *clipping* de imprensa, que apenas monitora as referências publicadas, até serviços de análise profunda, que trabalham a partir de múltiplas fontes. Esta é uma área em rápida evolução, na qual gigantes como a Microsoft estão passando a operar. Para permanecer no controle, seja específico sobre os comportamentos e tendências mais importantes que lhe interessam, em vez de procurar obter uma visão 360 graus de um público ou pessoa em particular.

2. **Pesquisa personalizada.** O monitoramento capta apenas o comportamento, não sendo eficaz quando tentamos relacioná-lo a outros elementos do perfil, como dados demográficos ou psicográficos mais profundos. Reduza o seu público-alvo e entenda não apenas o que ele está fazendo, mas também por que está visitando sites, os conteúdos que lê e, tão importante quanto isso, quais são as fontes em que ele confia e que o influenciam em suas decisões.

3. **Observações do mercado.** Para conduzir auditorias detalhadas de engajamento e de influência, é preciso complementar o trabalho de monitoramento e pesquisa com observações diretas da evolução do grau de engajamento do seu público e, fundamentalmente, o que provoca o aumento desse engajamento. Será que o número de amigos faz diferença, ou será que existe uma nova interface que aumenta a quantidade de visitantes em um site?

Com o mapa sociográfico em mãos, é possível dar início ao processo de operacionalização dos objetivos de abertura da organização. Analisemos agora como nossa estratégia afetará as operações já existentes.

IDENTIFIQUE FLUXOS DE TRABALHO E *STAKEHOLDERS* IMPORTANTES

Uma das primeiras ações a ser implementada é o mapeamento dos fluxos de trabalho, dos processos e dos *stakeholders* que serão afetados pelos objetivos da sua estratégia de abertura. Essa é, portanto, a base do qualquer plano de ação – o que acontece em primeiro, segundo, terceiro lugar, quando começamos a nos relacionar com pessoas, externa e internamente. É preciso prever como os comentários serão administrados, e comunicar claramente esse procedimento às pessoas que terão de realizá-lo.

Discutiremos três tipos de fluxo de trabalho: (1) triagem de comentários em tempo real, (2) gestão de crises e (3) comunicações internas. Comecemos pela triagem dos comentários.

Triagem

Quando alguém interage com outra pessoa e conversa sobre uma determinada empresa, o que o responsável por esta organização deveria fazer a respeito? Depende do lugar e do contexto, da natureza do comentário e também do interesse desse indivíduo em se envolver. Expressar claramente cada um desses aspectos nos ajudará a descobrir quando o envolvimento é ou não oportuno.

Analisemos, como exemplo, o fluxo de trabalho da Força Aérea dos Estados Unidos (USAF) e vejamos como a instituição lida com comentários *on-line* (ver Figura 6.1).[2] Esse fluxo de trabalho se aplica a qualquer comentário *on-line* que um funcionário do departamento de relações públicas possa encontrar, esteja ele em um fórum de discussão, em um blogue do site da própria Força Aérea norte-americana ou de um site de terceiros sem qualquer ligação com a USAF. O interessante neste caso é o fato de o procedimento adotado ser coerente com a lógica do pacto do tanque de areia discutido no capítulo anterior, no qual expectativas claras são definidas em relação a como o pessoal da Força Aérea irá interagir com o público. Em contrapartida, também existem diretrizes claras sobre como responder a esses comentários – e sobre quem deve responder. Por exemplo, se alguém se mostrar "agressivo", a instrução é de não responder, apenas monitorar e "notificar o QG" (Quartel General – cujo número de telefone e e-mail estão também convenientemente indicados nessa página).

A esta altura, podemos até imaginar que tudo isso represente um enorme volume de trabalho, já que é preciso mapear e analisar os vários processos, situações e aspectos que poderiam ocorrer. Entretanto, considerando não apenas o risco associado à abertura, mas também à incerteza em realizá-la ou não, acredito que caberá a cada um prever as questões inerentes à triagem e manter-se comprometido em aperfeiçoar seus fluxos de trabalho ao longo do tempo.

172 Liderança Aberta

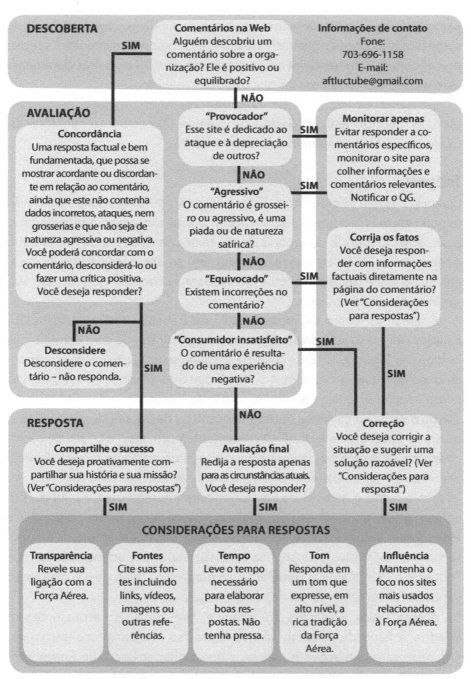

Avaliação de respostas da Força Aérea a comentários na web, versão 2
Departamento de Relações Públicas – Divisão de Tecnologias Emergentes da Força Aérea

Figura 6.1. Uma visão simplificada de como a Força Aérea doa EUA lida com comentários em blogues.

Se não prevermos as perguntas, pedidos ou respostas agora, será inevitável ter de lidar com estas questões no futuro – quando provalvelmente não disporemos nem de tempo nem de condições para prever os acontecimentos.

Existem três tipos de fluxo de trabalho que precisam ser mapeados, principalmente pelo fato de afetarem a maneira como as coisas são feitas atualmente nas empresas:

1. **Solicitação ao serviço de atendimento ao cliente.** Se as ferramentas de monitoramento encontram um cliente insatisfeito, quem será responsável por solucionar o problema? Em algumas organizações, a própria pessoa que monitora as conversas do Twitter, como Frank Eliason da Comcast, faz parte do serviço de atendimento ao cliente. Entretanto, se um funcionário do departamento de comunicações corporativas encontra um problema, a quem deverá recorrer? É essencial, portanto, identificar clara e previamente os funcionários autorizados a responder a questões de atendimento.

2. **Apoio a vendas.** De maneira semelhante, se um consumidor tem uma pergunta sobre um produto, a quem deverá ser encaminhado? A SalesForce.com integra a Radian6 e o Twitter em seus serviços. Estas plataformas criam alertas que chegam ao gerente de contas, caso um cliente compartilhe um link relacionado à empresa ou faça um comentário pertinente. Esse mecanismo eleva o princípio "conheça o seu cliente" a um nível completamente novo.

3. **Comunicações internas.** Com um melhor fluxo de informações e de compartilhamento em curso – às vezes fora do *firewall* da empresa – o departamento de comunicações internas de empresas de maior porte precisam monitorar e responder a comentários dos próprios funcionários. Se alguém do departamento de recursos humanos detectar que um funcionário da empresa está se relacionando com outras organizações, avisará ao responsável pelo RH. Este poderá enviar uma nota ao gerente do funcionário em questão para que ele verifique o que está ocorrendo. Mas o que acontece no caso de um CEO enviar mensagens regularmente usando um blogue interno – serão os funcionários obrigados a lê-las imediatamente após ligarem seus

174 Liderança Aberta

computadores? O que fazer no caso de funcionários que não têm acesso diário a tais equipamentos – como eles terão acesso a informações *on-line*?

Há aspectos comuns a todas essas três situações. Em primeiro lugar, há a necessidade de identificação de um comportamento social; depois, é preciso tomar a decisão de agir ou não sobre essa informação. Será necessário dar uma resposta ou fazer um acompanhamento? Compreensivelmente, preocupações com relação à privacidade e ao risco de se tornar um "Big Brother" pesam constantemente sobre os ombros de clientes e funcionários. Porém, a maior inquietação da maioria das empresas diz respeito ao volume desmedido de mensagens que podem receber. A Coca-Cola recebe milhares de comentários toda vez que faz uma atualização em sua página no Facebook – seu processo de triagem será, portanto, significativamente diferente daquele de empresas como a Kohl's, que conseguem responder apenas à metade dos comentários mesmo com um volume muito menor.

Em segundo lugar, é preciso deixar claro quem irá se responsabilizar por essas ações e qual será a sua abrangência. Ferramentas de moderação e de fluxos de trabalho melhores estão se tornando disponíveis para ajudar no gerenciamento de todo esse processo. A Visible Technologies tem um sistema completo de monitoramento e fluxo de trabalho para traçar todos os tipos de conteúdo social relativos a uma empresa. Outras opções de monitoramento, como o Radian6 e o LookingGlass* da Microsoft, estão oferecendo soluções para a gestão de fluxo de trabalho. Existem outras ainda, como CoTweet** e HootSuite,*** especializadas em gerenciar conversas no Twitter entre várias pessoas e marcar *tweets***** específicos para acompanhamento.

Por último, e ainda mais importante, é o fato de as ações serem frequentemente de responsabilidade de departamentos externos às áreas de comunicações ou mídias sociais. Isso significa que outras pessoas com cargos, atribuições e responsabilidades já definidos, e departamentos

---

* Plataforma de monitoramento social da Microsoft. Para mais informações, acesse: http://advertising.microsoft.com/lookingglas. Site em inglês. (N.E.)

** Para mais informações, acesse http://cotweet.com/about. Essa ferramenta é utilizada pelo mercado brasileiro, assim como o TweetDeck. Site em inglês. (N.E.)

*** Para mais informações, acesse http://blog.hootsuite.com/company. Trata-se de outra ferramenta também utilizada pelo mercado brasileiro, além das duas anteriormente citadas. Site em inglês. (N.E.)

**** *Tweet* é uma mensagem enviada pelo Twitter. (N.T.)

com recursos e orçamentos limitados, terão de assumir novas responsabilidades. De longe, esse é o maior dilema que as organizações abertas enfrentam: no final das contas, o trabalho precisa ser feito e, à primeira vista, uma maior abertura parece apenas gerar mais trabalho!

O importante é que todos compreendam que esse é um trabalho bastante valorizado – pela empresa, pelo cliente e pelo funcionário. Se a sua estratégia de abertura estiver claramente amarrada aos objetivos estratégicos da organização, estará claro por que é importante lidar com tais comentários. Examinemos, por exemplo, como a Johnson & Johnson lida com uma notificação de reação adversa provocada por um medicamento:

> Se um consumidor comentar no site da empresa que usou um produto que lhe provocou uma erupção cutânea, essa mensagem será capturada e encaminhada aos departamentos adequados, onde será processada normalmente como qualquer outra notificação.

O cerne do mapeamento dos fluxos apresentará a seguinte questão: como ele afetará a experiência do cliente ou do funcionário com a empresa e, por conseguinte, o seu relacionamento como um todo? Para garantir que tal experiência por parte de clientes e funcionários não sofra interrupções, é essencial que haja um alinhamento e um acordo sobre o melhor fluxo para as informações e para a determinação das responsabilidades.

Identifique os *stakeholders* mais afetados

Como discutimos anteriormente, as estratégias de abertura tendem a abrir "feudos" organizacionais até então isolados; quando funções preestabelecidas são questionadas e mudanças começam a ser cogitadas, um clima de insatisfação pode surgir, já que muitos indivíduos poderão sentir que seu poder e até seus cargos dentro da organização estão sendo usurpados. O efeito psicológico é ainda mais aterrador nas pessoas que ocupam posições de liderança, já que é este o *métier* que está sob subverção e intimação a mudar – as alterações abrangerão exatamente seus funcionários, seus fluxos de trabalho e seus orçamentos.

Como a maioria das mudanças, tornar uma empresa mais aberta é difícil e será preciso considerar como e quando os *stakeholders* mais importantes serão afetados. Compreender suas preocupações é essencial.

176 Liderança Aberta

Analisemos, por exemplo, a seguinte situação: um membro da equipe de mídias sociais procura o departamento de atendimento ao cliente, dizendo: "Preciso de sua ajuda para lidar com algumas questões de atendimento ao cliente nas quais estou trabalhando". Não apenas essas demandas não foram previstas em orçamento, como também você está sendo solicitado a oferecer um nível de serviço ainda mais alto porque alguém de fora do departamento considerou essas demandas mais importantes do que as que você já tem. E aqui está o problema: não há nenhum orçamento complementar, o que explica porque o funcionário de mídias sociais está diante de você. Como se pode imaginar, essa não é a maneira correta de fazer as coisas, no entanto, ela se repete inúmeras vezes. Novas responsabilidades passam de mão em mão simplesmente porque ninguém quer assumi-las, nem realocar seu orçamento.

A Cisco enfrentou esse problema quando começou a estimular o trabalho e a tomada de decisões colaborativos em toda a organização com o objetivo de desenvolver novas linhas de negócio – na maioria dos casos, sem qualquer aumento no orçamento. Por exemplo, Dave Holland, na época tesoureiro da Cisco, coliderou uma comissão cujo intuito era expandir as soluções da Cisco no segmento de esportes e entretenimento. Seu foco era atender às necessidades de proprietários de times esportivos, como Lew Wolff, dono do time de beisebol Oakland A's, que pretendia melhorar a experiência dos fãs naquele esporte e, ao mesmo tempo, aumentar o faturamento por meio de patrocínios. Ao reunir produtos e serviços de vários departamentos e áreas, Holland conseguiu fechar um contrato com Wolff. Isso abriu caminho para a celebração de vários outros acordos com times e estádios nos Estados Unidos e na Europa.[3]

Uma das chaves para o sucesso da Cisco é que as comissões e os conselhos são coliderados, geralmente por pessoas de diferentes departamentos, como vendas e engenharia. Dessa maneira, a negociação para a venda de um novo produto não avança a menos que a engenharia concorde em fabricá-lo, e vice-versa. Holland admite que foi difícil superar os obstáculos:

A comissão não tinha orçamento nem a capacidade de levantar mais recursos. Se quiséssemos fazer alguma coisa, tínhamos de convencer as pessoas em diferentes funções que a oportunidade era boa o bastante para lutarmos por ela.

Essa negociação natural leva à tomada de boas decisões. Se novas oportunidades valem a pena, então outras atividades menos promissoras são interrompidas para dar lugar a novas ideias.

O problema com a maioria das iniciativas abertas está, entretanto, na inexistência de uma relação recíproca nas organizações. Além disso, os compromissos são normalmente selados nas áreas em que os *stakeholders* desejam realmente alcançar o objetivo, mas no final, muitas vezes, fracassam, porque o comprometimento é limitado. Além dos desafios diretos provocados pelos fluxos de trabalho, os *stakeholders* podem sentir-se ameaçados pelas alterações no modo como o poder passa a fluir nas organizações. Tradicionalmente, os detentores de altos cargos e títulos têm mantido o poder em suas mãos, contudo, no futuro, este poder passará àqueles que conseguirem canalizar e compartilhar informações, e, ao mesmo tempo, manter bons relacionamentos em toda a organização. Isso ocorrerá pelo fato de as pessoas que mais se relacionam terem acesso a informações exclusivas – além disso, devido ao bom relacionamento mantido entre departamentos, elas serão capazes de agir rápida e decisivamente. O mesmo valerá para os indivíduos que conseguirem articular, expressar e interpretar o que estiver acontecendo fora da organização e forem capazes de convencer os que estão dentro da empresa sobre seu ponto de vista.

Por fim, devemos também considerar a possibilidade de ampliarmos a definição de *stakeholder*, incluindo agora fornecedores, acionistas, vendedores, autoridades locais, agentes do governo, jornalistas, interessados em geral, entre outros. Estes poderiam representar grupos de ambientalistas preocupados com a posição da empresa em relação à poluição, ou grupos de direitos humanos preocupados com o trabalho infantil em outros países. O representante de uma grande empresa confidenciou-me certa vez que o departamento de assuntos externos da organização passa metade do tempo tratando de questões oriundas de *stakeholders* externos, e não de clientes.

Para concluir esta seção, reitero a necessidade de compartilhar claramente os ideais estratégicos do processo de abertura e garantir que os *stakeholders* também se comprometam com tais objetivos. Assim, a questão deixa de ser quem ficará com o problema nas mãos – foco interno – mas de que maneira todos poderão alcançar os objetivos comuns de maneira conjunta – foco externo. Não há mágica aqui; pelo contrário, uma boa gestão de mudanças envolve as melhores práticas. Estas, por sua vez,

178 Liderança Aberta

exigem que os objetivos sejam claramente articulados e que as preocupações sejam abordadas de maneira respeitosa e construtiva.

MODELOS ORGANIZACIONAIS PARA A ABERTURA

Mencionamos anteriormente como a Cisco está organizada para a tomada de decisões, utilizando-se de um sistema de conselhos e comissões multidisciplinares. A maioria das organizações, contudo, é capaz de implementar rapidamente apenas mudanças estruturais pequenas e, muitas vezes, o melhor modo de se organizar para uma abertura maior lhes permanece um enigma. Um dos maiores problemas é identificar a quem "pertence" a abertura ou a estratégia de mídia social. Em nosso trabalho junto ao Altimeter Group, descobrimos que as organizações bem-sucedidas adotam um dos três modelos a seguir: (1) orgânico, (2) centralizado ou (3) coordenado (ver Quadro 6.1). Examinaremos cada um deles em detalhe, mas é importante salientar que nenhum deles deve ser considerado como o "modelo melhor." O ideal para cada empresa depende muito do nível de abertura já existente, do modo como a organização está atualmente estruturada e de seus objetivos. Além disso, o modelo organizacional pode mudar com o tempo, conforme os alvos e as estruturas internas se alteram.

O modelo orgânico

O modelo orgânico é muito natural e permite que a abertura se desenvolva onde quer que demonstre tendência para crescer e progredir. Em geral, esse modelo se desenvolve sem muita direção ou controle, às vezes de maneira imperceptível, sem autorização ou supervisão oficial. Uma pessoa pode dizer: "Ei, acho que deveríamos criar um blogue" e, então, ela cria um blogue. Outra pessoa diz: "Eu acho que precisamos de uma página no Facebook para implementarmos o marketing" e a página no Facebook é criada. Uma terceira pessoa diz: "Precisamos de um fórum de discussão para oferecer apoio ao cliente" e um fórum de discussão é estabelecido.

É orgânico porque é construído sobre as necessidades muito específicas de cada grupo. Cada um está envolvido com seus próprios afazeres, e agindo de uma maneira que atenda seus departamentos e objetivos individuais. A Microsoft é um ótimo exemplo. Ela possui um grande número de blogueiros na organização que são basicamente livres para publicar o que quiserem, onde quiserem. Os gerentes realmente não sabem quem está escrevendo

Quadro 6.1. Três modelos organizacionais para a abertura

	Orgânico	Centralizado	Coordenado
Descrição	As ações individuais surgem quando e onde encontram tração.	Uma pessoa/grupo lidera as ações e define o ritmo.	Um grupo fornece as melhores práticas, enquanto a execução ocorre nas pontas.
Prós	Atende às necessidades de cada departamento.	Pode se mover rapidamente; procura se manter atualizada em suas ações; apenas uma pequena equipe é necessária.	Dissemina as melhores práticas de maneira abrangente e consistente.
Contras	Inconsistente; provavelmente não conta com nenhum financiamento ou apoio oficial; vários grupos descoordenados tornam a experiência do cliente fragmentada.	Mais lenta em seu processo de disseminação pela organização; pode não parecer autêntica perante a comunidade.	Compete por atenção e orçamento limitados; nem sempre realiza ações modernas; normalmente não avança de maneira rápida; exige comprometimento vertical (de cima para baixo).
Equipe de trabalho	Movido por entusiastas. Estes servem como especialistas, mas não como coordenadores.	Um forte entusiasta lidera o caminho e constrói uma equipe central ao longo do tempo.	Investimento em departamentos – nível corporativo.
Mais adequado para	Novos seguidores com equipe corporativa e recursos reduzidos.	Empresas fortemente centralizadas, sobretudo com marketing e RP corporativos.	Organizações distribuídas ou organizações avançadas prontas para investir.
Exemplos	Humana, Microsoft	Starbucks, Ford	Cruz Vermelha, HP

180 Liderança Aberta

sobre que assuntos – e estão tranquilos a esse respeito porque, como vimos no capítulo anterior, o pacto do tanque de areia da Microsoft é muito amplo.

Outro exemplo é a operadora de seguros de saúde Humana, indicada como uma das cem melhores empresas pela revista *Fortune* nos Estados Unidos. Um centro interno de inovação começou a fazer experimentos com as mídias sociais em meados de 2008 e em janeiro de 2009 a empresa já estava pronta para seguir adiante. Porém, em vez de coordenar a iniciativa a partir do centro de inovação, a empresa decidiu criar uma "praça" virtual onde cada departamento e unidade de negócios pudesse definir sua própria estratégia. Greg Matthews, diretor de inovação da Humana, recorda:

> Reconhecemos que cada segmento da nossa empresa sabe como fazer o seu trabalho melhor do que ninguém e é capaz de planejar o uso das mídias sociais para reunir as melhores condições a fim de apoiar essa estratégia. Não queríamos que essa iniciativa tivesse uma estrutura vertical de controle.

Representantes de cada grupo se reúnem mensalmente em uma espécie de "câmara de comércio" das mídias sociais para compartilhar as melhores práticas, no entanto, nenhum recurso adicional é gasto, nem existe qualquer tipo de processo de avaliação central.

Os resultados têm sido impressionantes. O departamento de marketing criou uma série de vídeos que respondem a perguntas comuns sobre planos de saúde e que aparecem em um site exclusivo e também no YouTube.[4] Outro exemplo é uma comunidade particular criada pela Humana Medicare para pré-aposentados em RealForme.com, que oferece a pessoas entre 55 e 65 anos um lugar onde podem obter informações sobre aposentadoria. Há pouco tempo, a Humana Military também lançou sua própria página no Facebook.[5] Mais uma vez, tudo isso é feito sem qualquer dotação orçamentária adicional dos cofres corporativos da Humana.

As desvantagens do modelo orgânico incluem o fato de a implementação de projetos de mídia social ficar condicionada aos interesses isolados de cada departamento. A organização não dispõe de uma iniciativa planejada e compartilhada para se aventurar nesse espaço. Além disso, considerando que as ações são descoordenadas, corre-se o risco de enfrentar a seguinte situação: cinco blogues, quatro comunidades, três fóruns de discussão, duas redes sociais e um CEO confuso (e irritado).

Entretanto, vale mencionar que a natureza leve do modelo orgânico de organização é ideal para empresas que estejam apenas começando a se aventurar nas mídias sociais e no processo de abertura, e que desejam uma abordagem flexível que mobilize os entusiastas de acordo com as necessidades já existentes na organização. Esse modelo também funciona bem para organizações altamente descentralizadas, com um mínimo de apoio e supervisão corporativos. A partir dessa etapa inicial, a organização pode transformar esse modelo organizacional em um dos outros dois – na maioria das vezes, ela se transforma em uma organização coordenada, o que será discutido posteriormente neste capítulo.

O modelo centralizado

É mais comum que as empresas comecem com uma estrutura centralizada. Em geral, contam com o apoio da administração executiva, que acredita que a organização ou o departamento precisam ser mais abertos para os clientes e abraçar as mídias sociais. Normalmente, contam com planejamento e uma estratégia definidos, e se qualquer pessoa se desvia desses planos e procura começar alguma coisa por conta própria, ela é gentilmente estimulada a "permanecer dentro do planejamento" e a trabalhar dentro do grupo centralizado. Uma das principais características do modelo de organização centralizado é que, em geral, poucas pessoas dirigem a estratégia e tomam decisões, embora possam existir dezenas ou centenas de funcionários em toda a organização realmente envolvidos no processo. As principais decisões estratégicas são tomadas de modo centralizado, o que permite que essas organizações se movimentem de maneira rápida, firme e altamente coordenada. A desvantagem é que quando chega o momento de disseminar a abertura em toda a organização, as pessoas já se habituaram à ideia de que ser "social" (usar as mídias sociais para fins profissionais) é prerrogativa de outros.

A Starbucks e a Ford são duas empresas com estruturas centralizadas bem-sucedidas. Na Starbucks, seis pessoas trabalham com iniciativas de mídia social como parte do grupo de mídia *on-line*: dois gerentes de comunidade que interagem diretamente com as pessoas, e outros quatro programadores e funcionários de apoio. Como já discutimos no capítulo 3, a primeira iniciativa da empresa foi com o MyStarbucksIdea.com, site no qual os visitantes podem apresentar e votar em ideias para melhorar a empresa. O mais impressionante é o fato de existirem mais de cinquenta outras pessoas envolvidas na avaliação e na resposta às sugestões. Além disso, as páginas

182 Liderança Aberta

da Starbucks no Facebook e no Twitter também são administradas de maneira centralizada por um gerente de comunidade. Tais ações fizeram a página da empresa no Facebook contabilizar em 2010 mais de seis milhões de fãs, transformando a Starbucks na marca mais popular no Facebook, enquanto sua página no Twitter reunia mais de oitocentos mil seguidores.[6]

No centro dessas iniciativas estava Alexandra Wheeler, diretora de estratégia digital da Starbucks. Enquanto Howard Schultz, CEO da empresa, encarregava-se pessoalmente de engajar os clientes, era Wheeler quem traduzia o conceito de mídias sociais para gerentes e funcionários nervosos, seduzindo-os, motivando-os e convencendo-os a dar o primeiro passo. Conforme a equipe crescia e os níveis de segurança aumentavam, Wheeler e sua equipe passaram a ser mais proativos e a disseminar a iniciativa. Por exemplo, a Starbucks publicou versões internacionais de sua página no Facebook, disponibilizando-as sob o título "Around the world" [Ao redor do mundo] na página principal.[7] Cada país tem sua própria página, mas todas foram criadas pela equipe de Wheeler, que também treinou as respectivas equipes.

> Nós fornecemos a estratégia e a estrutura, bem como as melhores práticas que a equipe norte-americana descobriu e aprendeu. Porém, depois, a equipe de cada país assume a sua página no Facebook. Há muitas vozes realmente interessantes, e especialistas que apenas precisam de treinamento, orientação e estrutura adequados.

Entretanto, também é interessante o que não está acontecendo, ou seja, não há legiões de funcionários nas lojas da Starbucks engajando-se nas mídias sociais. Pense no seguinte: existem milhares de baristas na faixa dos 20 anos de idade trabalhando na Starbucks. Eles certamente estão na faixa etária que mais se envolve em mídias sociais, contudo, na maioria das vezes, eles não se engajam abertamente em nome da organização. Wheeler explicou que ela e sua equipe pretendem disponibilizar um sistema que seja interessante para os baristas. Wheeler diz:

> Trata-se principalmente de protegê-los, oferecendo-lhes as redes de proteção certas sempre que vestirem seus "aventais verdes",* para que estendam às mídias sociais da empresa o mesmo comportamento que têm em sua vida privada.

---

* Um avental verde com o símbolo da Starbucks é o uniforme usado por seus funcionários nas lojas da rede. (N.T.)

A Starbucks quer garantir que a experiência do cliente seja consistente em toda a empresa. Sua esperança é proporcionar aos funcionários a liberdade de usar todos esses canais para se relacionarem com os clientes localmente. Porém, isso ainda depende da operacionalidade das estruturas e da disponibilização dos treinamentos certos.

Na Ford, Scott Monty tem se mostrado uma força naturalmente irrefreável. Ele foi contratado em meados de 2008 pela equipe executiva para fazer decolar as iniciativas da empresa na área de mídia social. Até então, o projeto consistia unicamente de um canal no YouTube, mas no prazo de poucos meses, a Ford foi apresentada pela agência de pesquisas Abrams Research como uma das maiores empresas norte-americanas a utilizar-se de mídias sociais.[8] Um dos fatores-chave para o rápido sucesso da Ford foi o compromisso da organização em dar carta branca a Monty para que ele fizesse o que mais sabia: não apenas se engajar com a comunidade externa por meio do Twitter e de outros canais, como também trabalhar em estreita colaboração com vários departamentos, sobretudo desenvolvendo laços fortes com as equipes executiva e jurídica. Como integrante da equipe de relações públicas da Ford, Monty trabalha como conselheiro e oferece apoio a iniciativas estratégicas em toda a empresa, como o lançamento do Ford Fiesta nos Estados Unidos. Grande parte do trabalho de mídia social é executada com a ajuda de duas agências externas, a Social Media Group e a Ogilvy PR.

Existem duas razões cruciais para a Ford centralizar suas iniciativas especialmente em torno de alguém tão capaz como Monty: velocidade e impacto. Com um funcionário altamente estratégico, a Ford foi capaz de lançar iniciativas e criar exemplos que fossem seguidos pelo resto da organização. Monty diz:

Passamos o primeiro ano concentrados em nossa sede nos Estados Unidos. Porém, graças a um clipping interno e por meio da nossa presença *on-line*, funcionários de outras regiões começaram a formatar seus próprios programas ou simplesmente a me telefonar.

Os planos da Ford incluem o desenvolvimento de recursos internos de mídia social, por meio dos quais cada funcionário poderá ter acesso a treinamentos e diretrizes da empresa.

184 Liderança Aberta

O modelo coordenado

Em um modelo coordenado há geralmente direcionamentos centralizados como diretrizes, políticas, melhores práticas e, talvez, até mesmo plataformas tecnológicas preferidas para blogues e comunidades. Entretanto, cabe a cada departamento ou funcionário recrutar pessoal, orçar as despesas e executar as iniciativas. Uma abordagem coordenada adapta-se bem a organizações descentralizadas que querem gerar maior sinergia e colaboração entre suas diversas iniciativas. Em contrapartida, as organizações mais maduras também tendem a adotar o modelo coordenado conforme buscam disseminar as melhores práticas em toda a organização.

Conforme demonstrado na introdução, a Cruz Vermelha norte-americana é um exemplo de organização que começou com um modelo coordenado. Como parte de uma organização descentralizada, suas setecentas filiais sempre puderam fazer tudo o que quisessem – a organização das mídias sociais teve de refletir tal realidade. Wendy Harman, gerente de mídia social da entidade, nos explica: "Desde o inicio da entidade, tínhamos um modelo do tipo núcleo e ramais totalmente independentes!" Assim, Harman criou um manual e diretrizes que foram disponibilizados na web para o acesso de todos.[9] Tendo em vigor o pacto do tanque de areia, as filiais não precisam pedir permissão para adotar estratégias de abertura – são livres para proceder como normalmente fazem com outras iniciativas locais.[10]

A Hewlett-Packard é outra organização que começou com um modelo organizacional coordenado. A empresa lançou seus primeiros blogues em 2005, assegurando-se de que todos eles fossem oficialmente aprovados, tivessem a mesma aparência e fossem disponibilizados em sua página principal. Além disso, a HP instituiu uma política e um código de conduta para as novas mídias sociais, que deveriam ser respeitados por seus blogueiros.[11] Entretanto, o conteúdo e a moderação eram controlados pelos próprios blogueiros – após um treinamento inicial, cada indivíduo era livre para escrever e responder como achasse melhor. Muito rapidamente, os blogues começaram a brotar por toda a organização, incluindo desde suporte técnico para as impressoras HP até discussões sobre armazenamento de dados.[12] As iniciativas de mídia social passaram a incluir também fóruns de suporte e comunidades dedicadas e *wikis*. Tudo isso é apoiado por um "centro de excelência" de nível corporativo, que oferece recursos que variam desde melhores práticas até pesquisas de ponta realizadas nos laboratórios da HP.[13] Embasando essas atividades existe a filosofia de que o centro e as iniciativas corporativas estão ali para apoiar a execução das estratégias pelos departamentos – embora haja a necessidade de uma abordagem fortemente coordenada, as pessoas mais capacitadas para interagir com clientes e funcionários estão justamente na linha de frente.

Há duas desvantagens no modelo coordenado. A primeira é que esse tipo de estrutura não consegue se mover tão rapidamente quanto o modelo centralizado, e a segunda é que as melhores práticas nem sempre podem ser utilizadas. Porém, isso pode ser positivo, considerando a estratégia a ser adotada, especialmente se estivermos concentrados na adoção ampla e de longo prazo de tecnologias sociais para toda a organização.

ESCOLHENDO E PROMOVENDO A TRANSIÇÃO ENTRE MODELOS ORGANIZACIONAIS

A pergunta mais comum feita sobre os modelos organizacionais é "qual deles é o melhor?", porém, é impossível recomendar um único modelo para todas as organizações. O mais importante é contrabalançar a maneira como uma empresa está atualmente organizada e os objetivos de sua estratégia de abertura. Por exemplo, a uma organização altamente distribuída, porém com leve estrutura corporativa, seria interessante examinar o modelo orgânico ou o coordenado. Os fatores determinantes para a escolha entre esses dois modelos são os graus de controle e coordenação que se deseja e a capacidade de seu exercício sobre iniciativas dispersas. Em contrapartida, se o objetivo maior for o de se mover rapidamente e ser capaz de prever a resistência por parte das organizações, sua escolha poderá recair sobre o modelo centralizado. Para isso é importante criar exemplos de sucesso e contar com o apoio e a atenção da equipe executiva, caso seja necessário quebrar barreiras.

Por fim, é preciso planejar a evolução do seu modelo organizacional ao longo do tempo. A Dell começou com uma equipe altamente centralizada focada em comunicações corporativas e relações públicas, cujo objetivo era encontrar blogueiros insatisfeitos. Finalmente, em meados de 2007, a equipe começou o seu próprio blogue, contando com o apoio irrestrito do CEO Michael Dell. Logo a empresa foi capaz de lançar outras iniciativas, e agora, com uma base sólida, está fazendo a transição para um modelo coordenado, em que apoia as iniciativas que surgem por toda a organização – um passo necessário se ela espera que seus investimentos em mídia social atinjam grande escala. Como vimos nos exemplos da Starbucks e da Ford, a Dell também está planejando distribuir as iniciativas até então centralizadas por toda a organização. Note que tal procedimento pode gerar alguma insegurança entre os membros da equipe central, habituada a um alto nível de controle. A ironia é que, no esforço para abrir uma empresa a partir de um modelo centralizado, podemos acabar simplesmente comandando e controlando uma jornada em direção ao universo das mídias sociais. Desde que se esteja consciente dessa tendência e que se possa planejá-la com antecedência, o modelo organizacional centralizado evoluirá naturalmente para o modelo coordenado.

ATRIBUINDO FUNÇÕES E RESPONSABILIDADES

Após determinar o modelo de organização, o próximo passo é definir quem deverá fazer o quê. Na maioria das situações, existem três responsabilidades principais: definir a estratégia, construir e manter as ferramentas e promover o engajamento com a comunidade. Estrategista é o indivíduo que define a direção da iniciativa de abertura e garante a execução do plano estratégico, controlando os executivos por trás dele e assegurando os recursos necessários. Essa posição exige excelente capacidade de colaboração interna, pois essa pessoa estará trabalhando em estreita parceria com a equipe jurídica, organizando fluxos de trabalho e acalmando os ânimos exaltados dos *stakeholders*.

A segunda responsabilidade é a do construtor ou do gerente de programas – a pessoa que realmente decide sobre a tecnologia a ser implantada, sobre os detalhes do modelo de negócios e dos fluxos de trabalho, além, é claro, de ser responsável pelo gerenciamento e manutenção dos sistemas. Por fim, há o gerente de comunidade, que facilita a comunicação e responde à comunidade, seja comunicando-se com grupos externos ou promovendo a colaboração interna dos funcionários. Essa pessoa coordenará quem será responsável por realmente escrever os blogues ou poderá ela mesma encarregar-se dessa função. A moderação dos comentários e dos fóruns da comunidade, assim como a atualização das páginas do Facebook e do Twitter também são funções que poderão ser atribuídas a essa pessoa.

Scott Monty desempenhou ambos os papéis durante o primeiro ano e meio em que esteve na Ford, mas isso é bastante incomum – além disso,

Charlene Li 187

ele contou com a assistência de agências externas que ajudaram com boa parte das responsabilidades de monitoramento, implementação e moderação. Em geral, essas funções são desempenhadas por pessoas diferentes. Por exemplo, as iniciativas de mídia social e a estratégia do Wells Fargo, um dos maiores bancos dos Estados Unidos, são lideradas por Ed Terpening, vice-presidente de marketing de mídia social, que em 2006 ajudou a criar o primeiro blogue de um banco, o "Guided by history".* Gradualmente, ele formou sua equipe, que agora inclui três gerentes de programa que supervisionam as operações de cada um dos seus canais no YouTube, no MySpace, no Facebook, no Twitter e um mundo virtual chamado Stagecoach Island.[14] Dois funcionários de produção que lidam com os aspectos técnicos completam a equipe de mídia social do Wells Fargo.

Contudo, acredito que o mais interessante é que o Wells Fargo mantém pessoas nas unidades de negócios que funcionam como gerentes de comunidade. "O banco possui uma unidade corporativa muito enxuta e acredita em deixar a execução dessas tarefas para as pessoas que estão mais próximas do cliente", explicou Terpening. Por exemplo, o blogue "Commercial electronic office" (CEO)** é escrito não por um funcionário do departamento de marketing corporativo, mas por Marcus Yamame, que faz parte da própria equipe do CEO. Além disso, Sateen Singh, que colabora ativamente na página do Wells Fargo no Twitter, trabalha na divisão de serviços *on-line*.

Em alguns casos, as organizações trazem agências externas para gerenciar o engajamento da comunidade. Empresas de relações públicas frequentemente assumem esse papel, pois desenvolveram os seus serviços justamente para incluir relações com a comunidade. Desenvolvedores de plataformas comunitárias como Lithium e LiveWorld*** também prestam serviços de moderação, mesmo para as comunidades que não hospedam. Além disso, existem hoje agências de gestão de comunidades, como a Impact Interactions,**** que estão focadas unicamente em moderação de conteúdo social em nome de marcas como Cisco e AARP.*****

---

* Guiado pela história. (N.T.)

** Escritório Eletrônico Comercial. (N.T.)

*** Agência de Marketing Digital. Para mais informações, acesse: www.liveworld.com/company/index.html. Site em inglês. (N.E.)

**** Empresa de tecnologia. Para mais informações, acesse: http://impactinteractions.com/about-us. Site em inglês. (N.E.)

***** Refere-se ao AppleTalk Address Resolution Protocol. Site em inglês. (N.E.)

188 Liderança Aberta

Quando é mais conveniente terceirizar aquilo que pode ser uma vantagem estratégica crítica – a gestão do seu relacionamento com os clientes? Em primeiro lugar, quando uma organização for estreante em iniciativas de engajamento e possuir uma grande e ativa base de clientes ou empregados. Neste caso, talvez seja melhor recorrer a uma agência experiente, não apenas para oferecer orientação, mas também para gerenciar a comunidade. Elas sabem o que significa ser um facilitador da comunidade, possuem excelentes práticas e, do ponto de vista do serviço de atendimento ao cliente, sabem como acalmar ânimos exaltados. Em segundo lugar, se a sua equipe for pequena e incapaz de cumprir as atribuições de se engajar com a comunidade. Em terceiro, se houver um aumento na demanda a curto prazo devido a um programa de marketing que, de acordo com suas expectativas, aumentará a necessidade de engajamento.

Há maneiras de assegurar que não apenas a agência escolhida, como também os funcionários de uma organização, que atuem como gerentes de comunidade, consigam desempenhar suas funções de maneira apropriada. Guias de estilo, mapas de fluxo de trabalho e padronização de respostas são ferramentas que podem ser desenvolvidas e compactuadas com antecedência. Até mesmo o tom de voz e as respostas podem ser determinados por meio de treinamneto, para que as respostas sejam consistentes. Ed Terpening, do Wells Fargo, admitiu que o banco enfrentou problemas de consistência e gerenciamento de riscos, sobretudo por se tratar de um setor altamente regulamentado. "Embora tenhamos apenas um controle centralizado leve, é nossa preocupação constante treinar e monitorar a maneira como nos relacionamos com os nossos clientes". Para esse fim, expectativas claras, melhores práticas e um planejamento rigoroso de situações são as suas melhores armas para garantir que as coisas corram bem.

A NECESSIDADE DE TREINAMENTO E DE INCENTIVOS

Quando se trata de abertura e de tecnologias sociais, a tendência é pensar em treinamentos centrados em competências técnicas para capacitar os funcionários a utilizar novas ferramentas: como usar softwares colaborativos, como se conectar com as redes sociais e o Twitter, como blogar etc. Algumas empresas, como a Humana, têm módulos de treinamento em mídias sociais disponíveis em suas intranets, com títulos como "Aprendendo a utilizar o LinkedIn em 15 Minutos", "Aprendendo a lidar com o Twitter em 15 minutos", e assim por diante. Outras empresas organizam sessões de treinamento, por meio das quais funcionários mais jovens e mais experientes nesses meios *on-line* trabalham junto a executivos sêniores.

Entretanto, acredito que uma iniciativa de formação e treinamento ainda mais importante – embora muito mais complexa e difícil – esteja voltada para alterar mentalidades e comportamentos. O fato de alguém aprender a usar o Twitter não significa que perceba a necessidade em utilizá-lo; e embora um funcionário possa saber perfeitamente como escrever uma mensagem eficiente em um blogue, talvez nunca o faça, apenas por não compreender o valor dessa iniciativa. Como mudar esse comportamento?

Isso nos leva aos incentivos que a organização poderá oferecer, premiando comportamentos esperados por meio de reconhecimento, responsabilidade ou – como último recurso – dinheiro. Por outro lado, não haverá punição para aqueles que não utilizarem as novas ferramentas (o que seria contraproducente); estas pessoas apenas não serão recompensadas. Quando percebemos vantagens em sermos mais abertos, ou deparamos com possíveis recompensas por aderir a novas estratégias, nosso comportamento tende a mudar.

Tomemos, por exemplo, a United Business Media (UBM), uma empresa global em mídia de negócios com sede em Londres, que publica revistas técnicas e organiza feiras e outros eventos. A organização possui 6.500 funcionários em mais de trinta países. Eles estão organizados em equipes especializadas que mantêm publicações para leitores das mais variadas áreas (médicos, desenvolvedores de jogos, comerciantes de joias, fazendeiros etc.) em todo o mundo. O diretor de informações, David Michael, explicou que a empresa decidiu instalar o Jive, uma plataforma colaborativa para ajudar no compartilhamento de informações entre esses inúmeros e variados grupos. Questionado sobre o modo pelo qual seus funcionários estavam sendo treinados para usar a nova plataforma, ele respondeu: "Não há treinamento".

Ele explicou: "Quando selecionamos o sistema, optamos por algo que não exigisse horas e horas de treinamento, porque nunca funcionaria se tivéssemos de aplicá-lo". A sede da UBM em Londres tem cerca de uma dúzia de pessoas, "então não temos nenhum instrutor central nem

190 Liderança Aberta

nada parecido". Além disso, as unidades de negócios raramente têm um departamento completo de TI; elas raramente possuem um setor de recursos humanos e, certamente, não contam com um profissional responsável por treinamentos.

Entretanto, embora a organização não tivesse ninguém para oferecer treinamentos, era óbvio que precisaria de alguém que se responsabilizasse por essa questão. "Não se pode oferecer uma festa sem que alguém a faça acontecer", disse Michael. Assim, em vez de empregar um instrutor, a UBM investiu em um gerente de comunidade em tempo integral. Essa pessoa tinha uma visão global da organização, e seu trabalho seria identificar grupos de usuários que ainda não utilizavam o novo sistema, mas que já colaboravam entre si de alguma outra maneira. Sua função seria, portanto, convencê-los de que o Jive era uma maneira de aprimorar seus processos e que sua utilização facilitaria a vida de todos. Quando isso aconteceu, espalhou-se pela UBM a seguinte notícia: o novo sistema disponível para os funcionários é ótimo e facílimo de ser utilizado. Michael diz:

> Hoje já existem muitos gerentes de comunidade na UBMI, inclusive, o nome do cargo é Gerente de Comunidade *Wiki*, contudo, não é um trabalho em tempo integral. É uma espécie de responsabilidade complementar. Eles são realmente promotores. Quando necessário, oferecemos algum treinamento para aqueles que desejam se aprofundar nos recursos avançados. Entretanto, mais do que qualquer outra coisa, nossos Gerentes de Comunidade *Wiki* são, de fato, promotores.

Em alguns momentos, também é possível oferecer incentivos para que os clientes se relacionem mais ativamente com uma empresa. E apesar de podermos contar com algum nível de engajamento natural, este processo também pode ser acelerado. Porém, embora o conceito de engajamento possa parecer óbvio para uma organização, o mesmo não necessariamente ocorre com os usuários de um determinado produto – afinal de contas, talvez jamais tenha passado em suas mentes a ideia de manter um relacionamento mais profundo com qualquer organização. Lembre-se, portanto, de que quando uma empresa se torna mais aberta, tem de oferecer apoio aos seus clientes e estar pronta para ensiná-los a se abrir de modo conjunto.

Tomemos, por exemplo, a experiência do usuário no YouTube. A maioria das pessoas vai ao site e simplesmente assiste a vídeos, sendo, portanto, observadores. Contudo, existem no site inúmeras oportunidades de se aumentar o engajamento dos visitantes. Em primeiro lugar, no YouTube é muito simples compartilhar conteúdos: é possível enviar o material por e-mail, postá-lo em um blogue, ou até mesmo em sua rede social favorita. Além disso, se temos uma conta no YouTube, o site pode autopreencher as opções com endereços de e-mail, blogues, ou contas de rede social para tornar o compartilhamento tão fácil como um clique. Além disso, o visitante é estimulado a avaliar o vídeo, a adicionar comentários, e até mesmo a carregar seu próprio vídeo como resposta – elevando assim o status para comentador. Por fim, o YouTube torna fácil para o usuário carregar vídeos e até mesmo criar canais próprios, tornando-o um produtor. O objetivo do YouTube não é fazer todos se tornarem produtores, mas é realmente fácil para qualquer pessoa se engajar mais profundamente com o site, visto que não há complicações por trás de links ou cliques.

Abordemos agora o aprofundamento de um relacionamento pessoal. Normalmente as pessoas não pensam em casamento logo no primeiro encontro (ou, pelo menos, não deveriam). Pense no tipo de relacionamento que você tem hoje, e então, imagine como gostaria que esse relacionamento fosse daqui a três anos. Com essa perspectiva em mente, é possível começar a mapear seus objetivos em relação aos clientes, definindo exatamente onde quer chegar e como chegará lá, considerando, sobretudo, os dados sociográficos desses indivíduos. Por exemplo, se em termos de engajamento os clientes em questão forem principalmente observadores, devemos pensar em como podemos, a curto prazo, transformá-los em compartilhadores. No futuro, se necessário, poderemos aprofundar o relacionamento até que eles estejam seguros o suficiente para se tornarem comentadores ou até mesmo produtores. Começar por baixo deve ser um mantra, pois qualquer mudança de mentalidade somente poderá ocorrer com o tempo e com o compromisso de se construir um relacionamento.

Plano de ação: orquestrando a estratégia de abertura

Uma vez definido o melhor modo de aproximação de seu público, e formulada sua estratégia, você estará pronto para o trabalho árduo: construir competência, identificar fluxos de trabalho e definir estruturas organizacionais. Nesta etapa crucial, um dos maiores obstáculos é a velha conhecida "política interna". Como mencionado no início deste capítulo, a inesperada iniciativa de subverter o processo de trabalho de todo um departamento não será bem-recebida, por isso, é preciso que a lição de casa do capítulo 4 tenha sido feita e que se tenha em mãos os benefícios que a abertura proporcionará à empresa. Veja a seguir algumas das melhores práticas nesse sentido:

- **Encontre um patrocinador executivo.** Se uma estratégia bem--alinhada com as principais iniciativas corporativas tiver sido criada, será bem possível contar naturalmente com um patrocinador executivo que poderá ajudá-lo abrindo caminhos.

- **Faça da abertura um problema de todos, e uma oportunidade para todos.** É preciso investir o tempo necessário planejando como será feita a abordagem junto a gerentes ou chefes de departamento resistentes à ideia. Se for possível, alinhe suas iniciativas com alguns dos objetivos principais da empresa, pois assim terá maior chance de sucesso.

- **Renove os incentivos.** Reavalie cuidadosamente os incentivos – não apenas aqueles associados a dinheiro. Reconhecimento e reputação desempenham papéis importantes tanto dentro como fora da organização.

Ao iniciar a implementação da estratégia de abertura, é fundamental lembrar que, conforme deparar as realidades operacionais de se orquestrar uma estratégia, você precisará reportar-se frequentemente

à avaliação e ao plano estragégico de abertura, ajustando-os quando necessário. Ser um líder aberto exige ter em mente que algumas táticas poderão e deverão ser alteradas de acordo com as mudanças que tanto a organização como o mercado colocarão à sua frente.
O *checklist* a seguir contém itens que, do ponto de vista operacional, deverão ser considerados em sua estratégia de abertura. Mais informações, assim como os itens utilizados no Altimeter Group com nossos clientes, poderão ser encontrados no site www.open-leadership.com.

Plano para uma estratégia de abertura: *checklist*

☐ **Objetivo da estratégia de abertura**
   Aprender, dialogar, apoiar ou inovar
☐ **Criar um perfil sociográfico**
   Auditoria social
   Auditoria de engajamento
   Auditoria de influência
☐ **Fluxo de trabalho**
   Triagem de comentários
   Serviço de atendimento ao cliente
   Apoio ao marketing e às vendas
   Comunicações internas
   Pesquisa de mercado ou desenvolvimento de produto
☐ **Impacto nos** *stakeholders*
   Executivos
   Outros departamentos (jurídico, TI, suporte, produtos)
   Parceiros
   Investidores
   Fornecedores
   Imprensa
   Clientes

194 Liderança Aberta

☐ **Modelo organizacional**
 Orgânico, centralizado ou coordenado
☐ **Atribuição de funções e responsabilidades**
 Estrategista
 Gerente de comunidade ou de programa
 Papel das agências
☐ **Treinamento e incentivos**
 Avaliações trimestrais
 Prêmios e concursos
 Reconhecimento

Agora que temos uma estratégia de abertura e um plano, examinemos o que será necessário para nos tornarmos líderes de uma organização aberta. Na Parte III desse livro, analisaremos o significado de ser um líder aberto, começando por abordar a mentalidade que diferencia um líder aberto dos tradicionais.

Notas da autora

1. A teoria dos "vizinhos de rede social" afirma que as pessoas estreitamente ligadas possuem interesses, gostos e comportamentos semelhantes. Assim, a Toyota, sabendo que eu dirijo um Prius, veiculou um anúncio do carro para as pessoas em minha rede, obtendo melhores resultados do que com um grupo de controle. Empresas como Media6Degrees oferecem esse tipo de serviço.
2. Mais informações sobre o diagrama de avaliação de blogues da Força Aérea dos Estados Unidos estão disponíveis em www.globalnerdy. com/2008/12/30/the-air-forces-rules-of-engagement-for-blogging/.
3. Mais informações sobre a solução "Connected Sports" da Cisco encontra-se disponível em http://cisco.com/web/strategy/sports/index.html.
4. A série de vídeos da Humana está disponível em www.youtube.com/user/staysmartstayhealthy.
5. A página da Humana no Facebook pode ser visitada em www.facebook.com/pages/Humana-Military/144152068725.
6. As páginas da Starbucks no Facebook e no Twitter encontram-se em www.facebook.com/Starbucks e http://twitter.com/starbucks, respectivamente.
7. Links para todas as páginas internacionais da Starbucks no Facebook estão disponíveis em www.facebook.com/Starbucks?v=app_142063194423.
8. Os resultados da pesquisa de mídia social *The Abrams research social media survey*, de fevereiro de 2009, estão disponíveis em www.abramsresearch.com/files/abrams_research_social_media_survey_0209.pdf.
9. O *American Red Cross social media strategy handbook* [Manual de estratégia para mídia social da Cruz Vermelha norte-americana] está disponível em: http://sites.google.com/site/wharman/social-media-strategy-handbook.
10. A lista dos blogues das filiais da Cruz Vermelha norte-americana está disponível em: http://blog.redcross.org/chapterblogs/.
11. O *Blogging code of conduct* [Código de conduta para blogues] da HP pode ser encontrado em: www.hp.com/hpinfo/blogs/codeofconduct.html.
12. Uma lista dos blogues da HP está disponível em: www.communities.hp.com/on-line/blogs/Bloggers.aspx.

13. O grupo de pesquisa do Laboratório de Computação Social da HP oferece o seguinte exemplo: ele liderou o lançamento do Watercooler, uma ferramenta de colaboração interna, e do Friendlee, um serviço de rede social baseado em telefones celulares. Mais informações podem ser encontradas em www.hpl.hp.com/research/scl/.

14. Uma lista dos blogues do Wells Fargo pode ser encontrada em http://blog.wellsfargo.com/. Outros sites incluem www.youtube.com/user/wellsfargo, facebook.com/wellsfargo, www.myspace.com/stagecoachisland e twitter.com/ask_wellsfargo. Stagecoach Island está disponível em www.blog.wellsfargo.com/stagecoachisland.

PARTE III

LIDERANÇA ABERTA:
REDEFININDO RELACIONAMENTOS

Capítulo 7:
Liderança aberta: mentalidades e traços

O principal tema discutido neste livro é o fato de a liderança estar vinculada aos relacionamentos. Portanto, considerando que as tecnologias sociais estão modificando as relações interpessoais, a liderança também precisa mudar. Como vimos no primeiro capítulo, clientes e funcionários mais poderosos não estão dispostos a aceitar passivamente o modelo tradicional de se fazer negócios. Há também mudanças sistêmicas que levam a liderança a se transformar – a recente recessão econômica nos Estados Unidos, e no mundo, levou a confiabilidade nos negócios a um acentuado declínio. A necessidade de reconquistar a confiança de clientes e investidores fez altos executivos prometerem mais transparência nas operações e nas finanças de suas empresas.

Tudo isso conduziu a liderança a uma conjuntura crítica. Ainda assim, muitos executivos ainda se recusam a reconhecer que alterações sejam necessárias, pois acreditam que, em tempos de crise e de mudança, o que as empresas precisam é de uma liderança maior e mais forte, vinda do topo. Assim, eles insistem em manter um estilo tradicional de liderança, baseado em comando e controle, que limita o compartilhamento de informações e a tomada de decisões. Estes profissionais certamente precisarão de muita sorte em suas empreitadas.

Não há nenhum problema com a abordagem de comando e controle, desde que as opções da liderança aberta tenham sido examinadas, avaliadas e estrategicamente rejeitadas. Nossa preocupação – para a qual enfaticamente chamamos a atenção dos líderes – é a rejeição completa e indiscriminada a uma nova e poderosa maneira de se construir relacionamentos com clientes e funcionários, que os tornaria mais envolvidos e potencialmente mais valiosos, especialmente quando sabemos que elementos simples da liderança aberta – como ouvir e aprender – são de fácil adoção.

200 Liderança Aberta

Uma das maiores razões pelas quais a liderança aberta é temida e evitada é a preocupação dos líderes com a eventual perda do controle sobre a empresa ou a área comandada. Como vimos nos capítulos anteriores, especialmente no capítulo 5, em que discutimos o uso do pacto do tanque de areia, é fundamental utilizar uma abordagem disciplinada na aplicação de estratégias de abertura. Nesse mesmo sentido, a liderança aberta requer ponderação, planejamento e estrutura. Na verdade, exige que os líderes sejam, ao mesmo tempo, abertos e capazes de manter o comando.

Desse modo, praticar a liderança aberta não significa apenas ser caloroso, autêntico, transparente ou "real". Também é mais do que simplesmente compartilhar histórias pessoais ou fragmentos de encontros profissionais. Pelo contrário, a construção e a amplificação das competências de um líder se faz por meio de uma mescla de mentalidade, temperamento, comportamentos aprendidos e capacidades adquiridas. Além disso, a liderança assume uma dimensão especial em um mundo conectado em rede – ela se transforma em um catalisador para a mudança, dentro e fora da organização.

Então, de que maneira devemos liderar neste novo mundo? Para começar, explicaremos como a liderança aberta é definida por meio de dois tipos específicos de mentalidade e pelos traços que as acompanham. Ofereceremos também uma ferramenta de avaliação para identificarmos nosso próprio tipo de liderança – e para entendermos o grau de abertura necessário para a implementação de nossa estratégia de abertura. Uma avaliação de si mesmo e dos líderes que estão acima na hierarquia poderá nos ajudar a compreender abordagens coletivas da liderança aberta e, assim, criar um plano de liderança para a implementação de um estratégia global.

AS DIMENSÕES DA LIDERANÇA ABERTA

De acordo com minhas pesquisas e entrevistas, há dois tipos de mentalidade que definem e determinam o grau de abertura de um indivíduo como líder. O primeiro é a visão que ele tem das pessoas – em geral, você é otimista ou pessimista em relação às intenções das pessoas? Ninguém é totalmente de um jeito ou de outro – e, assim como uma estratégia de abertura, isso, com frequência, depende da situação. Porém, em geral, os líderes abertos acreditam na prevalência da lógica do "ganho mútuo", ou seja, situações em que, ao agir em seu próprio interesse, as pessoas também garantem o melhor para a organização. A mentalidade pessimista, em contrapartida, acredita que abertura, compartilhamento e colaboração maiores sejam perigosos – é a lógica inerente ao "toma lá dá cá", na qual o risco de abrir mão do controle é muito grande.

O otimismo permite que os líderes abertos sejam mais liberais com as informações, tanto ao compartilhá-las com um público maior, quanto ao reuni-las de diferentes fontes. Portanto, se um componente importante da estratégia de abertura a ser adotada envolver maior compartilhamento de informações, será preciso contar com líderes cujas mentalidades sejam otimistas.

O segundo tipo de mentalidade consiste na visão que se tem dos sucessos alcançados: sejam eles o resultado de esforços individuais ou decorrentes do trabalho de uma equipe. Um bom líder sempre tem elementos de ambas as visões, mas em tempos difíceis, de onde você extrai sua força: de si mesmo ou das pessoas ao seu redor? Líderes abertos reconhecem suas limitações e são rápidos em colaborar com os outros, enquanto os individualistas recorrem primeiro à própria força e capacidade de vencer.

Se a estratégia escolhida requerer a tomada de decisão colaborativa, então, será fundamental que os líderes estejam seguros quanto a isso. Isso não significa que os individualistas não sejam bem-sucedidos; eles apenas são menos propensos a valer-se de estratégias de abertura para explorar certas vantagens, como a velocidade e a qualidade.

Examinemos primeiramente a mentalidade otimista e suas origens. Desse modo poderemos compreender como ela torna um líder mais aberto e eficaz.

O LÍDER OTIMISTA

A visão otimista ou pessimista que temos em relação aos outros é determinada, em grande parte, por nossas experiências anteriores. Os otimistas tendem a acreditar que a maioria das pessoas procura agir da melhor maneira possível, demonstrando responsabilidade, confiabilidade e honestidade – eles apresentam elevado nível de confiança em seus pares e estendem este sentimento a um círculo maior de pessoas. Eles acreditam que, com a oportunidade certa, a maioria dos indivíduos é capaz de aprimorar sua capacidade e seu próprio senso de autovalorização. Provavelmente, sua crença nas pessoas geralmente resultou em experiências positivas.

202 Liderança Aberta

Os pessimistas, por outro lado, tendem a acreditar que a maioria das pessoas não é digna de confiança; acham que elas estão sempre à procura de vantagens que lhes garantam a vitória, em geral, à custa dos outros. Tais líderes têm dificuldades em vislumbrar como um compartilhamento mais aberto de informações poderia ser positivo, já que eles próprios não experimentaram as vantagens dessa abertura – provavelmente tiveram experiências catastróficas ao depositarem sua confiança em alguém, e decepcionaram-se com possíveis traições. Às vezes, o pessimismo se confunde com a paranoia, levando alguns líderes a confiarem apenas em um pequeno círculo de confidentes.

Acredito que os líderes otimistas possam, além de abraçar a liderança aberta, também inspirar e motivar pessoas a se tornarem como eles. Pensemos nos gerentes mais inspiradores com os quais já trabalhamos – que qualidades nos despertaram o desejo de segui-los? Provavelmente não os achávamos mais inteligentes, nem acreditávamos que possuíam diplomas mais reconhecidos; também não foi pelo fato de ocuparem determinadas posições na organização. Isso certamente ocorreu porque aqueles indivíduos nos fizeram sentir mais valorizados e nos inspiraram a fazer mais do que acreditávamos ser capazes. No processo, esses líderes nos ajudaram a aprender mais sobre nós mesmos.

Brian Dunn, CEO da Best Buy, diz que aprendeu algo importante sobre liderança quando tinha apenas 14 anos de idade e trabalhava em um supermercado. Um dia, o gerente lhe perguntou: "O que acha desse processo que estamos implementando para incentivar as pessoas a comprar seus mantimentos aqui?" Era uma pergunta simples e Dunn conta que deu uma resposta inócua e inespecífica, do tipo: "É legal". Então, o gerente o chamou de lado e disse: "Preste atenção, eu lhe perguntei sobre isso porque realmente me importo com o que você pensa. Você tem feito esse trabalho todo santo dia, e eu quero saber o que você pensa sobre ele". Hoje a abordagem de Dunn é diferente. Ele comenta: "Sei que parece simples, mas o conceito de aprender com as pessoas que estão, de fato, fazendo o trabalho, e o incentivo que me foi dado para que eu dissesse exatamente o que eu pensava ficaram realmente marcados em minha mente, e isso se repetiu ao longo do período em que trabalhei para ele".[1] Aquela primeira experiência influenciou o estilo de liderança de Dunn e o inspirou a seguir uma estratégia aberta em sua empresa, colocando enorme poder e responsabilidade nas mãos dos funcionários.

Esse é um tema recorrente entre líderes abertos, que valorizaram a contribuição não apenas de seus colaboradores, mas também dos clientes. Quando essas mesmas pessoas ganharam poder com o uso das tecnologias sociais, isso não amedrontou esses líderes – na verdade, eles receberam esses indivíduos de braços abertos. Que qualidades lhes permitiram agir assim, em contraposição aos colegas pessimistas?

James Cornell, diretor de marketing da Prudential Retirement, empresa de seguros de vida e planos de previdência, esclarece bem a questão:

> Um líder aberto precisa possuir um grau elevado de inteligência emocional. Mais do que apenas falar bem é necessário que ele saiba ouvir e escutar bem. Trata-se de alguém que consegue usar análises situacionais e perspectivas externas para realmente mudar seus pontos de vista e opiniões sobre um determinado assunto, inclusive sobre temas que são considerados "verdades históricas".

Para Cornell, líderes abertos são otimistas em relação ao engajamento porque acreditam que a organização se tornará mais forte justamente por causa dele.

Em minhas pesquisas, dois adjetivos foram repetidos inúmeras vezes em relação aos líderes abertos: curiosidade e humildade. Mergulhemos mais fundo no conceito de inteligência emocional, examinando esses dois traços específicos de personalidade.

A importância da curiosidade

Líderes abertos são, por natureza, curiosos em relação ao mundo. Demonstram-se insaciáveis em sua busca constante por oportunidades de aprimoramento pessoal e de melhorias para o mundo ao seu redor. São curiosos em relação aos clientes, funcionários e fornecedores. Desejam estar por dento das tendências da economia e do que acontece no mundo. A maioria deles está aberta ao desconhecido e olha para as tecnologias sociais como ferramentas insuperáveis para a ampliação desse aprendizado – algo jamais visto anteriormente.

Tomemos, por exemplo, a Dell e a Starbucks, hoje lideradas por seus fundadores, Michael Dell e Howard Schultz. Esses líderes tiveram como valor fundamental a capacidade de se conectar profundamente com seus

204 Liderança Aberta

clientes. Historicamente, a Dell seguia um modelo de vendas diretas, por isso era natural para a empresa utilizar ferramentas *on-line*. Na década de 1980, a Dell começou a oferecer serviços de atendimento ao cliente em CompuServe*, e, em 1995, começou a comercializar pela internet, mesmo ainda sem qualquer ROI comprovado em tal modelo de distribuição – para ele, essa proposta era apenas uma extensão natural do modelo de vendas diretas. Ao reassumir o cargo de CEO da empresa no início de 2007,** após um período de três anos de afastamento, uma das primeiras providências que tomou foi lançar o IdeaStorm.com, site no qual os visitantes podem sugerir e comentar ideias e, depois, votar nelas.

Michael Dell compartilhou a história dos primeiros sucessos do Idea-Storm com Howard Schultz, CEO da Starbucks. Como fundador da empresa, Schultz costumava frequentar as cafeterias de Seattle para saber do que os clientes gostavam e não gostavam. Ele e sua equipe de liderança estavam conectados com tudo o que os clientes experimentavam e diziam nas lojas diariamente. Enquanto a empresa era pequena, era relativamente fácil manter esse tipo de envolvimento pessoal com os clientes.

Entretanto, conforme a Starbucks crescia, não seria mais possível avançar da mesma maneira como havia feito em seus primeiros anos – ou seria? "Nós realmente não conseguimos manter nossa cultura de ouvir os clientes", afirma Alexandra Wheeler, diretora de estratégia digital da Starbucks. Assim, quando Schultz soube do IdeaStorm a partir do próprio Michael Dell, ele viu ali uma maneira de se reconectar aos clientes. Foi assim que surgiu o MyStarbucksIdea.com, a primeira iniciativa da empresa em mídia social. O site "nos trouxe de volta a antiga cultura de escutar os clientes, com a qual Howard havia lançado a empresa", disse Wheeler. Esta é uma maneira de usarmos a tecnologia para dar continuidade à proposta de Schultz quando visitava as cafeterias de Seattle, época em que a Starbucks possuía poucas lojas.

De certo modo, a Dell e a Starbucks tiveram sorte em sua transformação para organizações abertas. Elas foram capazes de adotar tecnologias sociais mais rapidamente e melhor do que seus respectivos concorrentes, porque já possuíam valores essenciais e histórias que as predispunham

---

* Provedor de serviços de informação por telefonia. Foi também um dos primeiros provedores de conexão à internet nos EUA. Para mais informações, acesse: http:// en.wikipedia.org/wiki/compuserve. Site em inglês. (N.E.)

** Em 2004, Michael Dell deixou o cargo de CEO, permanecendo apenas como presidente do conselho da empresa. (N.T.)

a uma maior abertura. Porém, mais importante do que isso, seus líderes viram essas ferramentas como uma maneira de estender uma parte essencial de seus valores pessoais e de sua curiosidade para toda a organização, e perceberam o valor de manter um relacionamento profundo e estreito com clientes e funcionários.

A importância da humildade

Ser curioso não é o suficiente para se tornar um líder aberto – é possível ser um eterno aprendiz, sem que necessariamente se deseje mudar a própria visão do mundo. É fundamental ter humildade. Como afirmou Jim Collins em seu livro *Empresas feitas para vencer*, essa é uma característica fundamental dos grandes líderes.[2] Contudo, no contexto da liderança aberta, a humildade desempenha um papel especial: ela permite aos líderes abertos aceitar o fato de que suas opiniões sobre uma determinada questão podem mudar diante do que lhes foi revelado pela própria curiosidade. De certa maneira, a humildade lhes dá o autoconhecimento e a confiança para admitir quando estão errados ou precisam de ajuda.

Tomemos o exemplo da Kodak, uma empresa que teve de se reinventar completamente, desde a sua primeira encarnação como fabricante de filmes fotográficos até sua presente versão, como empresa *business-to-business* (B2B),* atuando principalmente no mercado de imagens. Jeffrey Hayzlett, diretor de marketing da Kodak, é um profissional de marketing de nível internacional, bem como um prolífico blogueiro e usuário do Twitter.[3] Para ele, grande parte da recuperação bem-sucedida da Kodak se deu em função da capacidade da empresa de ouvir e escutar, mesmo quando isso era difícil.

> Um líder aberto tem de estar disposto a aceitar críticas e saber quando elas são importantes ou não. Isso não é para os fracos, porque você será criticado. As pessoas irão procurá-lo diretamente e você tem de se sentir bem com isso e ser capaz de dizer de uma maneira respeitosa: "Essa é a sua opinião, obrigado por oferecê-la".

Por outro lado, Hayzlett também ressalta que a humildade exige um alto nível de autoconhecimento e confiança para que o líder seja capaz de reconhecer quando precisa de ajuda. Para um líder,

---

* Comércio praticado por fornecedores e clientes, ou seja de empresa para empresa. Ocorre em portais (plataformas tecnológicas na internet) onde compradores e fornecedores se encontram e transacionam em tempo real. (N.E.)

206 Liderança Aberta

é uma decisão difícil e poderosa dizer: "Eu preciso de ajuda"; é um reconhecimento de que você não consegue fazer algo sozinho. Essa atitude também serve de exemplo para os membros de sua equipe: dar um passo à frente e pedir ajuda quando precisarem. O interessante nisso tudo é que, muitas vezes, os líderes abertos estão tomando essa atitude agora em público, explorando a fonte de energia que está em sua base de clientes e funcionários fiéis.

Quando não temos medo de mostrar nossas fraquezas e de discutir nossas falhas, podemos nos dar ao luxo de ser honestos e de assumir nossa responsabilidade por elas.

Como resultado de sua confiança no relacionamento, elevada ainda mais pelo sentimento de otimismo, os líderes abertos tendem a compartilhar muito mais informações. Eles não acham que isso os enfraquecerá ou à suas empresas, mas apenas aprimorará e aprofundará os relacionamentos. Líderes abertos investem nas relações por meio do compartilhamento do que sentem, pensam e fazem, mas, ao mesmo tempo, são prudentes em relação ao que compartilham – possuem um senso inato do que é e do que não é adequado a uma situação. Eles firmam seus "pactos de tanque de areia" para que as responsabilidades estejam claramente definidas; por exemplo: "Não divulgue as informações confidenciais que estamos compartilhando com vocês."

Passemos agora ao segundo tipo de mentalidade: a do uso de abordagens colaborativas para se alcançar objetivos.

O LÍDER COLABORATIVO

Esta mentalidade demonstra disposição para a colaboração. O problema é que, como sociedade, não valorizamos nem ensinamos nem estimulamos a colaboração – essa característica simplesmente não faz parte do DNA da maioria dos líderes, pelo menos até um estágio mais avançado de suas carreiras. Na maioria das vezes, os estudantes são avaliados de acordo com o seu desempenho individual, e, em geral, apenas são solicitados a trabalhar em equipe quando adentram o mundo dos negócios. Mesmo assim, geralmente o que é avaliado, e recompensado, são as contribuições de cada indivíduo para a equipe. Resultado: somente alcançamos compensação por nossa colaboração quando nossa carreira profissional já está mais encaminhada, o que significa que não temos a oportunidade de desenvolver uma verdadeira mentalidade colaborativa até bem mais tarde.

Esse foi o caso de Barry Judge, diretor de marketing da Best Buy. Ao longo de sua carreira, ele se manteve bastante concentrado em sua realização pessoal. Em suas palavras:

> Sempre fui muito ambicioso, muito competitivo e já fui um atleta. Para mim, o que importava era o que pessoalmente poderia fazer e como individualmente poderia contribuir para uma situação. Tive de perceber internamente que as ideias podem ser formatadas e melhoradas com a colaboração de outras pessoas. Então, em 2004, encontrei Joe Trippi, coordenador da campanha de Howard Dean,* e ele me perguntou: "Você acredita que as cinco mil pessoas mais inteligentes do mundo trabalham na Best Buy?" E eu respondi: "Não", e aquela pergunta realmente me fez pensar que seria fenomenal se pudéssemos criar um ambiente ou um diálogo em que as pessoas pudessem participar e oferecer sua contribuição. E isso tornou-se essa maneira diferente de pensar.

Judge e outros executivos da Best Buy perceberam que, se pudessem se abrir e gerenciar o processo colaborativo, estariam libertando o potencial de um dos seus mais importantes ativos – os 165 mil funcionários que são megafanáticos por eletrônica. Porém, isso não aconteceu da noite para o dia – afinal, não estamos falando apenas da mudança da mentalidade dos executivos, mas de toda a organização. Além disso, é difícil para líderes altamente individualistas abraçar esse novo esquema de trabalho. "Levamos cinco anos para chegar lá", disse Judge.

> Tivemos de ser realmente corajosos e, sim, o processo de tomada de decisão pode levar muito mais tempo, porque as pessoas não dizem o que você espera que elas digam. É preciso construir alianças e perceber que chegar ao final é, frequentemente, um processo circular, o oposto de uma rota em linha reta. Acredito que acostumar-se a isso é a coisa mais difícil para um líder.

---

* Howard Dean foi governador do Estado de Vermont e pré-candidato nas eleições presidenciais norte-americanas de 2004 pelo Partido Democrata. (N.T.)

208 Liderança Aberta

Um após outro, os líderes entrevistados ecoaram o seguinte ponto de vista: aprender a trabalhar em colaboração foi difícil, e as práticas, capacidades e mentalidades que os tornaram bem-sucedidos no passado já não são necessariamente as mesmas que os levarão ao sucesso no futuro. Eles aprenderam que tinham de incluir outras pessoas no processo, porque não poderiam continuar presumindo que sabiam tudo o que era necessário para alcançar o sucesso.

Acredito, pessoalmente, que este seja o ponto crucial da liderança aberta: ter a confiança de abrir mão do controle total, tornar-se mais aberto e ainda alcançar os resultados desejados. O que se está deixando de lado é a necessidade de estar pessoalmente envolvido no processo de tomada de decisões, e não necessariamente seus direitos de opinar. Estabelecendo as estruturas adequadas é possível sentir-se seguro de que as decisões certas estão sendo tomadas pelas pessoas adequadas e da maneira correta. Assim, os líderes abertos definem uma estratégia clara e os parâmetros do pacto do tanque de areia, garantindo que todos estejam caminhando na mesma direção.

Cristóbal Conde, CEO da SunGard, diz:

> É muito arrogante imaginar que uma única pessoa possa tomar decisões melhores do que os milhares de indivíduos que estão em posição hierárquica inferior. Isso pode ser verdade se tivermos mais informações.

Conde explicou que, atualmente, com o elevado compartilhamento de informações, a maioria das decisões estratégicas da SunGard é tomada de maneira colaborativa. Contudo, ele também reconhece que há limites para tal colaboração.

> Nos últimos cinco anos, tomei a importante decisão de vender a empresa a investidores privados. Foi preciso que o fizesse sozinho, porque era uma decisão especialmente estratégica e exigia um ponto de vista que ninguém mais poderia ter.

Segundo Conde, o papel do líder hoje é tomar as poucas decisões que ninguém mais pode tomar em seu lugar e manter um sistema que dê conta de todas as outras decisões que a organização precisa tomar. Dessa maneira, o líder aberto pode se concentrar principalmente nas decisões estratégicas mais complexas e que exijam maior atenção, em vez de interferir em todas as decisões corporativas.

Como vimos no terceiro capítulo, a Cisco tem apresentado um número surpreendente de iniciativas. Isso se deve ao fato de ter sido capaz de alavancar um processo pelo qual as decisões passaram a ser tomadas de modo distribuído. Isso funciona para a Cisco devido à própria cultura e ao investimento que a empresa fez em ferramentas de colaboração. Porém, foi um caminho difícil, e ninguém explica isso melhor do que John Chambers, CEO da Cisco Systems. Ele observou que, de um modo geral, as pessoas tendem a insistir em receitas que funcionaram e a manter-se seguras em uma zona de conforto.

> Os indivíduos mais difíceis de mudar de opinião são, geralmente, aqueles que foram mais bem-sucedidos em suas organizações, inclusive eu mesmo como CEO. Todo mundo teve de passar pela mesma curva de aprendizagem que eu. Foi preciso tempo até que eu me sentisse seguro para deixar que outras pessoas tomassem as decisões que até então cabiam a mim; até que eu percebesse que, ao oferecer a elas o acesso à informação correta, e ao desafiá-las da maneira certa, elas tomariam uma decisão melhor do que as minhas.

Mudar essa mentalidade levou anos – segundo Chambers, desde o início do processo de transição passaram-se quase dez anos.

> Em 2001, minha equipe não se mostrou muito entusiasmada com a ideia. Em 2003, se a questão fosse colocada em votação entre os vinte integrantes do conselho, o resultado teria sido dezenove a um para não continuar com o processo. Foi necessário pulso forte de comando e controle para que uma mudança radical decolasse. Em 2005, o processo alcançou o ponto em que a ideia já estava no DNA dos quarenta profissionais mais importantes da empresa. Hoje, provavelmente está no DNA de seiscentos deles – e o que queremos é estendê-la a todos os 65 mil funcionários.

Chambers também enfatizou que a maioria dos avanços que a Cisco obteve nos últimos dois anos ocorreu por causa das tecnologias colaborativas e sociais, que permitiram às pessoas se comunicar de uma maneira até então impossível. Blogues, Twitter, redes internas, podcasts, vídeos e muitas outras ferramentas permitem a todos os líderes atualmente comunicar-se com todas as pessoas envolvidas no processo, que, por sua vez, são capazes de responder prontamente. Assim, completa Chambers:

> Sem essas tecnologias, que não estão apenas disponíveis, mas trabalham em consonância com nossos objetivos, não seríamos capazes de realizar boa parte do que fazemos hoje. Penso que as tecnologias de colaboração deixarão de ser apenas meios para viabilizar estratégias ou objetivos comerciais e se tornarão parte integrante da própria visão estratégica empresarial. Logo não será possível distinguir estes papéis.

A última questão a ser considerada é: a liderança aberta é mais do que uma função ou um título específico na organização. Os melhores colaboradores são aqueles que dispõem de inúmeros tipos de conexões. Eles sabem que não é suficiente colaborar apenas com os colegas de equipe ou com pessoas dos níveis imediatamente acima e abaixo de sua função, portanto, interagem com colegas de diferentes departamentos e mantêm contatos em vários níveis da organização. Reconhecem também a importância de manter profundas relações colaborativas com indivíduos de fora da empresa.

A seguir, discutiremos como as duas mentalidades de liderança aberta – de otimismo e de colaboração – combinam-se para criar líderes arquetípicos na organização. Para implementar nossa estratégia de abertura, é crucial estabelecermos que tipo de líder somos, assim como os demais integrantes da empresa.

OS ARQUÉTIPOS DA LIDERANÇA ABERTA

Não existem organizações totalmente abertas ou fechadas, mas, sim, um processo contínuo de abertura, tanto das empresas como de seus líderes. Estes, por sua vez, podem ser classificados em quatro categorias. Compreender o quanto somos abertos – ou não – pode nos ajudar a desenvolver nossas próprias competências na liderança aberta.

Como anteriormente discutido, os líderes podem ser observados a partir de duas perspectivas: pessimistas *versus* otimistas e independentes *versus* colaborativos. Seguramente, ninguém é paranoicamente pessimista (se este for o caso, o melhor é manter-se longe dessa pessoa), nem totalmente otimista (todos temos dias ruins). De maneira semelhante, ninguém é completamente independente nem inteiramente colaborativo. Cada um de nós se encaixa em algum lugar nessas escalas, e, conforme as situações mudam, podemos também alterar nossa condição. No entanto, para tornar o texto mais claro e acessível, relacionamos estas quatro características entre si e produzimos quatro arquétipos específicos da liderança aberta: o otimista realista, o cético preocupado, o experimentador cauteloso e o entusiasta transparente (ver Figura 7.1).

Figura 7.1. Os quatro arquétipos da liderança aberta

Enquanto lê esta seção, tenha em mente que é possível encontrar líderes que representam esses arquétipos em todos os níveis de uma organização, desde o coordenador de uma equipe ao gerente de uma divisão, do chefe de um departamento ao presidente da empresa.

A seguir, explicaremos as características de cada arquétipo, assim como as funções que eles normalmente desempenham dentro da organização.

O otimista realista (OR) é o mais poderoso e eficaz dos arquétipos de líder aberto. É alguém capaz de ver os benefícios da abertura, mas que, ao mesmo tempo, compreende os obstáculos. O OR pode trabalhar com situações difíceis, tem a mentalidade e as competências colaborativas e, o mais importante, sabe como superar obstáculos organizacionais, mostrando àqueles que duvidam todos os benefícios reais da abertura e conquistando

212 Liderança Aberta

sua confiança. Ele é o motor que impulsionará sua estratégia de abertura, e, provavelmente, não está no topo da sua organização.

Por exemplo, Wendy Harman, gerente de mídias sociais da Cruz Vermelha norte-americana, disse que, mesmo depois de estar na organização há algum tempo não conseguia aprovação para iniciar um blogue ou abrir uma conta no Flickr para mostrar os voluntários da Cruz Vermelha em plena ação ajudando bombeiros, membros da defesa civil e doadores de sangue. "Então, simplesmente segui em frente", conta ela. "Eu sabia que se as pessoas nos níveis mais altos da instituição pudessem ver o resultado dessas iniciativas, elas gostariam". Ela usou o próprio cartão de crédito para comprar um domínio, criou várias contas e configurou-as pessoalmente, porque tinha certeza de que não obteria a aprovação necessária até que a direção visse os resultados positivos. Felizmente, eles viram. Então, Harman procurou o seu supervisor e perguntou-lhe se poderia cobrar as despesas. A resposta? "Sim, é claro, sem dúvida", recordou Harman. "Não há mais necessidade de qualquer aprovação".

O OR possui aquela rara combinação de otimismo e colaboração, que o leva a compreender o contexto no qual as novas tecnologias, como o Facebook, o Twitter, o YouTube e todas as demais, têm de ser implantadas. Ele abraça as tecnologias sociais, mas também percebe que precisa trabalhar com pessoas que não são tão otimistas quanto ele. Consequentemente, mantém-se comedido e modera o próprio otimismo. Baseia-se na realidade da sua organização e tem disposição e paciência para trabalhar ao longo de um processo que levará às mudanças permanentes.

Além disso, ele desenvolve laços profundos em toda a organização – por meio dos quais realiza seu trabalho. Acredita nos benefícios da abertura, mas também sabe onde deve aplicar suas habilidades para promover a transparência na organização. Sabendo que o sucesso da empresa depende da sua abertura e colaboração, ele entende qual o seu lugar na companhia e o papel que precisa assumir para levá-la adiante.

O cético preocupado (CP) é exatamente o oposto do OR, pois é pessimista e independente. Por natureza, é um indivíduo que se preocupa com todas as coisas que podem dar errado – e com razão, pois normalmente é o CP que ocupa o topo da organização e recebe ligações da imprensa, dos diretores, dos acionistas e dos conselheiros. Com uma mentalidade independente, ele acredita que o sucesso vem da força e da competência individuais, a começar pelas próprias. Ele valoriza fortemente a individualidade e é com base nisso que vê a si mesmo como um profissional bem-sucedido na organização. Como líder, espera que as pessoas assumam o comando e controlem eventos e suas consequências.

O CP pode ser visto como um guardião. Pelo fato de ser pessimista, vê a si mesmo como um herói capaz de evitar que uma avalanche de coisas ruins soterre a organização. Ele também é cético em relação ao que pode ser alcançado pelo uso das novas mídias sociais; afinal, a empresa obteve sucesso sem a ajuda dessas ferramentas; ele se recusa a acreditar que pessoas que não têm a mesma perspectiva e responsabilidade possam compreender as necessidades da empresa ou mesmo ajudar a resolver problemas internos. Olha para o Twitter e não consegue vislumbrar nenhum benefício – afinal, são apenas pessoas com muito tempo livre conversando sobre o que comeram no almoço, discutindo seus problemas de estacionamento e sua insônia. Até já ouviu falar das centenas de milhões de pessoas conectadas ao Facebook, mas depois de criar uma conta pessoal não encontrou pessoas iguais a ele, nem entendeu tamanho interesse.

Esse tipo de líder recorre principalmente à sua excelente capacidade analítica e intuitiva para lidar com problemas, e, frequentemente, não coloca em prática as competências da liderança aberta, como o diálogo com públicos importantes, já que ostenta um grande senso de risco e insegurança. Em vez de oportunidades, o que ele vê é um campo minado prestes a explodir.

O experimentador cauteloso (EC) é diferente do CP em um aspecto primordial. Embora seja pessimista e veja todos os aspectos perigosos de uma abertura maior, o EC compreende a necessidade de colaborar, porque consegue observar os benefícios, não apenas para a organização, como também para si mesmo, que advêm do envolvimento de um maior número de pessoas.

O EC está disposto a experimentar opções, planos e novas ideias e a fazer tudo isso com outras pessoas – seu entusiasmo para experimentar coisas novas é, contudo, moderado por seu pessimismo. Ao escutar os colegas discorrerem sobre oportunidades e benefícios, e por causa da confiança que desenvolveu neles, está disposto a dar uma chance a algo novo, diferente ou estranho. O EC também pode moderar o seu pessimismo sobre as pessoas, colocando cuidadosamente em prática um pacto de tanque de areia, e expandindo suas fronteiras somente depois de desenvolver um relacionamento saudável e confiável com seus integrantes.

214 Liderança Aberta

Entretanto, raramente toma a iniciativa sozinho, apenas se propõe a experimentar, porque as pessoas em quem confia o incentivam a fazê-lo.

Desse modo, o CP e o EC não têm muita experiência com as tecnologias e as atividades sociais – apenas alguma. Também têm pouca experiência com a colaboração e a transferência da tomada de decisões. Acreditam estar começando a vislumbrar as vantagens da liderança aberta, mas não estão completamente prontos a abandonar as suas práticas de comando e controle, pois têm muito medo do que poderia dar errado (alguma coisa... nada... tudo) para se comprometerem com uma abertura plena.

Por fim temos o entusiasta transparente (ET), que é tanto otimista quanto individualista. Está contaminado pelo vírus da tecnologia. Em minhas apresentações, gosto de caracterizá-lo como um indivíduo vestindo suéter preto de gola alta ou camiseta e jeans pretos, e com cabelos espetados – uma imagem irônica. O ET acredita na capacidade das novas tecnologias para transformar pessoas e organizações, por isso, está sempre promovendo-as. Ele próprio já experimentou pessoalmente uma transformação e sente enorme satisfação pessoal – e até alegria – em se envolver com outras pessoas por meio das tecnologias sociais. Ele é transparente, ao ponto de quase podermos ler o que está pensando; é adepto do conceito "o que você vê é o que você tem* – o que você ouve é o que você recebe. Além disso, o ET acredita completamente em sua própria mensagem, ou seja, de que "A tecnologia é a resposta. Qual é a pergunta?"

Entretanto, o ET também é independente no modo de pensar e ver as tecnologias. Tende a observá-las de maneira isolada em relação à organização e ao seu ponto de vista pessoal: como ele próprio poderia usar essas tecnologias. Ele não compreende, de fato, como a tecnologia precisa ser coordenada ou pensada dentro da organização para que faça as coisas acontecerem de maneira eficaz.

É comum encontrarmos ETs frustrados – *experts* em mídias. Eles batem a cabeça contra a parede erguida pelo ceticismo gerencial, e dizem: "Como vocês ainda não entenderam! Precisamos estar no Facebook! Precisamos de um blogue para a empresa! Precisamos estimular os clientes a dar suas

---

* Referência à expressão inglesa "What you see is what you get" (WYSIWYG). Também é usada a sigla em português OQVVEOQVT, que se refere à capacidade de um programa de computador permitir que um documento, enquanto manipulado na tela, tenha a mesma aparência de sua utilização, sendo usualmente considerada final a forma impressa. O uso inicial do termo foi relacionado a editores de texto, agora, porém, é aplicado a qualquer tipo de programa. (N.E.)

opiniões!" Contudo, eles não fazem nenhum progresso, porque não dispõem de uma mentalidade colaborativa que possa lidar com as seguintes perguntas: Em que nível de abertura a minha organização precisa estar? Como a organização poderia se beneficiar da abertura? Quais são os obstáculos a superar? Quais são os benefícios para os clientes, para a gerência e para os funcionários? O ET não tem capital nem capacidade de relacionamento para reunir os outros três arquétipos e traduzir-lhes a grande oportunidade que enxerga, possivelmente bastante realista para o mercado.

O ET confia nos preceitos da abertura e, com frequência, é aquele que emite alertas para que a empresa se abra para o mundo. Contudo, ele acredita que exageros devem ser evitados. Sendo independente, não tem noção de como lidar e/ou superar as limitações organizacionais de maneira eficiente.

O ET se assemelha ao CP na maneira como acredita em si mesmo: considera-se o único correto, e está tão comprometido com a causa da abertura e da transparência que não pensa nas implicações e nos problemas que a abertura poderá trazer para a organização. Esse é, naturalmente, o oposto do CP, que se preocupa tanto com os riscos, que não consegue perceber as oportunidades. Entretanto, ETs e CPs, muitas vezes, expressam-se da mesma maneira, no mesmo tom e com o mesmo fervor ao transmitir seus pontos de vista, e simplesmente não conseguem acreditar que possam existir outros.

A avaliação da liderança aberta

Como dito anteriormente, o autoconhecimento é um atributo essencial dos líderes abertos. É importante compreender a própria mentalidade em relação à maneira como aborda a abertura e, ao mesmo tempo, saber avaliar os principais líderes de sua organização. Por quê? Se o seu objetivo é possuir e implementar uma estratégia de abertura, certamente necessitará de líderes abertos e eficientes que conduzam o processo. Além disso, é fundamental que se saiba de antemão se outras pessoas não compartilham dessa mesma mentalidade em relação à abertura, à divulgação de informações e/ou a um processo de tomada de decisões mais distribuído, pois elas poderiam se tornar um empecilho significativo para a implementação dessa estratégia.

Sugerimos, portanto, a realização de uma simples autoavaliação por meio das perguntas constantes no Quadro 7.1. Isso permitirá o maior conhecimento e a melhor compreensão de sua própria mentalidade.

216　Liderança Aberta

Quadro 7.1. Autoavaliação para a liderança aberta

O quadro abaixo traz afirmativas opostas, duas a duas, sobre as mentalidades pessimista e otimista. Responda de acordo com a seguinte escala: 1 (concordo totalmente com a afirmativa à esquerda), 2 (concordo parcialmente com a afirmativa à esquerda), 3 (concordo parcialmente com a afirmativa à direita) e 4 (concordo totalmente com a afirmativa à direita). Em seguida, some os seus pontos e divida o total por 8 para obter sua média.

Mais pessimista	←——→	Mais otimista	Pontos*
Dada a oportunidade, as pessoas agirão de maneira incorreta.	1　2　3　4	Dada a oportunidade, as pessoas agirão de maneira correta.	
As pessoas se mostrarão negativas e tentarão prejudicar os outros com seus comentários.	1　2　3　4	As pessoas serão positivas e construtivas em seus comentários.	
Temos mais a perder do que a ganhar compartilhando informações publicamente.	1　2　3　4	Temos mais a ganhar do que a perder compartilhando informações publicamente.	
Não podemos confiar informações confidenciais aos funcionários.	1　2　3　4	Podemos confiar informações confidenciais aos funcionários.	
Os funcionários devem receber apenas as informações necessárias para realizar o seu trabalho.	1　2　3　4	Os funcionários devem receber o máximo de informações que for possível para realizar o seu trabalho.	
Funcionários da linha de frente e clientes somente reclamam.	1　2　3　4	Posso aprender muito com os funcionários da linha de frente e com os clientes.	
Quando alguém me critica, tomo como pessoal.	1　2　3　4	Quando alguém me critica, aproveito a oportunidade para aprender.	
Os erros devem ser evitados a todo o custo.	1　2　3　4	Quando um erro é cometido, temos a oportunidade de aprender.	
Média			

* Você é pessimista se a pontuação obtida for igual ou menor que 2; você é otimista se a pontuação obtida for maior que 2.

O quadro abaixo traz afirmativas opostas, duas a duas, sobre as mentalidades individualista e colaborativa. Responda de acordo com a seguinte escala: 1 (concordo totalmente com a afirmativa à esquerda), 2 (concordo parcialmente com a afirmativa à esquerda), 3 (concordo parcialmente com a afirmativa à direita) e 4 (concordo totalmente com a afirmativa à direita). Em seguida, some os seus pontos e divida o total por 8 para obter a sua média.

Mais individualista ◄————► Mais colaborativo		Pontos*
Atribuo grande parte do meu sucesso à minha capacidade pessoal de realizar o trabalho.	1 2 3 4	Atribuo grande parte do meu sucesso à minha capacidade de colaborar com outras pessoas.	
Quando os tempos são difíceis, dependo principalmente de mim mesmo.	1 2 3 4	Quando os tempos são difíceis, dependo de outras pessoas.	
Envolver *stakeholders* importantes e, portanto, mais pessoas retardará as decisões.	1 2 3 4	Envolver *stakeholders* importantes e, portanto, mais pessoas, acelerará as decisões.	
Envolver um número menor de pessoas mais bem-informadas poderá melhorar o resultado final.	1 2 3 4	Envolver mais pessoas em uma decisão poderá melhorar o resultado final.	
Ao iniciar um novo projeto, penso primeiramente no que tenho de fazer.	1 2 3 4	Ao iniciar um novo projeto, penso primeiramente em quem devo envolver.	
O julgamento de um indivíduo supera o conhecimento coletivo do grupo.	1 2 3 4	O conhecimento coletivo supera o julgamento de um indivíduo.	
É bom dar o poder de decisão a pessoas que conhecem o que a organização como um todo está fazendo.	1 2 3 4	É bom estender o poder de decisão a pessoas que estão mais próximas dos clientes.	
Meu conhecimento e liderança são necessários para a tomada de decisões importantes.	1 2 3 4	Decisões importantes podem ser tomadas sem o meu envolvimento direto.	
Média			

* Você é individualista se a pontuação obtida for igual ou menor que dois; você é colaborativo se a pontuação obtida for maior que dois.

Disponibilizamos ainda um teste que poderá ser realizado on-line no site www.open-leadership.com.

1. Você se considera pessimista ou otimista em relação à maneira como as pessoas usam o poder da informação e da decisão? Você vê o Facebook, por exemplo, como uma perda de tempo ou como uma ótima maneira de se conectar tanto profissionalmente como em caráter pessoal? Em sua opinião, qual seria o resultado se os funcionários tivessem maior acesso à informação?
2. Como você age para fazer as coisas acontecerem na sua empresa? Você tende a pressionar os outros? Ou trabalha facilmente em equipe, até mesmo com pessoas com as quais não tem nenhuma relação natural?

Com os seus resultados, você poderá descobrir qual é o seu arquétipo como líder aberto, como demonstra a Figura 7.2. Seja honesto em sua avaliação – não se trata apenas de tentarmos nos encaixar no arquétipo OR, mas de realmente compreender qual é a sua abordagem em relação à abertura. Se o autoconhecimento é virtude essencial para um líder aberto, então, a honestidade sobre sua própria mentalidade é o passo fundamental.

O objetivo da autoavaliação é compreender em que grau a sua estratégia de abertura para o compartilhamento de informações e tomada de decisões está sendo influenciada por inclinações ou dificuldades pessoais de se tornar mais aberto. Seus funcionários e clientes podem estar clamando por essa maior abertura; sua estratégia pode estar apontando na direção de maior compartilhamento de informações e maior poder de decisão, mas, por dentro, é possível que esteja completamente dilacerado.

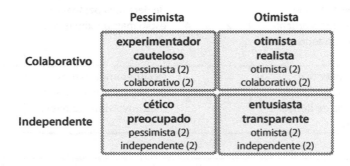

Figura 7.2. Identificando seu arquétipo de líder aberto

Da mesma maneira, você pode até ser uma pessoa bastante aberta, mas considerar sua estratégia simplesmente insuficiente para alcançar a abertura na empresa.

Se a estratégia de abertura e o estilo de liderança aberta não forem congruentes e consistentes, grandes dificuldades serão enfrentadas ao se tentar implementar a estratégia de maneira eficaz, porque, na verdade, não será possível acreditar nela. Por essa razão, é importante conduzir a avaliação com outros membros da equipe de liderança para que todos tenham conhecimento de como cada um aborda a questão da abertura. Será mais prudente garantir um número suficiente de líderes abertos para sustentar a estratégia.

O esforço em fazer todos compreenderem perfeitamente essas mentalidades não configura uma tentativa de rotular indivíduos; acima de tudo, o objetivo é estabelecer quais competências e que tipo de pessoas são necessárias para a adequada sustentação de uma estratégia de abertura. Se a sua equipe se sente motivada a adotar uma ampla estratégia de abertura devido às condições do mercado – como a Ford –, talvez seja necessário procurar fora da organização por um líder aberto como Scott Monty para liderar tal mudança.

Como os arquétipos apoiam-se mutuamente

O que se pode fazer para mudar as mentalidades e as competências de sua equipe de liderança é combinar diferentes arquétipos, dois a dois, de modo que cada um seja intencionalmente exposto a uma mentalidade diferente e, assim, aprenda com ela. Por exemplo, podemos combinar CPs e ECs, com o objetivo específico de compartilhar o sucesso que os ECs obtiveram com o trabalho colaborativo. Além disso, eles poderão compartilhar sua capacidade de conciliar uma mentalidade pessimista com aspectos colaborativos por meio de pequenos experimentos que resultarão em maior confiança, além de usar o pacto do tanque de areia para garantir diretrizes e procedimentos claros.

Combinações que não funciona muito bem são entre ETs e CPs ou ETs e ECs. O problema, nestes casos, é que cada um deles tem a firme convicção de que seus pontos de vista – a própria visão otimista ou pessimista do mundo – são "verdadeiros", além de não terem a disposição e as competências colaborativas para equilibrar suas tendências individualistas. O resultado é que o ET exaltará a tecnologia e todas as maneiras pelas quais ela poderá tornar um líder mais aberto, quando esta é justamente a última coisa que um CP ou até mesmo um EC quer se tornar!

Combinações melhores reúnem ORs e CPs, ou ORs e ECs – mantendo os ETs por perto para que apenas observem o processo. Os ORs podem contar com o respeito e os relacionamentos internos para enfrentar a resistência da equipe, juntamente por terem o otimismo de acreditar que os CPs e os ECs podem aprender a ser mais seguros em relação à abertura, especialmente quando conseguirem compreender seus benefícios. Os ORs têm a "paciência de Jó", a vontade de dar tempo aos pessimistas para explorarem novas maneiras de fazer as coisas, e a capacidade de estimulá-los e apoiá-los durante todo o processo.

É importante que os ETs observem esse processo, uma vez que precisarão desenvolver suas próprias competências colaborativas, especialmente porque lhes falta a mentalidade inata de trabalhar em colaboração. Enquanto isso, os ETs poderão desempenhar um papel importante trabalhando com *stakeholders* externos, sobretudo clientes e parceiros que já se encontram ansiosos para se envolver com a organização. Eles também poderão ajudar a identificar outros líderes abertos e otimistas na organização, encontrando os outros "fanáticos" que ajudarão a sustentar a estratégia de abertura. Dessa maneira, os ETs se transformam nos soldados da linha de frente na implementação da estratégia, além de se tornarem ainda mais versáteis e eficientes conforme desenvolvem suas capacidades de colaboração.

Por fim, é preciso discutir o importante papel que os ORs desempenham. Como mencionado anteriormente, eles são os sustentáculos indispensáveis da sua estratégia de abertura. Eles possuem o conhecimento organizacional e os relacionamentos para servirem de catalisadores e agentes de mudança, além de terem facilidade de usar e compreender as tecnologias sociais que permitem todos esses novos relacionamentos. São pessoas raras – gente como Lionel Menchaca da Dell, Michele Azar da Best Buy, Wendy Harman da Cruz Vermelha norte-americana e Scott Monty da Ford. Menchaca e Azar já eram há muito tempo funcionários em suas empresas, enquanto Harman e Monty foram contratados para suas posições. O interessante de se observar é que eles foram conduzidos a seus cargos por executivos que não eram necessariamente ORs, mas, em geral, ECs. Esses primeiros ORs desenvolveram e instigaram outros líderes abertos – e, com efeito, dirigiram as estratégias de abertura de suas organizações conjuntamente a ECs.

Abordo essa questão porque, embora você mesmo possa ser um EC ou um CP, é necessário que tenha consciência disso e que, dessa maneira, seja capaz de compensar suas limitações, identificando ORs e ETs, que sirvam como executores da sua estratégia de abertura. Mesmo que você não tenha, portanto, a disposição para ser um líder aberto, o simples fato de desejar se envolver no processo e estabelecer uma estratégia nesse sentido é um passo estratégico importante. Muitos dos executivos abordados como Barry Judge e John Chambers não eram líderes abertos no início, mas evoluíram lentamente, modificando suas mentalidades e competências, até alcançarem o ponto atual.

Plano de ação:
mudando a sua mentalidade rumo à liderança aberta

Se a estratégia de abertura desenvolvida exigir que a liderança de sua organização seja mais aberta em relação ao compartilhamento ou à tomada de decisões, você está preparado para isso? Se não, é preciso entender as razões para isso – principalmente, o pessimismo quanto aos resultados. Se não há segurança para a inclusão de outras pessoas no processo de tomada de decisões, e se não ocorrer mais colaboração, será necessária a ampliação de círculo de confiança. Transformar mentalidades exige tempo, paciência e vários pequenos sucessos para o desenvolvimento da segurança mútua. A seguir, estão listados alguns passos para você começar a construir uma mentalidade mais otimista e colaborativa:

- **Desenvolvimento de pactos do tanque de areia que ofereçam as salvaguardas para o engajamento.** Ao compartilhar informações ou estender a tomada de decisões a outros níveis da organização, quais são as suas expectativas em relação ao que será feito com esse poder? Quais são as responsabilidades que você gostaria que funcionários e clientes assumissem?
- **Estabelecimento de parcerias com otimistas e fortes colaboradores.** Você provavelmente conhece alguém considerado otimista e que naturalmente demonstre liderança aberta. É interessante

> reunir-se com essa pessoa para compreender suas perspectivas e visões de mundo. O que essa pessoa faz para garantir o controle durante o processo de abertura? Como esse indivíduo faz o trabalho de abertura em sua organização?
>
> - **Exame do próprio *background* junto a pessoas que o conheçam bem.** Nossa mentalidade é desenvolvida por meio de experiências pessoais importantes, assim, seria adequado conversar com indivíduos que o conheçam bem em caráter pessoal. Todos abrigamos algum otimismo, desse modo, é fundamental procurar por pessoas nas quais se deposita confiança para que elas o ajudem a encontrar aquele ponto de partida em que você se sentirá seguro para se envolver com outros indivíduos.
>
> - **Começo pequeno para a construção da confiança.** É difícil aposentar uma mentalidade que nos tem conduzido durante toda a carreira profissional – isso pode parecer completamente não natural e até mostrar-se contrário às nossas crenças mais profundas. Não se pode, de repente, anunciar: "De hoje em diante serei colaborativo; serei otimista". Leva tempo mudar uma mentalidade, e isso somente acontece após vários sucessos. É importante dar um passo de cada vez, a fim de se construir confiança no compartilhamento de informações e na tomada de decisões em um círculo cada vez maior de pessoas.

No próximo capítulo examinaremos as competências e os comportamentos específicos que precisamos desenvolver como líderes abertos, tanto em relação a nós mesmos como a outros profissionais em toda a organização. Traços e mentalidades são muito difíceis de mudar; se você for naturalmente pessimista ou se sentir mais seguro trabalhando sozinho, isso será difícil de superar. Competências e comportamentos, no entanto, são mais estratégicos; são coisas que podemos começar a praticar. Se aprendermos uma nova competência ou conscientemente mudarmos nosso comportamento, ao longo do tempo nossa mentalidade poderá também começar a mudar. Sigamos adiante para o capítulo 8, no qual discutiremos como desenvolver a liderança aberta, cultivando competências e comportamentos específicos.

Notas da autora

1. BRYANT, Adam. "You want insights? Go to the front lines". [Você quer *insights?* vá para as linhas de frente] *New York Times*, 26 de agosto de 2009, p. B2.
2. COLLINS, Jim. *Empresas feitas para vencer: porque algumas brilham e a maioria não*. Rio de Janeiro: Campus, 2001.
3. A página de Jeff Hayzlett no Twitter está disponível em http://twitter.com/JeffreyHayzlett; e o seu blog pode ser visitado em http://jeffreyhayzlett.1000words.kodak.com/.

Capítulo 8:
Desenvolvendo a liderança aberta

O que significa ser um bom líder? Mais importante do que isso, como alguém se torna um bom líder? Centenas de livros foram escritos sobre esse assunto, e não pretendemos reescrever todo o conhecimento já construído. Em vez disso, neste capítulo discutiremos como uma pessoa poderá se tornar um bom líder aberto, já que as novas regras de relacionamento criadas com o advento das tecnologias sociais requerem o desenvolvimento de novas competências e comportamentos que acentuem e apoiem o estilo de liderança individual preexistente. Explicaremos o significado de ser "autêntico" e "transparente", e também como podemos utilizar as tecnologias sociais para nos tornarmos líderes eficientes e, ao mesmo tempo, desenvolvermos outros líderes na organização.

Comecemos dissecando dois dos conceitos mais usados quando o assunto é abertura: autenticidade e transparência.

A VERDADE POR TRÁS DA AUTENTICIDADE

Para nos tornarmos líderes, devemos primeiramente ostentar algumas virtudes específicas, como: integridade, honestidade, lealdade, respeito pelas pessoas, senso de humor, ousadia – em resumo, características que, de acordo com o clássico de Warren Bennis, *A formação do líder*,* levam indivíduos a segui-lo e a confiar em suas ações.[1] Inúmeras obras sobre liderança já foram escritas para descrever tais características, e este livro visa apenas a reforçar ainda mais este conceito. Gostaríamos, contudo, de ir um pouco além. Parafraseando o que disse Marco Aurélio, o grande imperador romano, há quase dois mil anos: "Não perca mais tempo discutindo como um bom homem deveria ser; apenas seja".

---
* São Paulo: Atlas, 1996. (N.E.)

226 Liderança Aberta

A maioria das pessoas sabe o que significa ter integridade, honestidade, lealdade etc. Um amigo que ministra um curso de administração em uma prisão masculina contou certa vez que, em um de seus exercícios, ele costuma solicitar aos detentos condenados que escrevam três características de um indivíduo a quem eles respeitam. Essas palavras são então relacionadas no quadro-negro, e o resultado se repete todas as vezes: as pessoas que esses prisioneiros respeitam são honestas, confiáveis, leais, inteligentes e justas – o que nos faz lembrar a Lei Escoteira.

As pessoas, em geral, entendem perfeitamente o que significa ser uma pessoa de bom caráter, independentemente da ocupação desse indivíduo. Afinal, as qualidades que inspiram uma congregação a seguir um religioso carismático são as mesmas que levam alguém a obedecer a um perigoso líder de gangue, pois embora ambos não compartilhem os mesmos fins, ostentam as mesmas características de liderança.

Entretanto, em um mundo onde os relacionamentos são influenciados pelas tecnologias sociais, apenas possuir as qualidades mencionadas não é suficiente. Qualquer um disposto a prestar atenção perceberá todas as atitudes dos homens e das organizações – seus aspectos positivos, negativos e até os mais execráveis, pois estas estão completamente expostas. Líderes capazes de abraçar a nova cultura de compartilhamento e usá-la em seu benefício poderão amplificar suas características e ações positivas, porém, esta cultura também poderá funcionar contra eles.

Portanto, acima até mesmo de características como a integridade, a liderança aberta exige autenticidade. Com o passar do tempo, e devido ao seu uso excessivo, essa palavra perdeu muito do seu significado. Além disso, temos grande dificuldade em defini-la. O artigo "Managing authenticity: the paradox of great leadership" [Gestão da autenticidade: o paradoxo da grande liderança], publicado na revista *Harvard Business Review*, em 2005, nos explica a raiz do problema:

> Autenticidade é uma qualidade que nos deve ser atribuída pelos outros. Nenhum líder pode se olhar no espelho e dizer: "Eu sou autêntico". Um indivíduo não pode ser autêntico sozinho. A autenticidade é, em grande parte, definida pelo que os outros veem em você e, como tal, pode ser controlada por você, pelo menos parcialmente.[2]

Desse modo, todos os apelos para que sejamos "autênticos" são, curiosamente, corretos – o paradoxo está no fato de podermos controlar o quão autênticos desejamos parecer, dependendo da situação em que nos encontrarmos. Como resultado, podemos dar a impressão de inautenticidade, se a informação que compartilharmos e transmitirmos for vista pelo público errado e na hora errada. Por exemplo, o leitor desta obra me conhece como autora, porém, também posso ser definida como uma sino-americana criada em Detroit, como mãe de duas crianças e como uma profissional com MBA em Harvard. Todos esses elementos reunidos formam que eu sou – mas isso não significa que eu demonstre todos estes aspectos o tempo todo. De vez em quando, minha identidade profissional vem à tona em uma reunião de escola, em outras ocasiões, é meu lado pessoal que emerge durante um encontro de negócios. Espero que isso ocorra quando for apropriado, mas esses lampejos podem facilmente dar a impressão de serem inautênticos ou estranhos se demonstrados no momento errado, para o público errado.

Líderes abertos têm a capacidade de fazer emergir durante uma conversa os aspectos mais relevantes do seu "eu" autêntico; sabem, de maneira inata, o momento e a ocasião certos para fazê-lo. Saber exatamente o que "omitir" é uma capacidade muito valorizada para alguém ser aceito em uma comunidade – algo que muitas mulheres e minorias compreendem perfeitamente.[3] Assim, os líderes abertos precisam aprender a administrar sua autenticidade, especialmente em relação aos vários públicos que poderão ser alcançados com as tecnologias sociais. É provável que todos já tenham deparado pessoas demasiadamente autênticas – tão intransigentemente verdadeiras consigo mesmas que suas atitudes prejudicam sua capacidade de transigir e interagir dentro da organização. Tais indivíduos não conseguem alcançar todo o seu potencial porque não têm a capacidade de moderar e controlar sua autenticidade em contextos específicos.

A nova cultura de compartilhamento criada pelas tecnologias sociais torna o desenvolvimento dessa competência ainda mais urgente. Contudo, a "autenticidade" pode ser algo novo para alguém nessa situação, portanto, o indivíduo corre o risco de não parecer suficientemente autêntico, ou, pior ainda, de dar a impressão de inautenticidade ao divulgar informação demais sobre si mesmo. Não nos admira o fato de que muitos líderes estejam hesitantes em se engajar em mídias sociais – além dos riscos serem grandes, há ainda a probabilidade de não se atingir o devido

228 Liderança Aberta

equilíbrio, pelo menos no início. Então, como podemos começar a nos tornar líderes abertos "autênticos"?

Em primeiro lugar, é preciso permanecer fiel aos próprios valores e concentrar-se no que se deseja realizar. Tomemos o exemplo de Chris Pratley, um dos primeiros blogueiros da Microsoft, mencionado no capítulo 5. Ele liderava a equipe do OneNote,* e como já poderíamos esperar, a maioria das pessoas acreditava que ele fosse um profissional da linha de frente de marketing, nada interessado em relacionamentos interpessoais. Assim, antes mesmo de começar seu trabalho, foi rotulado como não autêntico, simplesmente devido à sua associação com uma grande empresa. Entretanto, já que mostrou respeito e interesse genuínos em desenvolver relações – reagindo rapidamente aos desafios, respondendo a perguntas e fornecendo informações detalhadas –, logo as pessoas começaram a confiar nele. Ele demonstrou sua integridade, lealdade e honestidade em cada post e comentário que escreveu.

Os desafios à sua integridade o tornaram ainda mais determinado a provar que era confiável. Certa vez, Chris comentou:

> As pessoas sempre me diziam coisas do tipo: "Obrigado por tudo, aqui está a prova de que você realmente se importa"; "Você releva os comentários negativos e responde a todos, mesmo quando discordaram de suas opiniões"; "Você sempre retorna com mais informações, o que mostra que é uma pessoa autêntica e que realmente se importa com o que o seu produto é"; "Sua autenticidade fica clara em tudo o que você escreve".

Pratley tornou-se autêntico para seu público, mas isso exigiu dele muita persistência e determinação para fazer valer sua palavra. Ao fazer isso, ele estava colocando em prática uma das novas regras da liderança aberta detalhadas no final do primeiro capítulo: compartilhar sempre para construir confiança.

O segundo passo para construir a autenticidade é começar de modo discreto. Foi exatamente isso o que fez o diretor de marketing da Best Buy, Barry Judge. Ele recorda de quando sua equipe de marketing sugeriu que ele criasse seu próprio blogue:

---

* Ferramenta para anotações, coleta de informações e colaboração multiusuário desenvolvida pela Microsoft. (N.E.)

Um dos argumentos a favor da ideia era a possibilidade de eu ir além dos limites da empresa e falar diretamente com as pessoas que, de fato, estavam comprando o produto. Tratava-se de uma ideia realmente extraordinária, mas a minha primeira mensagem no blogue foi uma experiência terrível! Fiquei tão aliviado quando tudo acabou – foram apenas duas frases para começar.[4]

Porém, ele logo se acostumou.

Tive apenas de mergulhar fundo; de descobrir o que fazer e compreender como tudo aquilo funcionaria para mim. Rapidamente percebi o poder de ser mais aberto, e foi colocando a mão na massa que tudo isso veio à tona.

A experiência de Judge pode ser comparada à de muitas outras pessoas na primeira vez que se envolvem com tecnologias sociais – não se sabe exatamente o que dizer e como agir, e quando chega o momento de clicar no botão "Enviar" pela primeira vez, podemos ficar apavorados –, e sei disso por experiência própria![5] Porém, se procurarmos alcançar a essência da pessoa que realmente somos – e tão importante quanto isso, concentrar nossos esforços nas pessoas e no público que desejamos atingir – logo descobriremos como desenvolver uma voz própria.

TRANSPARÊNCIA NÃO É MOSTRAR E CONTAR TUDO

A outra competência essencial que precisamos desenvolver é a transparência. Executivos como Brian Moynihan, o novo CEO do Bank of America, compreendem a importância da transparência, dizendo: "Nós [...] estamos mudando a maneira de fazer negócios. Estamos comprometidos com a equidade e a transparência".[6] Moynihan reconhece que, após as transgressões testemunhadas na última década, as organizações precisam ser mais transparentes na maneira como conduzem seus negócios. Como a autenticidade, a transparência também não pode ser definida pelo próprio indivíduo – o líder –, mas pelas pessoas que precisam confiar nele e em sua organização. Mas afinal, quanta informação é necessária para que essas pessoas se disponham a seguir um líder, a ponto de confiar a ele seu dinheiro ou negócio?

230   Liderança Aberta

Mergulhemos mais fundo no real significado de transparência. Em vez de usarmos a palavra "transparência", que implica abertura e sinceridade completas, prefiro descrever essa competência como "tornar a informação e os processos 'visíveis'." Não são apenas nossos objetivos que tornamos visíveis, mas também os desafios, os riscos e as oportunidades. Para uma determinada estratégia, oferecemos às pessoas atualizações e compartilhamos as opções, os desafios e os resultados de uma decisão. Maior visibilidade incorpora principalmente a "explicação" e a "atualização", que, como visto no capítulo 2, são elementos da abertura. Além disso, e tão importante, a maior visibilidade pode advir justamente do não compartilhamento de informações, desde que devidamente acompanhado das razões pelas quais o líder não pode discorrer mais, por exemplo, "Estamos em negociações", "Estamos em um período de silêncio" ou "Estamos sendo processados".

Quando, em 2006, Harriet Green se tornou CEO da Premier Farnell, distribuidora de componentes eletrônicos, ela imediatamente percebeu a necessidade de maior transparência. Uma das primeiras mudanças implementadas por ela foi o deslocamento da maioria das operações da empresa para o ambiente virtual – o que envolveu identificar e inventariar centenas de milhares de diferentes tipos de componentes eletrônicos em todo o mundo. A executiva percebeu que uma das barreiras existentes dentro da companhia, globalmente dispersa, era o fato de os funcionários não saberem como cada unidade contribuía para a execução da estratégia da organização, o que impedia sua coordenação e colaboração rumo a um objetivo comum.

Green percebeu que a nova geração de trabalhadores precisava de um tipo diferente de liderança, e que mais transparência geraria mais confiança, fortalecimento e, por consequência, melhor desempenho. Para tornar essa transparência possível, ela implementou um programa chamado "eLife", cujo elemento central era o SuccessFactors – um software de execução de processos comerciais capaz de representar visualmente o objetivo de cada indivíduo e tornar visível a responsabilidade de cada um na empresa, desde o estoquista ao CEO. Ao tornar as responsabilidades visíveis, Green removeu o mistério e a distração sobre como cada profissional era avaliado e recompensado.

Entretanto, o eLife era mais do que uma solução tecnológica; também envolvia um compromisso da liderança da Premier Farnell de estimular compartilhamento e apoio às iniciativas e realizações de cada funcionário. Como discutimos no segundo capítulo, Green distribuiu câmeras de vídeo portáteis e baratas a todos os funcionários para que documentassem e compartilhassem suas melhores práticas em um canal interno chamado "OurTube". Essa transparência estendeu-se também ao fluxo de informações interno e externo. A empresa iniciou uma comunidade externa para engenheiros, denominada Element 14, e a própria Green começou a blogar internamente, e com frequência.

Ela nos conta que, às vezes, é difícil sustentar esses novos canais de comunicação.

> Depois de cada reunião, depois de cada sessão, você tem de pensar em como se comunicar com a organização. Se permanecemos em silêncio por uma semana, as pessoas logo começam a pensar o pior. Esse meio de comunicação aberta é muito vicioso e atrai completamente nossa atenção. É impossível não ficar entusiasmado quando nos envolvemos, portanto, temos de vê-lo como um compromisso para toda a vida.

Green percebeu que a criação dessa confiança também exigia compromisso significativo, e que somente seria possível devido à sua forte crença no novo papel da transparência na liderança.

Green também confessa que levou algum tempo para se acostumar, não apenas à natureza de mão dupla daquele tipo de comunicação, como também ao volume.

> Há dias em que, após receber o 254° e-mail sobre um determinado assunto, você pensa: "Por que continuo nesse caminho? Não seria muito mais simples optar pelo envio de um memorando com os resultados no final do trimestre?" Esse método de comunicação gera grande atividade e poderíamos dizer que parte dela é totalmente irrelevante. Porém, acredito que, no geral, esse procedimento aumenta nossa produtividade. Quando oferecemos às pessoas todas essas informações e as emancipamos dessa maneira, elas certamente nos desafiarão ao participarem com sugestões e comentários que podem ser muito úteis para dinamizar o seu trabalho e os negócios da empresa. Acredito que isto esteja certo, embora nem sempre seja fácil.

232 Liderança Aberta

APOIANDO A LIDERANÇA ABERTA COM TECNOLOGIA

Green e outros líderes descobriram-se capazes de usar as tecnologias sociais para ampliar e apoiar sua liderança. Como vimos na Parte II deste livro, os líderes abertos precisarão estar muito seguros para usar as tecnologias sociais com o intuito de implementar estratégias de abertura. Isso tem de começar em um nível pessoal – portanto, é preciso perguntar a si mesmo sobre seus sentimentos em relação a essas tecnologias. É possível sentir-se seguro sendo autêntico e transparente com as pessoas mais próximas, mas isso não será o suficiente nesse novo ambiente. Para desenvolver novos relacionamentos abertos, é preciso elevar essa autenticidade e transparência a outro nível.

Entretanto, talvez você ainda esteja entre aqueles que olham para o Facebook ou o Twitter e balançam a cabeça, dizendo: "não consigo ver a mim mesmo(a) usando essas ferramentas ao lado dos meus funcionários da Geração Y!" Se esse for o caso, em vez de concentrar-se nas tecnologias, dirija sua atenção aos objetivos principais que deseja alcançar com a estratégia de abertura – aprender, dialogar, apoiar e inovar – e procure descobrir como, pessoalmente, utilizará tais ferramentas para atingir esses objetivos.

Tomemos o exemplo de Bill Marriott, CEO da cadeia de hotéis Marriott International, que é adepto dos blogues desde janeiro de 2007.[7] Aos 78 anos de idade, a tecnologia não é exatamente uma coisa fácil para ele – ele admite ter dificuldades para digitar! Assim, quando quer publicar uma mensagem, um funcionário da equipe de comunicação do Marriott grava o que ele quer dizer, transcreve a mensagem e envia o texto e o arquivo de áudio para o seu blogue. Às vezes, Marriott escreve à mão o que quer dizer, em outras, utiliza-se de notas e, em algumas ocasiões, fala de improviso, sem preparar nada. "O fato de ser tecnofóbico interpõe vários obstáculos no caminho, mas eu faço as coisas funcionarem porque sei que é uma ótima maneira de nos comunicarmos com nossos clientes e *stakeholders* atualmente."[8]

O que motiva Marriott não é exatamente a tecnologia, mas seu desejo de manter um tipo novo e diferente de relacionamento com as pessoas que ele lidera. Como vimos na discussão anterior, é importante ter um plano de antemão para quando tornar-se realmente aberto, autêntico e transparente, pois você estará assumindo um compromisso de relacionamento com as pessoas que irá liderar. Da mesma maneira que desenvolvemos uma estratégia de abertura para a empresa, é preciso ter um estratagema específico para implementar nossa abertura pessoal.

Pare por um instante e faça a si mesmo algumas perguntas para avaliar a maneira como pratica a autenticidade e a transparência, e, particularmente, sua capacidade pessoal de usufruir de tecnologias sociais para esse fim. No final do capítulo, há uma ferramenta mais completa para avaliar as competências da liderança aberta (também acessível no site www.open-leadership.com.

- Quais são os valores que me sustentam como pessoa?
- Quais são as regras que governam o que irei compartilhar e com quem? De que maneira isso se aplicará quando uso tecnologia para facilitar o compartilhamento?
- A maneira como comunico minhas decisões e ideias oferece bons resultados? O quanto estou seguro em fazer isso usando as tecnologias sociais, que podem amplificar essas conversas?
- A maneira como estimulo o diálogo e a diversidade de opiniões em relação às decisões dá bons resultados? Como posso usar a tecnologia para facilitar esse diálogo?
- O quanto me sinto seguro ao admitir que não sei alguma coisa, que cometi um erro, ou que preciso de ajuda? O quanto me sinto seguro ao fazer isso em plataformas abertas?

Passemos agora à análise de como podemos promover e desenvolver uma liderança aberta dentro da organização.

LÍDERES ABERTOS COMO CATALISADORES

Em uma organização aberta, o líder ainda estabelece os objetivos, a estratégia e a agenda – mas com um compartilhamento de informações mais elevado e um processo distribuído de tomada de decisões, seu papel na organização muda de maneira sutil, porém significativa. O líder aberto precisa ser um catalisador – a inspiração para que as pessoas unam seus esforços e, juntas, realizem mais. Todo o mundo tem de estar alinhado para que o desempenho alcance êxito.

234 Liderança Aberta

Como todos já devem saber, assumir a posição de catalisador é um desafio, já que estamos pedindo a um grupo de pessoas que ajam de uma maneira diferente do que estavam acostumadas no passado. Esta seção examina como líderes abertos que assumem o papel de catalisadores criam e cultivam um ambiente em que a abertura pode prevalecer – de que maneira os objetivos são definidos e comunicados; como os colaboradores são estimulados a serem, eles mesmos, líderes abertos; como criar uma cultura que estimule a inovação e a disposição para assumir riscos; e como eliminar as barreiras.

Examinemos primeiramente como os líderes abertos definem e comunicam os objetivos e, ao fazer isso, criam outros líderes abertos.

CRIANDO OBJETIVOS E VISÃO COMPARTILHADOS

Entre os temas normalmente abordados por líderes abertos, está a importância de criar um forte senso de compartilhamento de objetivos entre todos os funcionários e comunicá-lo de maneira clara e ampla, dentro e fora da organização. Como discutimos no capítulo 1, a campanha de Barack Obama foi capaz de reunir todos seus correligionários em torno de um mesmo objetivo – elegê-lo presidente – e de, posteriormente, contar com a linha de frente para executar a estratégia estabelecida de modo quase perfeito, já que todos atuavam com um mesmo conjunto de valores básicos. Depois de certificar-se de que os valores certos orientavam o que as pessoas faziam, a direção da campanha se sentiu segura em abrir mão do controle e, com isso, liberou uma poderosa fonte de energia – e de dinheiro.

Os negócios, no entanto, não geram o mesmo nível de paixão e compromisso que uma campanha política – basta observar os problemas que o governo Obama vem enfrentando ao procurar convencer um Congresso resistente a aprovar iniciativas que incluem desde o projeto de reforma da saúde até pacotes de estímulo. John Chambers, CEO da Cisco Systems, enfrenta esse problema todos os dias – mesmo sendo o diretor executivo, ele não pode simplesmente controlar e obrigar seus 65 mil funcionários a aderir a uma estratégia. Ele descobriu que cada um tinha uma maneira diferente de entender e expressar a estratégia corporativa. Assim, Chambers estabeleceu um novo processo em torno da estratégia que apresentava vocabulário adequado, além de valores e objetivos claros para orientar todas as discussões estratégicas.

Chambers percebeu que precisava de ajuda para criar e comunicar a estrutura necessária para instilar a nova maneira de pensar. Para essa tarefa, ele recorreu a Ron Ricci, vice-presidente de posicionamento corporativo, que foi capaz de, a partir das ideias de Chambers, criar um novo processo de liderança e de tomada de decisões. No centro da estratégia está a colaboração, o que permitiu à Cisco tornar a tomada de decisões distribuída uma realidade. Ricci nos explica porque a tecnologia desempenhou um papel tão importante nesse processo: "Os objetivos compartilhados exigem confiança, que, por sua vez, exige comportamento. E adivinhe o que a tecnologia faz? Ela expõe o comportamento".

Por exemplo, se um chefe de departamento pretende deslocar recursos significativos para uma nova iniciativa, isso exige uma grande dose de confiança por parte de outros departamentos que serão afetados. A Cisco investiu pesado em ferramentas de colaboração remota, como o WebEx e seu sistema de videoconferência TelePresence, disponibilizando-o prontamente para quem precisasse usá-lo. Por que isso é importante? É Ricci quem responde:

> Quando tomamos decisões que afetam a posição de valor da empresa, não há nada mais importante do que perguntar ao seu parceiro de negócios: "Estamos nisso juntos?" E quando essa pessoa concorda com entusiasmo e percebemos sinceridade em seus olhos, esse é um grande passo para se construir confiança. Há também muitos benefícios em termos de produtividade, mas o mais importante é a criação de maior confiança.

Os blogues e fóruns de discussão internos da Cisco oferecem apoio complementar para as decisões, e o compromisso para a sua execução. Se alguém quiser saber o que seu parceiro tem feito em um projeto, é simples: basta verificar o blogue e se inteirar das últimas atualizações. Há menos preocupação em saber o que está acontecendo, menos tempo gasto verificando detalhes de implementação e mais tempo dedicado a pensar estrategicamente sobre as iniciativas.

236 Liderança Aberta

A atitude de liderar a mudança visando mais colaboração partiu do próprio Chambers. Ele contou que, no início, foi abordado por funcionários mais jovens que lhe disseram que sua definição de colaboração era muito estreita. Ele recorda: "Eles disseram que tudo deveria ser Web 2.0, que eu precisava manter essas tecnologias mais perto de mim e dar o exemplo de como usá-las, incluindo blogues". Chambers estava preocupado que esses blogues não fossem uma boa alternativa. "Eu seria capaz de falar duzentas palavras por minuto, mas não queria escrever em um blogue. Não sou muito bom em ortografia e aquilo evidenciaria meus erros de gramática". Em vez de escrever, os funcionários lhe sugeriram que experimentasse um blogue de vídeos. Ainda relutante, ele concordou em fazer duas tentativas. "Usei essa tecnologia pela primeira vez para me comunicar com a nossa equipe de liderança e, sequer havia terminado a primeira sessão quando percebi que eles estavam certos".[9]

Do alto do seu cargo, Chambers deu um exemplo pessoal de como ser um líder aberto. E como Bill Marriott, Chambers teve de deixar de lado sua reticência natural em relação ao uso da tecnologia, a fim de realizar o seu objetivo de não apenas comunicar uma estratégia, mas também de vivenciá-la. Seu conselho: conte em sua equipe com profissionais que complementem suas fraquezas, o que lhe permitirá pensar – e agir – de maneira criativa.

Desenvolvendo líderes abertos

Uma das competências mais importantes da liderança aberta é desenvolver outros líderes abertos. Embora nem todos possuam o *background*, a personalidade ou o desejo de ser líder, é provável que mais pessoas tenham capacidade de liderar do que a nossa velha sabedoria nos leva a acreditar. É possível encontrar candidatos em lugares inesperados e, às vezes, é preciso procurar fora da sua organização para encontrá-los.

Cultivar e desenvolver líderes abertos exige repensar o *pipeline** de liderança. Em seu livro *Pipeline de liderança*,** Ram Charan, Stephen Drotter e James Noel afirmam que, para muitos profissionais, deixar de ser um colaborador individual para transformar-se em gerente pode ser

---

* Termo em inglês cujo significado é, entre outros, canal de processamento. Em vendas e administração *pipeline* é um tipo de mapeamento das etapas que formam um ciclo de vendas ou um conjunto de ações para atingir um objetivo. (N.E.)

** Rio de Janeiro: Campus-Elsevier, 2009. (N.E.)

Charlene Li 237

difícil, porque esses indivíduos são técnicos que sabem como fazer um trabalho específico. "Eles investiram seu tempo no desenvolvimento das competências necessárias para realizar uma determinada tarefa, e, não, mantendo contato com seus colegas a fim de perceber suas necessidades e expectativas".[10] Entretanto, com o advento das tecnologias sociais e do trabalho em rede, essa situação está mudando rapidamente. Em seu livro, Charan e seus colegas explicam que, em geral, esses tipos de relações se desenvolvem tipicamente em níveis mais altos da administração, e não ao nível do colaborador individual. Contudo, com acesso livre às tecnologias sociais, as pessoas na linha de frente agora têm os relacionamentos necessários para se mover rápida e livremente pela organização.

Com as novas ferramentas, os colaboradores individuais também podem exercer a liderança – agora. Eles constroem seus próprios relacionamentos dentro da empresa, oferecendo ajuda aos seus colegas, fazendo sugestões a outros grupos e até pedindo a ajuda de contatos externos. Isso significa que qualquer um pode se tornar um líder simplesmente porque as pessoas o seguem – literalmente – em seu blogue, no Twitter, em sua página no Facebook, ou em qualquer outro lugar. A liderança, portanto, não é mais definida pela posição que se ocupa. Isso significa que existem oportunidades para que trabalhadores individuais pratiquem as competências da liderança aberta e experimentem o poder, o trabalho em colaboração e a influência mais cedo em suas carreiras. Quanto mais relacionamentos positivos você tiver, mais poder alcançará.

A liderança aberta, em resumo, não é algo para ser praticado apenas pelo alto escalão da empresa. Pelo contrário, é uma atitude que precisa ocorrer em todos os níveis da organização, com líderes de equipe e funcionários praticando-a em diferentes níveis e de uma maneira diferente dos executivos. Homens como John Chambers e Bill Marriott podem falar pela empresa como CEOs, mas, com o poder das tecnologias sociais em ascensão, qualquer pessoa, funcionário ou cliente, poderá ter uma voz igualmente poderosa para a sua organização.

Encontrando seus líderes abertos

Uma pergunta frequente é: onde podemos encontrar aspirantes a líderes abertos na organização, e como emancipá-los? No livro *Quem está no comando? A estratégia da estrela-do-mar e da aranha,* * Ori Brafman

---

* Rio de Janeiro: Campus, 2007. (N.E.)

238 Liderança Aberta

e Rod A. Beckstrom descrevem como um catalisador com visão, se asso-
cia a um verdadeiro campeão que trabalha na linha de frente da estratégia.[11] É importante compreender os papéis do catalisador – a pessoa
que tem a visão e define a estratégia – e do campeão – que coloca essa
visão em prática.

Na Best Buy, a vice-presidente para negócios Michele Azar é exatamente essa catalisadora. Como líder aberta, em 2007 Azar percebeu que
a empresa possuía um grande ativo: seus milhares de funcionários fanáticos por eletrônica, que estavam usando abordagens abertas e tecnologias sociais. No passado, ela estivera pessoalmente envolvida em um
processo que transformou a Best Buy, loja por loja, e, na ocasião, ela imediatamente reconheceu o poder e a velocidade de fortalecer os funcionários usando tanto a Web como plataforma quanto as tecnologias sociais.
Ela conseguiu uma nova posição na equipe da BestBuy.com e começou a
criar uma estratégia de abertura para a empresa.[12]

Ao longo do caminho, ela identificou várias pessoas em toda a empresa às quais denominou "fanáticos". Assim como Brafman e Beckstrom,
essas pessoas são movidas por uma causa – elas têm uma visão em sua
mente, algo que simplesmente precisam realizar. Elas acreditam verdadeiramente em uma causa, o que no caso da Best Buy significava se aproximar de outros funcionários e dos clientes. Elas recrutam pessoas para a
sua causa e são otimistas porque acreditam que os objetivos podem ser
alcançados. Como observou Azar:

> Fanáticos sempre falam sobre o objeto da sua paixão – a eletrônica, na
> Best Buy. Se os tivermos em nossa equipe, intensificaremos o foco no
> relacionamento com clientes centrados em eletrônica, já que nossos
> funcionários serão bem-sucedidos ao discorrerem sobre assuntos que
> lhes são naturais; eles são autênticos porque conhecem intimamente
> os produtos ou serviços sobre os quais querem falar. Além disso, eles
> são verdadeiros em seu desejo de construir relacionamentos que fun-
> cionem, e de ajudar os clientes a encontrar o que precisam.

A Best Buy percebeu que é importante encontrar e fortalecer esses líderes abertos, porque eles são o motor que impulsiona a estratégia de abertura da empresa. Assim, é importante que as organizações procurem por
características específicas ao identificar seus líderes abertos, que podem

não ostentar as competências tradicionais de um líder, mas possuem as mentalidades e competências essenciais para a liderança aberta. São elas:

Paixão pela visão

Quando compartilhamos nossa visão e estratégia com funcionários, eles são os únicos a perguntar: "como posso ajudar?" Eles incorporam a ideia e mostram-se totalmente dispostos a empenhar o coração e a alma na estratégia. Em alguns aspectos, tal dedicação se torna enervante, pois torna-se ainda mais forte do que a paixão daquele que teve primeiramente a visão!

Foco no relacionamento

Não é suficiente simplesmente estar por trás da visão. É preciso apaixonar--se pela ideia de construir e promover relacionamentos com funcionários e/ou clientes. Provavelmente já sabemos quem são essas pessoas – aquelas que sempre sugerem que a organização atente para as oportunidades e para os problemas do ponto de vista do cliente.

Mentalidade de hacker

Os "fanáticos" não estão satisfeitos com o *status quo*, e mesmo que consigam realizar uma mudança, ainda se mostrarão insatisfeitos. Eles acreditam totalmente que tudo pode e deve ser "hackeado" e aprimorado.

É preciso esclarecer o significado de "*hacker*" dentro desse contexto – não defendemos violações ilegais da segurança de redes de computadores ou de softwares. Pelo contrário, entendemos por hacker o indivíduo que tem paixão por melhorar um sistema existente. Além disso, os "fanáticos" têm o mesmo senso de colaboração que os otimistas realistas (ORs) para que as melhorias ocorram dentro dos limites de uma organização. O Facebook procura exatamente esse tipo de colaborador. Lori Goler, vice-presidente de recursos humanos do Facebook, nos conta que uma das características que a empresa procura nos candidatos é a capacidade de construir.

Nós os chamamos de construtores e *hackers* e perguntamos: Como você desafia o *status quo*? O que você acha de fazer as coisas de maneira diferente? Eles são empreendedores. Os *hackers* sempre encontrarão uma nova maneira de fazer as coisas.

Liderando líderes abertos

O desenvolvimento de "fanáticos" levanta uma questão fundamental: como gerenciá-los? Como um líder aberto poderá promover e estimular a liderança aberta em outros, se estas pessoas não quiserem ser lideradas de uma maneira tradicional? Acredito que existam quatro comportamentos fundamentais adotados por líderes abertos:

1. contratar, treinar e promover as pessoas certas;
2. criar uma cultura que apoia a abertura;
3. eliminar barreiras para se tornar aberto;
4. estimular o enfrentamento de riscos e acelerar a recuperação depois de um fracasso.

Comecemos pelo modo como os líderes abertos contratam, treinam e promovem seus colaboradores, e que difere dos métodos usados por líderes tradicionais.

Contratando líderes abertos

Se tiver sorte, como Michele Azar da Best Buy, e puder contar com uma infinidade de "fanáticos" que já trabalham em sua empresa, será ótimo. Entretanto, se não for assim, ou se estiver ansioso para realmente contratar pessoas com maior potencial para a liderança aberta, você precisará verificar com cuidado o processo de recrutamento e contratação. Um bom exemplo de como as empresas estão mudando seus métodos de recrutamento é a Sodexo, uma empresa de alimentação e gerenciamento de serviços, que é a vigésima segunda maior empregadora do mundo, com operações em oitenta países e 350 mil funcionários – um terço apenas nos Estados Unidos. Seu produto são os seus funcionários, que gerenciam serviços de apoio em muitos segmentos diferentes: saúde, educação, empresas e indústrias, entre outros.

Com um número tão grande de funcionários em um setor famoso pela alta rotatividade, e com um nome que não é muito conhecido, a Sodexo tem um grande desafio na área de recrutamento. Conversei com Kerry Noone, gerente de comunicações de marketing do Grupo de Aquisição de Talentos da Sodexo Estados Unidos; segundo ela a empresa reconheceu que as tecnologias sociais poderiam ajudar a melhorar o processo de contratação da Sodexo. Porém, a empresa não se envolveu apenas superficialmente com as tecnologias sociais – ela mergulhou fundo nesse campo, e está presente no Facebook, LinkedIn e no YouTube. Possui ainda conta no Twitter e um blogue; todos juntos, esses canais mais que triplicaram o tráfego da página de carreira da Sodexo.[13] Além disso, a empresa mantém comunidades virtuais para diferentes grupos, como veteranos, reservistas, Guarda Nacional norte--americana e até mesmo ex-funcionários.

O resultado: o número de interessados que se candidatam aumentou em 25% – este aumento entre os interessados do sexo feminino e minorias aumentou em 50%. O objetivo principal de toda essa atividade, de acordo com Kerry, é criar relacionamentos pessoais com todos os interessados em trabalhar na Sodexo. "Isso faz parte da nossa marca. Estamos dizendo aos nossos candidatos e aos interessados como é trabalhar para a Sodexo – histórias reais vindas de pessoas reais".

Agora, imagine um jovem que esteja começando sua vida e procurando por um emprego, qual seria sua escolha: uma empresa que bloqueia e evita as tecnologias sociais, ou outra, como a Sodexo, que as adota como uma maneira de construir relacionamentos? A identificação de líderes abertos começa no momento em que um candidato em potencial pensa em trabalhar em sua empresa, seja por indicação de um amigo ou após visualizá-la em alguma página no Facebook. Se você não estiver presente e não for atuante nesses meios, futuros líderes abertos possivelmente irão ignorá-lo.

Treinando os líderes abertos da sua empresa

Perguntamos a muitas empresas como treinavam e desenvolviam seus líderes, especialmente em áreas de abertura. Um dos melhores – e mais extremos – exemplos de contratação e treinamento, planejado para encontrar e desenvolver as pessoas certas, veio da Zappos. Todos os funcionários do novo *call center* da empresa – vital para uma organização que vende sapatos e roupas *on-line* e por telefone – recebem quatro semanas de treinamento. No final desse ciclo, a Zappos oferece a todos os novos contratados 2 mil dólares, além de um pagamento pelo tempo gasto no treinamento (11 dólares por hora) para que desistam do emprego. Tony Hsieh, CEO da Zappos, iniciou essa prática em 2005, porque, por meio dela, elimina todos os predispostos a aceitar o emprego apenas pelo salário. A organização somente está interessada em funcionários que sejam apaixonados por seu trabalho, e estejam prontos para atender os clientes com paixão.

242 Liderança Aberta

Recentemente, a Zappos lançou um programa de formação ainda mais abrangente para desenvolver competências de liderança. O primeiro curso, destinado aos funcionários que trabalham na Zappos pelo período de dois anos ou menos, envolve mais de duzentas horas de aula (durante o horário de trabalho) e a leitura obrigatória de nove livros sobre negócios. Os temas abordados incluem a lei Sarbanes-Oxley* e o uso do Twitter – dois temas que, aparentemente, parecem contraditórios. Os alunos mais avançados podem ter aulas em matérias como planejamento financeiro e retórica. Hsieh afirma:

> Esperamos que, em três anos, quase todos os nossos contratados estejam no nível técnico inicial. Ofereceremos treinamento e orientação, para que, dentro de cinco a sete anos, eles possam tornar-se líderes sêniores dentro da empresa.[14]

A Zappos colocou em prática um *pipeline* de liderança que promove e desenvolve as competências de liderança na linha de frente da empresa – os funcionários são capacitados para tomar decisões relacionadas ao serviço de atendimento ao cliente, sem ter de pedir autorização. Esses líderes se sentem seguros desde o início, desempenhando o papel de catalisadores e estimulando competências e comportamentos da liderança aberta, porque eles mesmos praticavam essas competências na linha de frente. Resta saber se a Zappos será bem-sucedida em desenvolver uma empresa totalmente abastecida com líderes abertos, mas a perspectiva e a ousadia do que seus dirigentes estão procurando alcançar devem servir de inspiração e de aspiração para outras empresas.

Criando uma cultura de apoio à abertura

Uma das maiores preocupações do líder é o fato de a própria cultura de sua empresa impedir maior abertura. No capítulo 10, discutiremos em mais detalhes como transformar essa cultura empresarial, contudo, existem algumas ações que podemos implementar imediatamente no âmbito de

---

* Lei criada nos Estados Unidos em julho de 2002, pelo senador Paul Sarbanes e pelo deputado Michael Oxley. Apelidada de Sarbox, visa a garantir a criação de mecanismos de auditoria e segurança confiáveis nas empresas, e inclui regras para a criação de comitês encarregados de supervisionar suas atividades e operações, de modo a mitigar riscos aos negócios, evitar fraudes ou assegurar meios de identificá-las quando ocorrem, garantindo a transparência na gestão das empresas. (N.E.)

equipe ou organizacional para criarmos um ambiente favorável ao compartilhamento de informações e à tomada de decisão.

Entre as ações mais importantes estão o reconhecimento e o oferecimento de incentivos para recompensar comportamentos abertos. Os melhores sistemas neste sentido são os de autorreforço. Ele ocorre quando ações positivas geram recompensas que diretamente estimulam os profissionais a fazer mais. David Michael, diretor de informação da United Business Media (UBM), explicou em certa ocasião que a empresa tinha como objetivo melhorar sua eficiência interna. Sempre que a UBM realizava encontros periódicos entre suas dezesseis divisões, os diretores inevitavelmente descobriam que alguém estava procurando resolver um problema que outra pessoa presente ao encontro já havia resolvido. Assim, perceberam que, se eles – e seus subordinados – trabalhassem juntos, provavelmente poderiam resolver seus problemas duas vezes mais rápido do que se cada um trabalhasse sozinho.

Esse *insight* levou a UBM a instalar o software Jive para apoiar o trabalho colaborativo, como discutido no capítulo 6. Contudo, o software, por si só, não resolveria absolutamente nada. A empresa concluiu que seus executivos não eram as pessoas certas para estimular os 6.500 funcionários a usarem a nova ferramenta, e que precisariam implementar um movimento de base por meio do qual todos na linha de frente pudessem vislumbrar os benefícios de participar.

A empresa estabeleceu o que denominou *"Wiki Wins"* [Sucessos do *Wiki*]: se alguém usasse o *wiki* interno para resolver um problema, imediatamente um post era enviado para o *Wiki Wins*. Devido à grande publicidade interna, particularmente do CEO do grupo, todos se sentiam incentivados a postar. Aquilo se transformou em um tipo de exercício de autorreforço. Nas palavras de Michael:

> Se eu for o responsável pelas comissões para escritores freelance, e alguém na China me ajudar com alguma solução que economize dezenas de milhares de dólares, sinto-me incentivado a postar a notícia no *Wiki Wins*.

O sistema, basicamente, funciona sozinho, pois conforme os sucessos ocorrem, as notícias são divulgadas e todos na UBM veem a importância de colaborar.

244 Liderança Aberta

Entretanto, o que levaria os funcionários da UBM a encontrar tempo em sua ocupada agenda para ajudar um colega em outro país? Em primeiro lugar, criou-se na empresa um conceito de "ajuda mútua", já que todos podem um dia precisar de apoio. Além disso, e talvez mais importante, é o fato de as pessoas compreenderem que há nessa colaboração um propósito maior, um verdadeiro chamado à participação: a sensação de que estão ajudando a organização a alcançar seu objetivo e que têm uma contribuição valiosa a oferecer. Em muitos aspectos, o efeito *trickle-down** da liderança aberta indica que essa sensação que todos têm em relação à posse e ao compartilhamento da visão e da estratégia da empresa, tem grande alcance dentro da organização.

Stephen Elop, presidente do Grupo de Soluções para Negócios da Microsoft, responsável por produtos como o Microsoft Office, foi um dos poucos alto-executivos contratados pela empresa em 2008. Como um profissional que integraria uma das maiores unidades de negócios da Microsoft, Elop logo percebeu a importância de comunicar amplamente a estratégia de interoperabilidade da organização. Muitos – dentro e fora da empresa – simplesmente não acreditavam que a Microsoft estivesse interessada em desenvolver esses novos relacionamentos, entretanto, Elop repetiu e enfatizou o conceito tantas vezes quanto necessário. Sua lógica era a seguinte:

Se cada um dos milhares de funcionários da Microsoft, cujas áreas são relacionadas, entendesse parte da estratégia, todos tomariam centenas de pequenas decisões em seu dia a dia, cujas soluções seriam agregadas aos produtos e serviços da Microsoft ou à maneira como a empresa interage com seus clientes. Cada uma dessas decisões seria sempre ligeiramente favorável à estratégia de abertura e à interoperabilidade que queremos dirigir.

Para alcançarmos tal objetivo, e como catalisadores para a liderança aberta, devemos assumir a tarefa de definir tal visão e de comunicá-la repetidamente, transformando-a no núcleo da cultura que promovemos, na qual "ser aberto" é uma questão central. Os incentivos e os reconhecimentos, os exemplos que pessoalmente estabelecemos e as histórias de sucesso

---

* Pode ser traduzida como "efeito gotejamento" por meio do qual os indivíduos expostos a um determinado comportamento passam a imitá-lo e a divulgá-lo. A expressão foi criada pelo sociólogo George Simmel. (N.E.)

que são recontadas muitas e muitas vezes, e que passam a integrar o corpo de conhecimentos da sua organização, são modos de criarmos lentamente uma cultura de abertura.

Eliminando as barreiras para tornar-se aberto

Pense em todas as barreiras que se interpõem no caminho da abertura. Elas incluem problemas variados inerentes ao sistema, à incompatibilidade das bases de dados, à burocracia e às políticas restritivas da empresa. Provavelmente, porém, o maior de todos esses obstáculos surgirá dos gerentes operacionais que estão um ou dois níveis acima de sua linha de frente. Esses indivíduos são movidos pela eficiência e recompensados pela conquista de metas trimestrais de produção, portanto, quando solicitados a dedicar 20% do tempo de um subordinado a uma iniciativa colaborativa – ao mesmo tempo em que as metas da equipe permanecem inalteradas – têm dificuldades em não perceber tal colaboração como um desfalque na força de trabalho da equipe. Além disso, esses gerentes podem se sentir ameaçados pelo poder acumulado por esses funcionários, conforme eles constroem um número crescente de relacionamentos em toda a organização e eliminam seus chefes imediatos do fluxo de informações. Como funcionários desse chefe, como poderíamos ajudá-lo a se sentir mais seguro? Em contrapartida, como o executivo que busca ajudar esse gerente em seu processo de abertura, como ajudá-lo a vencer seus medos? Em minha experiência, chefes que têm medo são arbitrários, mesquinhos e vingativos. Como, então, estimular gerentes a se tornar abertos, especialmente no contexto de grandes organizações que, muitas vezes, não ostentam abertura?

Em primeiro lugar, é preciso deixar claro que o objetivo não é transformá-los em fanáticos, mas apenas levá-los a compreender e a reconhecer os objetivos da organização e a sair do caminho. Para isso, é preciso definir os benefícios concretos de se fazer isso, muitos dos quais foram abordados no capítulo 4. É preciso que estas pessoas sejam convencidas a assumir uma postura aberta – por exemplo, a ouvir os clientes que estão usando novas tecnologias – porque essa estratégia claramente ajudará a equipe a alcançar um de seus objetivos de curto prazo. Quanto mais puder alinhar as atividades abertas aos claros benefícios que elas trarão, mais bem-sucedido você será em acalmar os temores desses gerentes.

246   Liderança Aberta

Em outros casos, esses gerentes podem até já estar familiarizados com as tecnologias sociais, mas não conseguem enxergar os benefícios da abertura. Hoje, as competências da maioria desse pessoal em termos de *networking*,* de comunicação e de colaboração já estão mais desenvolvidas – 72% dos participantes de um estudo recente afirmaram que visitam sites de mídia social, pelo menos, semanalmente.[15] Entretanto, uma análise mais atenta dos dados demonstra que estas pessoas procuram as mídias sociais essencialmente por razões defensivas e reativas – a maioria usa as tecnologias sociais para saber o que os clientes estão dizendo (52%), para monitorar o uso das mídias sociais pelos concorrentes (47%) e para ver o que os funcionários atuais estão compartilhando (36%). Como grupo, os líderes empresariais estão, em sua maioria, ausentes desses diálogos em rede, seja na esfera pública ou interna.

Nesses casos, os gerentes podem estar mais preocupados em perder o controle por causa desses diálogos abertos que estão ocorrendo, principalmente com os clientes. Em tais situações, envolva-os na definição dos pactos do tanque de areia, discutidos no capítulo 5, e ofereça-lhes as redes de proteção que garantirão sua participação. Em geral, reduzir o medo e a ansiedade dos gerentes de nível médio exige colaboração e um processo educativo para que abracem a visão e os benefícios da abertura. Se for necessária uma desaceleração temporária dos esforços para garantir o engajamento de pessoas-chave, isso pode valer a pena.

Convencendo os cabeças-duras

Assim como toda empresa tem líderes abertos, todas têm também, pelo menos, um cabeça-dura: aquela pessoa negativa que se autointitula o guardião do "modo como as coisas são feitas" na organização.[16] Se for capaz de convencer essa pessoa a compreender e apoiar a liderança aberta, você terá um aliado poderoso ao seu lado. Em contrapartida, se não for bem-sucedido nessa empreitada, você terá uma pedra no sapato constantemente questionando a política da abertura. A seguir, estão algumas objeções comuns que o cabeça-dura costuma fazer e como podemos reagir a elas:

"Isso é uma moda passageira e um desperdício de tempo"

Cabeças-duras realmente não compreendem como as tecnologias sociais funcionam, ou como o compartilhamento de informações ou a tomada de

---

*   Rede de relacionamentos. (N.T.)

decisões abertas podem fazer a diferença. O segredo é tornar o processo mais concreto para esses indivíduos – investigue suas idiossincrasias pessoais ou áreas de interesse que estejam sendo afetadas de maneira positiva por uma abertura maior. Isso poderia incluir, por exemplo, conectá-los a uma comunidade *on-line* de cinéfilos ou de apaixonados por futebol, ou mostrar-lhes conversas com clientes reais que trouxeram novas informações que eles desconheciam. Outra opção é conectá-los a velhos amigos ou a executivos de outras empresas que agora estão usando essas ferramentas. O segredo, portanto, é rapidamente levar essa questão para um nível pessoal, no qual eles possam experimentar diretamente o poder da abertura e de estar conectado.

"Não é possível calcular o ROI desse processo"

Muitas vezes, os cabeças-duras são veteranos na organização para os quais essa estratégia corporativa não tem grande importância pessoal. Demonstre para eles como a liderança e a estratégia abertas tornarão possível à empresa alcançar seus objetivos. Além disso, apele para a experiência deles em estabelecer relacionamentos amplos e demonstre o quanto é difícil quantificar o valor desses relacionamentos. Explique como a liderança aberta poderá fortalecer e aprofundar essas relações – especialmente com parceiros e clientes importantes –, além de inspirar os funcionários.

"É arriscado demais"

Essa objeção é provavelmente a mais difícil de superar. Como um bom líder aberto, você deverá colocar em prática os pactos do tanque de areia necessários, além de planejar cenários e estabelecer planos de contingência com o intuito de reduzir riscos. Por outro lado, a própria natureza da abertura exige confiança, e se o cabeça-dura fundamentalmente não confiar em outras pessoas, essa realidade será difícil de mudar. Sua única esperança é, portanto, encontrar uma brecha – uma rachadura nesse muro de desconfiança – que faça este indivíduo teimoso se dispor a assumir riscos. Essa fenda poderá ser muito pequena, mas precisamos aproveitá-la, portanto, continue tentando ampliá-la.

Seria ótimo imaginar que todos pudessem ser abertos. Porém, sempre existirá uma desconexão entre a capacidade de uma pessoa ser um líder aberto e a necessidade da organização por abertura. Precisaremos estar

248 Liderança Aberta

preparados para seguir outros caminhos – isso será especialmente difícil se a pessoa em questão for um profissional cujo desempenho era de alto nível antes da estratégia de abertura ser implantada.

A Cisco já enfrentou várias situações difíceis como essa. Em uma entrevista ao jornal *The New York Times*, John Chambers explicou que a colaboração transformou a empresa. Ele disse:

> Se as pessoas não forem colaborativas, se não estiverem naturalmente inclinadas ao trabalho em equipe, se demonstrarem insegurança para se arriscar nas novas tecnologias, tanto na empresa como em suas próprias vidas, provavelmente elas não se encaixarão nesta empresa.[17]

Nos últimos anos, a Cisco foi forçada a abrir mão de profissionais e executivos valiosos, porque descobriu que alguns deles simplesmente não seriam suficientemente colaborativos. Mesmo que tentassem, essas pessoas simplesmente não se sentiam seguras com o volume de compartilhamento e de colaboração exigido em suas novas funções.

Minha esperança é que todos sejam capazes de encontrar funções adequadas para diferentes tipos de líderes, mesmo aqueles que demorem mais tempo para digerir a ideia de abertura. Entretanto, se depararmos alguém que simplesmente não consegue se encaixar nessa nova realidade, será preciso ter a coragem para ser honesto com ela em relação ao seu futuro na empresa, pois isso faz parte das atribuições de um líder aberto. Isso garantirá o sucesso, tanto do profissional em questão, quanto da organização como um todo..

Estimulando o enfrentamento de riscos e acelerando a recuperação depois de um fracasso

Neste capítulo, trataremos dessa última competência de maneira breve, já que, no próximo, ela será discutida com maior profundidade. Entre as incumbências dos líderes abertos está o estímulo de seus funcionários para que enfrentem riscos de maneira responsável. Isso é consistente com a ideia de promover a mentalidade de *hacker* dos "fanáticos", e serve de incentivo para inovações, tanto dentro como fora da empresa. Contudo, junto aos riscos vêm os inevitáveis fracassos e a necessidade de recuperação. Líderes abertos também devem estar preparados para isso.

Mais uma vez, isso nos remete à humildade discutida no capítulo 7. O modo como lidamos com nossos próprios fracassos e deficiências define o tom e serve de exemplo para o resto de sua equipe ou da organização. Não há vergonha nenhuma em admitir um erro ou uma falha – a vergonha está em não aprender com eles. Líderes abertos compreendem que outras pessoas cometem erros e, ao contrário de simplesmente culpá-las ou puni-las, aproveitam a ocasião como uma oportunidade de aprendizado.

Plano de ação: a avaliação das competências da liderança aberta

Embora as características de um bom líder sejam universais, há novas competências e comportamentos que os mais abertos devem desenvolver e dominar para que suas ações sejam eficazes. Em particular, os líderes abertos devem agir como catalisadores para criar maior abertura na organização, atuando de maneira significativamente diferente dos tradicionais. Apresentamos algumas dessas diferenças no Quadro 8.1.

Para desenvolver as próprias competências da liderança aberta, assim como as da sua organização, é preciso fazer a si mesmo as seguintes perguntas:

- Onde a liderança aberta é necessária em minha organização?
- Onde a liderança aberta já está acontecendo naturalmente?
- Quem são os candidatos promissores a líderes abertos em minha organização? Como eles serão identificados, treinados e desenvolvidos?
- Como facilitar o encontro entre esses líderes? Como fazer com que eles se apoiem mutuamente?
- Que tipo de apoio é necessário para o desenvolvimento desses líderes abertos?
- Quais barreiras e resistências precisam ser eliminadas?
- Como a liderança aberta será modelada?

E, finalmente, as perguntas mais importantes: estamos prontos para nos tornarmos líderes abertos? Em que nível estão atualmente nossas competências de liderança aberta e nossos comportamentos? Será necessário aperfeiçoá-las ou, até mesmo, compensar eventuais deficiências por intermédio de outras pessoas? No Quadro 8.2, destacamos algumas das competências mais importantes, tanto em capacidades gerais de liderança, como no uso das tecnologias sociais como ferramenta para ampliação da liderança aberta em toda a organização e em relação ao mercado.

 No site www.open-leadership.com, há uma avaliação completa. Por meio dela, poderemos comparar nossos resultados aos de outras pessoas.

Quadro 8.1. Diferenças entre a liderança aberta e a liderança tradicional

Liderança tradicional como função	Liderança aberta como catalisador
Investe tempo limitado pensando em como ser autêntico e transparente.	Gerencia ativamente a autenticidade e a transparência para desenvolver relacionamentos.
Define uma estratégia e mantém o controle ao longo da cadeia de liderança.	Define uma estratégia e gera compromissos diante de uma visão comum compartilhada.
Usa os meios de comunicação para enviar mensagens sobre a visão e a estratégia.	Usa as redes para disseminar a visão e a estratégia.
Acredita que a liderança é uma característica rara e preciosa.	Acredita que o potencial de liderança reside em cada pessoa.
Envolve-se principalmente com o grupo de executivos.	Envolve-se em todos os níveis, dentro e fora da organização.
Desenvolve confiança por meio de transações.	Inspira confiança por meio do engajamento.
Controla a informação rigorosamente, pois teme vazamentos.	Desenvolve uma cultura de compartilhamento de informações baseada na confiança.
Estabelece regras para garantir conformidade e consistência.	Estabelece regras para o enfrentamento de riscos.

Quadro 8.2. Avaliação das competências da liderança aberta

Faça uma autoavaliação, escolhendo de 1 ("Considero isso difícil de fazer") a 5 ("Consigo fazê-lo e pratico esta técnica ativa e regularmente").

Demonstração de autenticidade	Pontuação				
• Procuro ouvir diferentes pontos de vista.	1	2	3	4	5
• Estou sempre à disposição das pessoas de todos os níveis da organização.	1	2	3	4	5
• Uso efetivamente as tecnologias sociais para me comunicar.	1	2	3	4	5
• Gerencio ativamente minha autenticidade.	1	2	3	4	5
Média	1	2	3	4	5

Prática de transparência	Pontuação				
• Reservo tempo para explicar como as decisões estão sendo tomadas.	1	2	3	4	5
• Frequentemente procuro clientes, onde quer que estejam, utilizando-me das tecnologias sociais.	1	2	3	4	5
• Estimulo as pessoas a compartilhar informações.	1	2	3	4	5
• Procuro oferecer regularmente atualizações às pessoas valendo-me de tecnologias sociais.	1	2	3	4	5
• Admito publicamente quando estou errado.	1	2	3	4	5
Média	1	2	3	4	5

Desenvolvimento e estímulo da liderança aberta	Pontuação				
• Identifico e ativamente desenvolvo potenciais líderes abertos em todos os níveis da organização.	1	2	3	4	5
• Treino e estimulo as pessoas a usarem as competências da liderança aberta.	1	2	3	4	5
• Estimulo o uso de tecnologias sociais em toda a organização.	1	2	3	4	5
• Crio redes de apoio para os líderes abertos.	1	2	3	4	5
• Pergunto "O que aprendi / aprendemos?" quando deparo com fracassos.	1	2	3	4	5
Média	1	2	3	4	5

No capítulo 9 discutiremos algo que, normalmente, faz a maioria das pessoas tremer: o fracasso.

252 Liderança Aberta

Notas da autora

1. BENNIS, Warren. *A formação do líder*. São Paulo: Atlas, 1996.
2. GOFFEE, Rob, JONES, Gareth. "Managing authenticity: the paradox of great leadership". [Gerenciando a autenticidade: o paradoxo da boa liderança] *Harvard Business Review*, dezembro/2005. Disponível em: http://hbr.org/2005/12/managing-authenticity/ar/1.
3. A expressão "checking it at the door" é usada para descrever o que uma pessoa faz para ser acolhida em um mundo específico que pode não estar aberto às suas diferenças. Ver o relatório "Do we check it at the door?", de Keith Woods em www.namme.org/career/publications/report_checkit.pdf.
4. A primeira mensagem de Barry Judge em seu blog está disponível em http://barryjudge.com/hello-world.
5. Escrevi minha primeira mensagem em um blog em setembro de 2004 e foi realmente assustador clicar em "Enviar". Até hoje, sinto um frio na espinha antes de postar, mas agora sei, por experiência própira, que tudo dará certo.
6. O *press release* que anuncia a posse de Brian Moynihan como CEO do Bank of America está disponível em http://multivu.prnewswire.com/mnr/bankofamerica/41726.
7. O blog de Bill Marriott está disponível em www.blogs.marriott.com.
8. MARRIOTT, Bill. "Why do I blog?" [Porque eu blogo?" Disponível em: www.blogs.marriott.com/marriotton-the-move/2007/08/why-do-i-blog.html.
9. Em geral, Chambers mantém um blog de vídeo interno, mas você pode assistir ao seu primeiro vídeo externo em http://blogs.cisco.com/news/comments/john_chambers_video_blog_if_there_is_a_killer_application_its_video.
10. CHARAN, Ram; DROTTER, Stephen & NOEL, James. *Pipeline de liderança: o desenvolvimento de líderes como diferencial competitivo*. Rio de Janeiro: Campus, 2009. p. 35 do original em inglês.
11. BRAFMAN, Ori, BECKSTROM, Rod A. *Quem está no comando? A estratégia da estrela-do-mar e da aranha*. Rio de Janeiro: Campus, 2007. p.98 do original em inglês.
12. Mais informações sobre a estratégia de abertura da Best Buy estão disponíveis no vídeo "Open for business: Best Buy's social technology strategy" [Aberto para negócios: a estratégia de tecnologias sociais da Best Buy] em www.youtube.com/watch?v=whzN-7uCiZw.

13. Uma lista com os canais de mídia social da Sodexo está disponível em www.sodexousa.com/usen/careers/network/network.asp.

14. CHAFKIN, Max. "The Zappos way of managing, Inc." [O modo de gerenciamento da Zappos] May, 2009. Disponível em: www.inc.com/magazine/20090501/the-zappos-way-of-managing.html.

15. O estudo "Social media: embracing the opportunities, averting the risks" [Mídia social: abraçando as oportunidades e evitando os riscos], realizado pela Russell Herder, está disponível em www.russellherder.com/SocialMediaResearch/TCHRA_Resources/RHP_089_WhitePaper.pdf.

16. Tiro o chapéu para Erica Driver da ThinkBalm por cunhar a expressão "Convencendo os cabeças-duras", tema de um fórum de discussão que ela organizou. Para maiores informações, ver www.thinkbalm.com/2008/12/17/thinkbalm-storytellingseries-1-role-play-redux-convince-the-curmudgeon.

17. BRYANT, Adam. "In a near-death event, a corporate rite of passage." [Em um evento de morte iminente, um rito de passagem corporativo] *New York Times*, 2 de agosto de 2009. p. B2.

Capítulo 9:
O imperativo do fracasso

Uma das maiores barreiras para a abertura é nossa aversão sistemática e cultural ao fracasso. Quando começamos a discutir a probabilidade de as coisas darem errado ao adotarmos uma atitude aberta e usarmos as tecnologias sociais, muitas vezes observamos o claro desconforto no rosto das pessoas. É provável, portanto, que este assunto provoque nos leitores uma sensação desagradável – afinal, ninguém gosta de falar sobre o fracasso.

Entretanto, uma parte fundamental de ser um líder aberto é sua capacidade de lidar de modo eficaz com o insucesso, pois, mesmo contando com as melhores estruturas e planos, as coisas podem dar errado. Dominando o fracasso, criamos um ambiente no qual o enfrentamento de riscos é estimulado e a recuperação pós-perda se torna uma competência agregada por cada indivíduo da organização. Em essência, estamos falando sobre a capacidade de criar uma cultura em que as pessoas tenham tanta confiança uns nos outros que saberão que são capazes de assumir riscos com segurança.

Enquanto líderes abertos, a maneira como lidamos com o fracasso é tão importante quanto o modo como enfrentamos o sucesso. Será possível estar preparado e aceitar que as pessoas cometerão erros? Que alguns produtos fracassarão no mercado? Que certas decisões trarão consequências inesperadas e, às vezes, infelizes? Se considerarmos que não estamos preparados para aceitar erros e fracassos, devemos pensar nas consequências dessa mentalidade fechada. Nossos colegas provavelmente terão medo de externar opiniões e de participar, o que vai contra a própria essência da abertura.

Liderança aberta significa construir um novo tipo de relacionamento com seus funcionários, clientes e parceiros, levando em consideração que em qualquer relacionamento as coisas às vezes não dão certo, erros

256 Liderança Aberta

são cometidos, fases positivas dão lugar a outras ruins. A força de um relacionamento não está em sua perfeição, mas em sua resiliência – a capacidade de superar inevitáveis adversidades. O advento das tecnologias sociais fez surgir novas maneiras de se desenvolver laços e relacionamentos, mas também, como visto anteriormente, maior potencial para a amplificação dos erros.

Em essência, este capítulo trata da última regra discutida no final do primeiro capítulo: a capacidade de perdoar fracassos a fim de se construir confiança, e também a necessidade de criar confiança para que todos saibam que eventuais erros serão perdoados. Discutiremos aqui a importância de reconhecer falhas e fracassos, de maneira que todos na organização sejam capazes de aprender e melhorar com eles. Abordaremos as capacidades, comportamentos e sistemas que um líder aberto deve ter para estabelecer uma organização confiante e resiliente, capaz de rapidamente se recuperar e aprender com seus fracassos. Como disse certa vez o estadista britânico Winston Churchill: "O sucesso é a capacidade de irmos de um fracasso a outro sem perdermos o entusiasmo." O objetivo é, no final desse capítulo, ter em mãos um mapa que irá nos ajudar a construir a cultura de confiança que precisamos para nos tornarmos efetivamente líderes abertos.

CONSTRUINDO A CONFIANÇA QUE ADVÉM DO FRACASSO

Gostaria de compartilhar aqui uma história pessoal. Todo verão costumo frequentar um acampamento com minha família. O destaque do local são as atividades de desafio com cordas. Uma das minhas favoritas é o "salto da fé". Para realizá-lo, é preciso escalar cerca de doze metros de uma sequoia vermelha até alcançar uma pequena e precária plataforma. De lá é possível ver um trapézio a aproximadamente três metros de distância. A ideia é se lançar da plataforma e agarrar o aparelho com as mãos. Entre os equipamentos que uso, estão um capacete e um cinto de segurança amarrado a uma corda, mas a única coisa que realmente me impede de cair e quebrar a cara no chão é minha família, que segura a outra extremidade da corda. Ali estão meu marido, meus irmãos e meus filhos, alguns dos quais mal conseguem agarrar a corda. Com as palmas das mãos suadas, e o coração batendo forte, reúno coragem, deposito toda a minha confiança neles e salto da plataforma em direção ao trapézio. Sempre erro.

A questão aqui é: a única razão para correr esse risco é o fato de confiar que minha família estará lá para evitar minha queda. A cada verão, torna-se um pouco mais fácil subir naquela árvore e me lançar da plataforma – estou me acostumando ao risco. Sempre renovo a esperança de que no próximo ano finalmente conseguirei agarrar aquele trapézio.

Afinal, dentro de cada organização, quão importante é que cada indivíduo assuma riscos e inove? Se a iniciativa e a inovação forem fundamentais para o sucesso da empresa, então será necessário avaliar com cuidado a maneira como criamos confiança e lidamos com o fracasso, porque isso refletirá na cultura que desenvolveremos na companhia. Como já discutido nos capítulos anteriores, para nos tornarmos líderes abertos é preciso autoconhecimento e a humildade para reconhecermos não apenas nossos próprios limites, mas também, de maneira semelhante, o papel que o fracasso desempenha em nossas vidas.

John Chambers, CEO da Cisco, costuma perguntar aos candidatos a vagas em sua empresa a respeito de seus resultados.

> Nunca confundo trabalho duro com sucesso. Procuro sempre conhecer o indivíduo não apenas por meio de seus êxitos e de suas atitudes corretas, mas pedindo-lhe que discorra sobre seus fracassos. E é aí que as pessoas cometem um tremendo erro. Todos cometemos erros e enfrentamos fracassos, mas é surpreendente como muitas pessoas dizem: "Bem, não consigo me lembrar de nenhum". Esse candidato imediatamente perde sua credibilidade comigo. Ser muito sincero a respeito dos erros cometidos é uma capacidade importante e, então, a pergunta seguinte é: o que faria diferente da próxima vez?

Os comentários de Chambers reforçam a ideia de que a capacidade de reconhecer e de aprender com os erros é fundamental. De fato, os melhores líderes sempre preparam a si mesmos e às suas organizações para o fracasso, garantindo a todos um importante aprendizado com tais experiências.

A incrível máquina de fracassos da Google

Uma organização que sabe perfeitamente bem como lidar com fracassos é a Google. Conhecida como uma das empresas mais inovadoras do mundo, ela entende que, para ser bem-sucedida ao inovar, precisa enfrentar inúme-

258 Liderança Aberta

ros malogros.[1] Seu lema é: "fracassar rápido, fracassar com inteligência". Além disso, esta companhia sabe muito bem como lidar com o desafio de juntar os cacos depois de uma derrota.

Por exemplo, a revista *Fortune* nos conta a história de Sheryl Sandberg, na época com 37 anos e vice-presidente da Google, responsável pelo sistema automatizado de publicidade da empresa. Ela cometeu um erro que custou vários milhões de dólares à organização e tudo o que ela disse a respeito disso foi: "Decisão errada, agimos rápido demais, falta de controle, algum dinheiro perdido". Quando percebeu a magnitude do que havia feito, ela informou Larry Page, cofundador da Google e, extraoficialmente, líder de pensamento da empresa. "Deus, sinto-me realmente mal por isso", disse Sandberg a Page, que aceitou o seu pedido de desculpas. Ao se virar para sair, Page acrescentou:

> Estou muito feliz que tenha cometido esse erro, pois pretendo que nesta empresa nossas ações sejam sempre rápidas e inovadoras – e não que sejamos demasiadamente cautelosos e que caminhemos lentamente. Se não cometêssemos nenhum desses erros, simplesmente não estaríamos assumindo riscos suficientes.[2]

Chris DiBona, gerente do departamento de código aberto e de programas públicos da Google, comenta sobre o modo como a organização enfrenta e lida com fracassos: "Eu cometo muitos erros, por isso posso falar a respeito", disse ele, em um tom não completamente de brincadeira. Ao discorrer sobre um projeto em que trabalhou e que fora lançado dentro da empresa como teste – um serviço que a Google planejava usar internamente e, ao mesmo tempo, apresentar ao mercado – ele disse:

> Francamente, o uso simplesmente não era o que estávamos esperando, e a ferramenta não deu certo. As pessoas simplesmente não precisavam do que estávamos criando. Quando percebemos que o lançamento daquele serviço seria um desperdício de tempo e dinheiro – algo em que nossos engenheiros haviam investido quase dois anos – decidimos encerrar o projeto, o que levou algumas semanas. Obviamente, os envolvidos não estavam contentes com o encerramento, mas seria um fracasso, pois era um produto ruim.

Ao ser questionado sobre o que aconteceu depois, ele comentou:

> Eu me senti muito pior do que qualquer outro na empresa por causa do cancelamento daquele projeto. Porém, nenhum engenheiro foi responsabilizado. Na verdade, meu chefe, Alfred Spector, disse: 'Escute, devemos fazer o que for possível e oferecer a essas pessoas toda a flexibilidade necessária para que encontrem projetos nos quais queiram efetivamente trabalhar, tenham eles sido lançados ou estejam em fase de lançamento. É importante que estes indivíduos continuem a respeitar a Google e saibam que a empresa quer que eles fiquem. É preciso reforçar nosso compromisso de oferecer recursos e oportunidades às pessoas.

A Google, diz DiBona, faz mais do que meramente tolerar o fracasso, ela mantém ativo um sistema de apoio para que seus funcionários se sintam seguros ao falhar. Porém, o mais importante é que a empresa é capaz de identificar e distinguir as competências pessoais dos colaboradores das falhas em um determinado projeto, o que permite aos bons profissionais assumir novos riscos. Os engenheiros que mantiveram seus empregos têm agora muito mais confiança para experimentar coisas novas.

> Em todo o nosso processo de recrutamento e contratação destacamos pontos como esse. Queremos nos assegurar de que as pessoas venham para a empresa sabendo que poderão experimentar, e que o fracasso poderá ser aceito.

Com essa cultura a Google cria a confiança necessária para o enfrentamento de riscos e demonstra esse apoio regularmente por meio de suas ações. Esse nível de tolerância em relação ao fracasso será diferente para cada organização, pois cada empresa tem seu próprio perfil de tolerância ao risco. O segredo é descobrir o grau de risco que um líder conseguirá suportar, assim como a capacidade da organização em lidar com ele, para que ambos os fatores estejam alinhados.

Existem quatro ações que um líder aberto pode realizar para garantir que a organização seja flexível diante do fracasso e, ao mesmo tempo, capaz de aprender e crescer com os desafios:

260 Liderança Aberta

1. reconhecer que o fracasso acontece;
2. estimular o diálogo para promover a confiança;
3. distinguir o indivíduo do fracasso;
4. aprender com os seus erros.

Nas páginas seguintes, nos aprofundaremos nesses tópicos.

Reconhecendo que o fracasso acontece

O fracasso é inevitável, pois as coisas simplesmente dão errado. É possível perder clientes ou que nossos funcionários cometam erros. Contudo, em outros tempos as organizações tendiam a esconder seus fracassos do público. Nessas situações, os profissionais associados à falha poderiam procurar outros empregos ou antecipar sua transferência para uma filial distante. Hoje é muito mais difícil esconder equívocos, pois os funcionários e clientes envolvidos podem imediatamente postar mensagens no Twitter ou em blogues, e será impossível impedi-los.

Durante fracassos é importante que os líderes não apenas saibam como guiar sua organização, mas que estejam preparados para fazê-lo em público. Reconhecer abertamente um fracasso é um aspecto crucial da abertura. O segredo é manter todos focados em um objetivo maior, e não em um revés passageiro. Os maiores generais não ganham todas as batalhas, mas são capazes de reagrupar suas tropas, analisar o que deu errado e fazer ajustes para o próximo combate.

Para muitas organizações, reconhecer o fracasso publicamente pode ser extremamente difícil, entretanto, fazê-lo rapidamente e seguir em frente rumo à solução do problema é essencial para que a empresa mantenha a confiança junto a seus clientes. O Facebook enfrentou um problema como esse no início de 2009, depois que o site mudou os seus Termos de Serviço (TOS), em 4 de fevereiro. Por mais de uma semana, ninguém havia notado a alteração, contudo, em 15 de fevereiro, o site The Consumerist* publicou uma análise dos novos TOS, intitulada "Os novos termos de serviço do Facebook: 'podemos fazer o que quisermos com o seu conteúdo para sempre'", o que provocou uma onda de protestos.**[3] O problema: os

---

* Site norte-americano cujo objetivo é manter o consumidor daquele país informado sobre questões relativas a produtos e serviços, oferecendo ao público informações e conselhos importantes sobre como agir em situações de conflito com lojas e fornecedores. (N.E.)

** O título original é: "Facebook's new terms of service: 'we can do whatever we want with your content forever'. (N.T.)

novos TOS pareciam conceder ao Facebook um direito irrevogável sobre o conteúdo criado pelos usuários, mesmo se estes cancelassem suas contas e mantivessem qualquer ligação com o site.

Quase imediatamente, o Facebook publicou esclarecimentos, incluindo um comentário feito por Mark Zuckerberg, CEO da empresa, em seu blogue, em 16 de fevereiro. Todos procuravam explicar a lógica por trás dos novos TOS. Zuckerberg inclusive admitiu no final da sua mensagem:

> Esse é um terreno difícil de percorrer e acabaremos cometendo alguns erros, mas como líderes em oferecer serviços de compartilhamento de informações, consideramos tais questões fundamentais e assumimos nossa responsabilidade a fim de resolvê-las com muita seriedade.[4]

No entanto, os novos TOS permaneceram em vigor, e a explicação pouco fez para acalmar o crescente clamor público e a intensa cobertura da mídia.

No dia seguinte, 17 de fevereiro, precisamente às 22:17 (horário local), Zuckerberg publicou outra mensagem segundo a qual os TOS originais eram restabelecidos:

> Nos últimos dias, recebemos uma série de questionamentos e comentários sobre as mudanças implementadas e o seu significado para os usuários e suas informações. Baseados nesse *feedback* decidimos restabelecer os TOS anteriores, enquanto resolvemos as questões levantadas pelo público [...]. Dando um passo à frente, decidimos imprimir uma nova abordagem ao desenvolvimento dos nossos termos [...] Uma vez que esse será o documento guia que todos seguiremos, os usuários do Facebook terão uma grande participação em sua elaboração [...] Caso tenha interesse em se envolver na elaboração dos TOS, basta postar suas perguntas, comentários e solicitações no grupo que criamos: Declaração de Direitos e Responsabilidades do Facebook.*[5]

De maneira clara, o Facebook reconheceu que cometera um erro. Contudo, o site foi além das desculpas, e explicou como cuidaria do problema – restabelecendo a versão anterior dos TOS e criando um processo para o desenvolvimento dos novos com a participação dos seus usuários. Como já

---

* Facebook Bill of Rights and Responsibilities. (N.T.)

abordado no capítulo 2, a cultura aberta do Facebook lhe garante a capacidade de agir rapidamente e de experimentar coisas novas, além de oferecer um enorme poder aos usuários, que o site, por sua vez, deve respeitar. Ao analisar o desastre dos TOS, bem como outros fracassos, Lori Goler, vice-presidente de recursos humanos do Facebook, comentou:

> Em todos esses erros procuramos sempre a oportunidade de aprender, ou pelo momento certo de ensinar. Tomamos a situação como uma chance de inovar. O caso dos TOS aconteceu. Nós enfrentamos a situação e nos desculpamos. Então, apresentamos um paradigma inteiramente novo sobre nossa maneira de pensar e, com isso, nosso relacionamento com os usuários foi bem além do que a maioria das empresas jamais conseguiria.

Tudo isso nos leva de volta para as novas regras que discutimos no primeiro capítulo. Os líderes abertos respeitam o fato de que, hoje, consumidores, clientes potenciais, parceiros e outros têm o poder de compartilhar informações. Podemos encarar essa situação como uma maneira de expor nossos fracassos e, por isso, temê-la. Contudo, os verdadeiros líderes abertos a veem também como uma maneira de fortalecer os relacionamentos necessários para se recuperar desses erros e seguir em frente.

Agora que compreendemos por que é importante reconhecer a ocorrência de fracassos, é hora de discutirmos o que devemos fazer em situações desse tipo e, em particular, como construir uma cultura de confiança que permita às pessoas assumir riscos.

Estimule o diálogo para promover a confiança

Muitos de nós já enfrentamos a seguinte situação: participamos de uma reunião em que todos evitam falar sobre "o problema". Trata-se de uma questão óbvia, mas ninguém quer abordá-la. Contudo, logo que a reunião termina, todos começam imediatamente a falar sobre o assunto – em particular. Jeffrey Hayzlett, diretor de marketing da Kodak, recorda sua experiência:

> Podemos ver o problema bem ali à nossa frente. A primeira coisa a fazer é lidar com ele prontamente, sem ignorá-lo. Quando enfrentamos um problema, isso torna os relacionamentos bem mais poderosos, porque temos a transparência para discutir a questão.

A Kodak é uma empresa interessante. Ao longo de muitos anos, seu principal produto foi filme fotográfico, contudo, este está desaparecendo rapidamente. Felizmente para a Kodak, a mudança de mercado não aconteceu da noite para o dia e a empresa teve tempo de migrar para a área de fotografia e impressão digitais. Para isso, foi necessário comprar outras empresas, integrá-las e continuar acelerando sua capacidade de inovação. Ao assumir tal mudança massiva, explicou Hayzlett, muitas coisas não pareciam funcionar corretamente. "Não tínhamos a confiança necessária e, sejamos francos, não se pode simplesmente sair e criar um programa de treinamento para corrigir esse problema".

Assim, a liderança da Kodak estabeleceu um conjunto de valores para serem incorporados pela empresa: o FAST* – Foco, Responsabilidade, Simplicidade e Confiança. Antonio Perez, CEO da empresa, concentrou-se, em particular, no último elemento (confiança), como resultado do que ele chamou de "debate saudável." Hayzlett recorda: "Se não conseguíssemos superar nossos problemas com o FAST, além de cometermos mais erros, o teríamos feito mais rapidamente". A Kodak percebeu que o debate saudável e o intercâmbio honesto entre as pessoas seriam, portanto, a base para a confiança nos relacionamentos que a empresa pretendia construir. Seria preciso que seus profissionais fossem capazes de resolver suas questões e continuar trabalhando juntos, mesmo diante de discordâncias veementes.

Para apoiar esse diálogo honesto, a Kodak colocou em prática uma rede social interna para que os indivíduos pudessem se conhecer. A partir daí, os funcionários começaram a usar a rede para desenvolver relacionamentos internos, contudo, o plano era abri-la aos clientes para que estes também pudessem conhecer melhor a equipe da Kodak. Isso é especialmente importante para a empresa desenvolver novos relacionamentos no mercado, com centenas de milhares de clientes (B2B): com um simples clique, os clientes conseguem visualizar o perfil do seu gerente de contas, da equipe de atendimento e dos técnicos, e iniciar um diálogo com eles.

Dintinguir o indivíduo do fracasso

Uma das coisas importantes que a Kodak conseguiu ao estimular esse debate foi distinguir o que as pessoas fizeram das especificidades do fracasso. Ao invés de simplesmente dizer ou sugerir: "Você fracassou, então não é bom", dizia: "Não foi você quem fracassou, mas o projeto. Então,

---

* Do inglês Focus, Accountability, Simplicity and Trust. (N.T.)

264 Liderança Aberta

o que podemos aprender com isso para fazer melhor da próxima vez?" Hayzlett conta com um sistema que o ajuda a compreender os três elementos necessários para a confiança: a sinceridade, a competência e a confiabilidade. Esses elementos sempre foram necessários, mas as tecnologias sociais acrescentaram novas dimensões a cada um deles.

Sinceridade

Por sinceridade inferimos que o que é dito por alguém se baseia no que esta pessoa sente e acredita. Para isso, baseamo-nos no contato visual, na linguagem corporal do indivíduo, no tom de sua voz e em experiências anteriores. A pessoa não é desonesta ou hipócrita. Embora em muitas situações na mídia social não tenhamos acesso ao contato visual nem à linguagem corporal, ferramentas como o TelePresence da Cisco permitem que as pessoas se vejam mais do que uma vez por ano em reuniões. Entretanto, quando nos engajamos em um diálogo regular, respondemos a perguntas, ajudamos com problemas e oferecemos dicas úteis, um longo caminho precisa ser percorrido para convencer os clientes de que somos sinceros (ou autênticos), em nosso desejo de manter um relacionamento. Por meio dos seus blogues, de seus vídeos e de suas interações com eles será possível demonstrar sinceridade e desejo de ajudar.

É perfeitamente possível, no entanto, que alguém esteja sinceramente equivocado. Aqueles que acreditam terem sido abduzidos por alienígenas podem estar sendo perfeitamente sinceros, mas isso não garante que sua afirmação possa ser comprovada. A questão da sinceridade é levantada quando alguém aprova ou condena um produto, por exemplo, em um blogue ou no Twitter. Será que o autor da mensagem realmente gostou do produto ou foi pago para dar uma opinião favorável? O comentador realmente teve uma experiência ruim com o produto ou, na verdade, essa pessoa é um concorrente fazendo-se passar por um cliente? Da mesma maneira como em nossa vida cotidiana somos geralmente capazes de determinar a veracidade dos comentários de uma pessoa, também estamos rapidamente adquirindo a capacidade de diferenciar entre o que é e o que não é real e sincero no mundo virtual.

Competência

Este elemento se refere à capacidade de um indivíduo em fazer alguma tarefa; também diz respeito ao fato de as pessoas acreditarem ou não no potencial de alguém para realizar algo com sucesso ou eficiência. Desse modo, as ações dizem muito – por exemplo, demonstramos ao público nossa *expertise* por meio dos nossos comentários publicados em blogues e em fóruns, nas resenhas que escrevemos sobre livros, nas músicas que ouvimos, nos produtos e nos serviços que sugerimos, e assim por diante. É possível oferecer boas orientações aos participantes de um fórum sobre suporte técnico, de modo que nossos conselhos sejam ouvidos e considerados. Talvez eles saibam que os produtos que criamos sempre funcionaram muito bem, que podemos construir carros confiáveis, mecanismos de busca eficientes, laptops elegantes e, neste caso, confiarão que os novos produtos que estamos desenvolvendo são também muito bons. Então, mais e mais pessoas, em suas avaliações e resenhas, garantirão que somos capazes de fazer o que precisam.

Confiabilidade

O objetivo neste caso é demonstrar que nossa qualidade ou nosso desempenho são bons e consistentes, tanto em circunstâncias rotineiras, como em situações hostis ou inesperadas. Os clientes precisam saber e confiar que estaremos à sua disposição quando precisarem de ajuda; que cumpriremos com o prometido; que lhes ofereceremos razões convincentes para a não resolução imediata de problemas.

A confiança se quebra quando um ou mais desses três elementos não estão presentes. Isso não significa que alguém que tenha cometido um erro seja necessariamente mal-intencionada ou moralmente condenável – pode significar que o indivíduo seja sincero e competente, mas simplesmente não confiável. Por exemplo, uma criança pode ser absolutamente sincera ao dizer que trará seu blusão para casa quando retornar da escola. Sua mãe, contudo, mesmo acreditando na competência do filho para realizar a tarefa, reconhece que lhe falta confiabilidade. Às vezes, o blusão será trazido, outras não, mas por tratar-se do próprio filho, e por não ser uma falha grave, não ocorre punição, apenas a implementação de um sistema que garanta que o agasalho normalmente chegue em casa. De maneira semelhante, se há falhas recorrentes em uma organização, que estruturas podemos colocar em prática para evitá-las no futuro?

É possível que um indivíduo seja sincero e confiável, mas não competente. Vejamos uma criança disléxica que ouve a palavra telefone, mas escreve "tefelone" (sic). Sabemos que ela é sincera em seu desejo de escrever

266 Liderança Aberta

corretamente, mas não consegue, portanto, sua competência deixará a desejar. Isso nos leva a buscar maneiras de melhorar tal capacidade. Do mesmo modo, se tivermos um funcionário sem a capacitação necessária para a realização de seu trabalho, e que, por isso, fracasse ao realizá-lo, talvez tenhamos de determinar se houve neste caso uma promoção prematura ou desprovida de treinamento adequado. A providência lógica a ser tomada seria oferecer a este indivíduo a prática adequada para a realização da tarefa.

Por fim, algumas pessoas são confiáveis e competentes, mas não são sinceras. Isso geralmente aparece como um comportamento passivo-agressivo dentro da organização. Elas são capazes de fazer o trabalho e são, à sua maneira, confiáveis quando o fazem. Porém, podem se comprometer a realizar uma tarefa e até concordar com os planos estabelecidos, mas simplesmente não cumprir com a palavra por não a considerarem de interesse próprio. Por exemplo, o gerente de TI de uma organização pode se comprometer a colaborar com um importante projeto corporativo, mas, em vez de realocar seu melhor profissional e incumbi-lo da tarefa, a entrega a outro colaborador que esteja livre. Neste caso, o trabalho será feito, contudo, sem a qualidade esperada pela empresa.

Este último ponto sobre o comportamento passivo-agressivo é especialmente difícil em ambientes colaborativos, como é o caso da Cisco, o que explica por que a empresa investe uma quantidade significativa de tempo para garantir que as pessoas estejam alinhadas em torno de objetivos compartilhados. Ron Richie, vice-presidente de posicionamento corporativo da Cisco, diz:

> Embora eu e meus colegas raramente discordemos de algum tópico, quando isso ocorre, é importante que não levemos a questão para o nível pessoal. Um dos segredos da cultura de objetivos compartilhados é que é fundamental saber discordar quanto à essência da questão, sem tornar o assunto pessoal.

Ron e seus colegas podem ter pontos de vista radicalmente diferentes sobre o que fazer, mas, ao final da reunião, se a ideia de um colega for melhor do que ideia de Ron, e o grupo concordar com ela, Ron terá de aceitar que a decisão não é pessoal. Além disso, ele tem de concordar em apoiar aquela ideia completamente e, o mais importante, manter-se responsável.

Manter um diálogo regular facilitado pelas tecnologias sociais permite aos líderes abertos da Cisco e da Kodak desenvolver relacionamentos pessoais com indivíduos em toda a empresa e, cada vez mais, com parceiros e clientes. Com isso, eles conseguem identificar os problemas, abordá-los e, ainda, manter a conexão. Se o comportamento passivo--agressivo for um problema em sua organização, certifique-se de obter o total compromisso dos menos confiáveis antes de deixá-los retornar às suas mesas de trabalho – e faça um acompanhamento baseado em expectativas mensuráveis claramente definidas.

Discutiremos agora a importância de aprendermos com nossos próprios erros – não apenas para evitarmos sua repetição, mas principalmente para tornarmos a empresa mais forte.

Aprenda com os seus erros

Vejamos um bom exemplo: há alguns anos, um amigo meu trabalhou para uma empresa de torrefação de café nacionalmente conhecida. Em uma ocasião, a empresa produziu uma nova mistura de café, especial para a região oeste dos Estados Unidos, cujo slogan era "Negro como a noite, quente como o fogo". Contudo, devido ao fato de naquela época os consumidores da região preferirem um café mais suave e relativamente fraco, o produto foi um completo fracasso. Três anos depois, ao se envolver com o lançamento de outra marca, este profissional decidiu pesquisar a experiência obtida com a marca anterior. A tarefa, contudo, mostrou-se impossível, já que a administração da empresa, agindo como um "estado totalitário paranoico", havia não apenas eliminado completamente quaisquer vestígios do produto e da campanha, mas também destruído praticamente todos os indícios de que a marca existira. Que pena: por medo de encarar o fracasso, a empresa perdeu a oportunidade de aprender com o fiasco.

Em contrapartida, vejamos como a Walmart foi capaz de aprender com os seus erros. De acordo com muitos observadores da mídia social, as iniciativas da Walmart nessa área, assim como todo o ano de 2007, foram um desastre. Em 2006, a empresa lançou a rede social "The Hub", em uma tentativa inútil de desafiar a então líder MySpace. A The Hub permaneceu no ar por apenas dez semanas, principalmente por utilizar-se de atores e modelos para incluir conteúdo e tentar, persistentemente, vender os produtos da Walmart aos visitantes.[6] Em setembro de 2006, revelou-se que

268 Liderança Aberta

um blogue despojado sobre as aventuras de um casal que supostamente viajava pelos Estados Unidos em um *trailer* e se acomodava nos estacionamentos da Walmart era mantido pela própria empresa.[7] Seguiu-se uma cobertura significativa da mídia sobre a quebra de confiança.

Esse não foi o único erro da empresa. A Walmart voltou no segundo semestre de 2007 com um grupo no Facebook focado em compras para a volta às aulas.[8] Embora bem executado, o grupo do Facebook concentrava-se em moda, enquanto a Walmart era conhecida pela comercialização de produtos a preços baixos. Houve uma grande desconexão entre o objetivo da comunidade e o público-alvo. Além disso, os membros do Facebook, por meio de comentários, começaram a protestar contra as práticas trabalhistas da empresa, o que fez a iniciativa se voltar contra a organização.* Parecia que a Walmart simplesmente não compreendia as tecnologias sociais, e pior, que nunca as compreenderia.

Entretanto, nos bastidores, havia determinação por parte da empresa de se engajar com seus clientes por meio das tecnologias sociais, assim como já ocorria em suas lojas. A cada insucesso, aprendia-se algo novo: era fundamental, por exemplo, que qualquer iniciativa fosse coerente com a missão corporativa da empresa – ajudar as famílias a economizar dinheiro. Também percebeu-se a existência de um número expressivo de críticos da organização que levantavam questões preocupantes e de difícil abordagem em um fórum aberto. A empresa precisaria, portanto, tomar extremo cuidado para navegar pelas mídias sociais, e manter um diálogo verdadeiramente aberto com as pessoas, sem a interferência de detratores.

Assim, em dezembro de 2007, a Walmart lançou o seu CheckOutBlog. com, em que os vários funcionários da empresa, como Susan Chronister, compradora do setor de filmes, escreviam as mensagens. A iniciativa foi um sucesso, pois trazia a perspectiva e o pensamento dos compradores da Walmart enquanto selecionavam mercadorias para as lojas. Logo em seguida, a empresa passou a oferecer análises e classificações de produtos obtidas pela Bazaarvoice e, em dezembro de 2008, lançou o blogue ElevenMoms.com, escrito por um grupo de mães blogueiras que compartilham dicas sobre maneiras de economizar dinheiro. A Walmart não se intimidou com os seus fracassos anteriores e mostrou não apenas grande

---

* A rede varejista Walmart tem sido acusada nos Estados Unidos de manter uma política trabalhista retrógrada, pagar baixos salários e negar planos de saúde. Em 2008, também foi acusada de advertir seus empregados contra Barack Obama, então candidato democrata à presidência daquele país. (N.T.)

determinação para encontrar uma maneira de se engajar, como também disposição para experimentar muitas coisas novas, mesmo tendo de lutar para descobrir o que funcionava para a empresa. Mesmo sem estar presente em todos os canais, a Walmart segue bem em sua busca pelo domínio das tecnologias sociais. Há pouco tempo, o número de seguidores da empresa no Facebook alcançou mais de meio milhão. Existem ainda dezenas de contas de funcionários no Twitter e dirigidas a clientes.[9]

Qual é a capacidade de cada organização em aprender com os erros? Somos como a empresa de café, que varremos nossos fracassos para debaixo do tapete, na expectativa de que ao ignorá-los conseguiremos caminhar mais rapidamente? Ou enfrentamos o fracasso de cabeça erguida, como fez a Walmart, acreditando na ideia de que aprendendo com nossas experiências alcançaremos nossos objetivos? Na próxima seção explicaremos como é possível concentrar toda a energia na recuperação pós-fracasso, para que isso se torne uma prática comum dentro da organização.

ESTRUTURE SISTEMAS PARA O ENFRENTAMENTO DE RISCOS E FRACASSOS

Passemos agora ao bê-á-bá para a criação da estrutura e da disciplina que possibilitarão a líderes e organizações resistir às adversidades e ao fracasso. São quatro os processos e competências que poderão ser desenvolvidos em uma organização:

1. conduzir o *post mortem*;
2. preparar-se para o pior;
3. construir a capacidade reativa;
4. preparar-se para o custo pessoal do fracasso.

Conduzindo o *post-mortem*

Ao mesmo tempo em que a Walmart aprendia boas lições a partir de uma série de fracassos, a Johnson & Johnson experimentava um grande desastre público, que acabou se revelando uma excelente oportunidade de aprendizado. Em 2008, o laboratório McNeil Consumer Healthcare, filial do grupo Johnson & Johnson, divulgou um comercial sobre o anti-inflamatório e analgésico Motrin em seu website Motrin.com, em que uma jovem mãe dizia:[10]

270 Liderança Aberta

O uso de suportes para carregar bebês parece estar na moda. Quero dizer, em teoria, amarrar o seu bebê junto ao corpo é uma ótima ideia. Já existem vários tipos de carregadores, e quem sabe o que mais irão inventar... Mas, e quanto a mim? As mães que carregam seus bebês dessa maneira choram mais do que as outras? Com certeza, eu choro! Essas coisas colocam uma tonelada de peso e pressão sobre as costas, o pescoço e os ombros. Bem, eu suporto a dor, porque a considero uma dor positiva; é pelo meu filho. Além disso, me faz parecer uma mãe de verdade. Assim, se eu parecer cansada e louca, as pessoas certamente entenderão por quê.

Por seis semanas, o comercial foi veiculado no site com quase nenhum comentário. Porém, na sexta-feira à noite, 15 de novembro de 2008, uma mãe adepta desse tipo de suporte sentiu-se ofendida – para ela, a propaganda do Motrin parecia dizer que as mães que se utilizavam desse método o faziam apenas para estar na moda, como se fosse o mesmo que sentir dor nos pés por usar saltos altos. A mãe em questão, postou a seguinte mensagem: "Eu adoro levar o meu bebê num carregador de pano e não gostei de ser chamada de 'louca' por utilizar este sistema. Bola fora desta vez, Motrin".[11]

Em poucas horas após o primeiro comentário aparecer naquela sexta-feira à noite, o comercial e a *hashtag** "#motrinmom" tornaram-se o assunto mais comentado no Twitter. No sábado, um usuário postou um vídeo de nove minutos no YouTube, mostrando uma série de comentários indignados contra o comercial do medicamento, intercalados com fotos de mães carregando seus bebês em *slings*.[12] O furacão continuou sua devastação ao longo de todo o fim de semana, mas rapidamente o sentimento deixou de ser a indignação para se transformar em perplexidade – contra o Motrin e a empresa, devido à falta de respostas. Será que a organização não estava escutando o que tantas mães indignadas estavam dizendo a respeito do seu produto? Seriam os responsáveis pelo comercial idiotas?

Na verdade, a empresa foi pega de surpresa. Quando questionado sobre o movimento das mães contra o Motrin, Marc Monseau, diretor de mídia social da Johnson & Johnson, empresa controladora da McNeil

---

* Hashtags são convenções que usam o símbolo # seguido por um determinado termo. O objetivo é agregar o maior número de conteúdos relativos a essa palavra e, assim, facilitar o reconhecimento e o acompanhamento dos comentários feitos sobre esse termo específico. (N.T.)

Consumer Healthcare e fabricante do Motrin, alegou que monitorava pessoalmente as possíveis menções à Johnson & Johnson, mas isso não incluía quaisquer comentários sobre as centenas de marcas existentes dentro da empresa. Ele conta o seguinte:

> Eu só tomei conhecimento do assunto quando recebi um telefonema de um amigo no domingo dizendo: "Você viu o que estão falando sobre o Motrin?" Assim que a equipe responsável pela marca viu o que estava sendo dito sobre o suporte para bebês, a organização entrou imediatamente em ação. Eles se reuniram e tomaram algumas decisões rápidas.

Uma vez alertada sobre o problema, a equipe responsável retirou o comercial do site do Motrin, enquanto Kathy Widmer, que na época era vice-presidente de marketing da McNeil, publicou a seguinte declaração no blogue JNJBTW:

> *O objetivo do comercial era gerar simpatia e apreço por tudo o que os pais fazem por seus filhos. Certamente, não pretendíamos ofender as mães em nossa campanha publicitária [...] Em nome da McNeil, peço desculpas se você considerou esse comercial ofensivo. Estamos em processo de retirá-lo do nosso site [...] Aprendemos em todo esse processo, em particular, sobre a importância de prestar atenção às conversas que estão ocorrendo on-line".*[13]

Kathy também entrou em contato com algumas mães blogueiras e começou a se envolver com as pessoas no Twitter.

O evento destacou a necessidade de as empresas ouvirem o que está sendo dito sobre suas marcas e negócios no mundo *on-line*. Para Monseau:

> As organizações precisam estar preparadas para esse tipo de situação para que, se algo desse tipo ocorrer, sejam capazes de reagir de maneira ainda mais rápida [...] As empresas precisam agir em questão de minutos e não de horas, ou em questão de horas e não de dias. Em organizações mais tradicionais, em que uma solicitação via mídia tradicional pode demorar até doze horas para ser respondida, é preciso agir com mais agilidade.

272 Liderança Aberta

Porém, mais importante para a Johnson & Johnson foi o fato de o engajamento com a tecnologia social ter se tornado a preocupação de cada divisão da empresa. Ao contrário de depender do grupo de comunicações corporativas de Monseau, todos os departamentos passaram a monitorar diretamente as discussões sobre seus produtos.

Há cada vez mais empresas pensando cuidadosamente no que precisam estruturar antes de criar seus programas, de modo que possam, pelo menos, começar a atentar para os comentários de seus clientes. O caso das mães contra o Motrin realmente reforçou a importância de ouvir e observar com mais cuidado.

Esperamos que ninguém precise enfrentar uma experiência tão difícil como essa para somente então considerar a adoção de uma estratégia aberta mais proativa. Entretanto, se uma empresa se perceber em um mar agitado, deverá considerar o melhor modo de se recuperar. Na próxima seção abordaremos como fazer isso, ou seja, como podemos criar uma estrutura e um sistema que promova o enfrentamento de riscos e o aprendizado com os fracassos.

Preparando-se para o pior

Mesmo as organizações que temem profundamente o fracasso precisam ajustar sua mentalidade de maneira lenta e gradual. Desse modo, mesmo que seja impossível a completa aceitação de uma derrota, a empresa estará preparada com antecedência para enfrentá-la. Uma das maneiras de se fazer isso é projetando o pior cenário possível, no qual tudo o que pode sair errado é devidamente levantado e discutido junto com à equipe. O próximo passo é colocar em prática planos de mitigação e de contingência para que o risco e a ansiedade sejam reduzidos.

Foi exatamente isso o que a Ford fez para lançar o Fiesta nos Estados Unidos em 2009, caso brevemente abordado no capítulo 4. Você deve se lembrar de que, durante seis meses, a Ford ofereceu cem carros novos para cidadãos comuns, pedindo-lhes apenas que registrassem suas experiências na mídia social. Aparentemente, a Ford parecia estar comprando problemas – o que aconteceria se alguém sofresse um acidente com o carro? E se alguém ficasse ferido? Para se preparar, a Ford planejou todos os tipos de situação, mapeando todas as possibilidades que poderiam

Charlene Li 273

imaginar e planejando as possíveis respostas: quem deveria se envolver, o que poderia ser dito, quando e como. Todo esse esforço foi compensado em maio, em uma tarde de sexta-feira, quando um dos "agentes" no Brooklyn informou que seu Fiesta tinha desaparecido.

O carro era rosa choque com bolinhas, e somente uma fração dos demais 99 automóveis nos Estados Unidos parecia-se com ele, por isso o carro não seria extremamente difícil de ser identificado. Como a polícia não tinha registro de tê-lo rebocado, considerou-se que o veículo fora roubado. Os carros contavam com um sistema de rastreamento GPS, mas, aparentemente, este não estava funcionando bem, já que o último relatório apontava o carro em algum lugar ao sul de Connecticut.

"Basicamente, colocamos um alerta de busca no Twitter", lembrou Scott Monty, gerente global de comunicações digitais e multimídia da Ford. "Pedimos a qualquer pessoa que esteja ao sul de Connecticut na estrada I-95 (Interestadual 95), em direção ao norte, que caso depare com um Fiesta cor de rosa com bolinhas, nos avise imediatamente". No sábado de manhã o carro foi localizado em Georgetown, em Washington, capital dos Estados Unidos, mas descobriu-se que ele pertencia a outra agente Fiesta que estava se formando na Universidade de Georgetown naquele final de semana. Monty imediatamente escreveu no Twitter: "É melhor você devolver o carro dela antes que a cerimônia de formatura termine".

Enquanto isso, no Brooklyn, o agente que perdera o carro repensou onde o estacionara e resolveu seguir sua intuição; foi até o depósito municipal de Nova York e suspendeu um amigo em seus ombros, tornando possível a localização do Fiesta rosa choque no meio do pátio. O problema foi o seguinte: como todos os carros tinham placas de Michigan, o Fiesta fora guinchado e transportado para um depósito diferente daquele em que deveria estar. Finalmente, a Ford convenceu a polícia de Nova York de que o agente tinha autorização para pagar o estacionamento e resgatar o veículo.

Embora esse não tenha sido exatamente um exemplo de "pior dos cenários", o que poderia ter se transformado em mais do que uma simples inconveniência tornou-se um problema de fácil solução, principalmente devido aos cuidadosos esforços da Ford. A montadora preparara diferentes tipos de situação e estava pronta para encará-las rapidamente por meio da mídia social, se necessário. Entretanto, mais do que apenas se preparar para os problemas, o planejamento teve um importante efeito: proporcionou confiança à equipe de gestão da Ford de que se algo desse errado,

274 Liderança Aberta

todas as consequência tinham sido pensadas pela equipe, as respostas estavam preparadas e os riscos foram suficientemente minimizados.

Construindo a capacidade reativa

Um dos benefícios da inovação conduzida pelos funcionários da Best Buy foi um pequeno programa de monitoramento chamado Spy [Espião], que permitia acompanhar as conversas e menções feitas à empresa.[14] O diretor de marketing Barry Judge gostou tanto que mandou que o aplicativo fosse instalado como uma tela rolante na grande TV que possuía em seu próprio escritório e também na de Brian Dunn, CEO da empresa, o que lhes garantiu acesso em tempo real às conversas não filtradas, algo que teria sido difícil ou impossível no passado.

Manter o programa altamente visível possibilitou a Judge ver o que estava acontecendo, e, em um dia em setembro de 2008, o que ele viu não foi nada bom: alguma coisa havia detonado uma explosão. A gigante varejista de eletrônicos pretendia testar um novo programa de recompensas para os seus melhores clientes, porém, em vez de enviar o novo cartão para as mil pessoas incluídas no teste, por engano a empresa enviou a oferta a 6,8 milhões de endereços de e-mail de clientes. A mensagem informava que os consumidores estavam qualificados como VIPs para receber o novo cartão de recompensas denominado Black.[15] Quase imediatamente após o envio dessa mensagem, a Best Buy enviou outro e-mail que dizia:

> É possível que, na data de hoje, você tenha recebido inadvertida e equivocadamente uma mensagem de nossa empresa, parte do processo inicial de um teste de e-mail. Pedimos sinceras desculpas por qualquer inconveniência ou confusão.

Imediatamente, dezenas de clientes, agora desqualificados, começaram a "tuitar" furiosamente. Judge entrou em ação e rapidamente começou a responder às pessoas. Em seu blogue, ele escreveu:

> [...] nós estragamos a operação, o que me deixa desconfortável, pois a confiança de nossos clientes foi abalada. Eu gostaria de dizer "potencialmente abalada", mas acho que será muito difícil nos sairmos bem dessa situação, e eu sei disso, pois já tentei esse argumento com o meu chefe".[16]

A sua resposta pública foi humana, direta e sincera – a antítese de uma declaração oficial cuidadosamente elaborada que as pessoas costumam ouvir de um executivo sênior em resposta a um problema. Porém, mais importante do que isso, ele pediu orientação aos clientes, escrevendo:

> Sinto que este diálogo é apenas um começo. Estou interessado em conhecer a sua opinião sobre a maneira como estamos lidando com esta situação. Estou aprendendo rápido e agradeço àqueles que estão participando.

De fato, Judge continuou a manter um diálogo com as pessoas a respeito do erro do programa de recompensas, fosse por meio de respostas aos comentários em seu blogue (cuja leitura recomendo – o link se encontra na nota nº 16 deste capítulo), fosse replicando a clientes insatisfeitos no Twitter (que ele começara a usar apenas algumas semanas antes).

O que mais impressiona é o fato de Judge observar a mídia social como uma oportunidade permanente de engajamento. Ele comentou, certa vez, sobre seu desejo de "tornar o mais fácil possível o encaminhamento de reclamações".

Ao contrário de ver isso como algo negativo, ele vislumbra cada reclamação como uma oportunidade para tomar conhecimento de todas as falhas e erros diariamente cometidos pela Best Buy, em um esforço não apenas de resolver esses problemas, mas também de aperfeiçoar a empresa a longo prazo.

De maneira semelhante, Stephen Elop, presidente do grupo de soluções de negócios da Microsoft, garante que está criando uma cultura que apoia atitudes positivas em relação ao fracasso. Ele disse:

> Uma das coisas que sempre digo às pessoas é que divulguem as notícias ruins rapidamente. Se acreditar que está à beira de um fracasso, peça ajuda. Coloque a situação em discussão o mais rápido que puder. A ideia de jamais procurar o seu chefe sem a solução para um problema é um total absurdo. Enfrente o problema mais cedo, mais rapidamente e envolva as esferas mais altas da organização. Caso contrário, estará desperdiçando tempo e renegando a capacidade da organização de valer-se de todos os seus recursos e esforços para a solução de

um problema. Se eu for procurado no final de um processo e alguém me disser "fracassamos completamente e não há mais tempo", simplesmente não terei como ajudar. Assim, uma maneira de lidar com o fracasso é estimular ações imediatas, rápidas e agressivas.

Elop contou que uma das experiências formativas de sua atual filosofia ocorrera na empresa em que trabalhara no passado. Ela se autointitulava uma "organização que assume riscos", o que sugeria a disposição de enfrentar riscos e até de fracassar. Porém, o ponto de equilíbrio era "continuamos aceitando novos erros". Assim, a primeira reação de Elop quando alguém entra em seu escritório com um problema ou possível fracasso é dizer: "O que posso fazer para ajudá-lo?" – reduzindo o medo que alguém teria ao apresentar problemas. Entretanto, uma vez que a crise se encerra, Elop certifica-se de fechar o ciclo, garantindo a responsabilidade e também perguntando: "O que aprendemos com isso?" Ao colocar sistematicamente esse método simples em prática, Elop pessoalmente define o tom para o enfrentamento de riscos em sua organização.

Preparando-se para o custo pessoal do fracasso

Todo líder de organização sempre se preocupa com o risco e o fracasso – e isso é fundamental, pois faz parte de suas atribuições. Entretanto, é importante lembrar que devido às mídias sociais, os fracassos pessoais nunca estiveram tão expostos como agora. Se fracassamos, não conseguimos esconder de ninguém. Não se pode simplesmente enterrar um insucesso tão facilmente quanto no passado, portanto, devemos agir de maneira completamente diferente em relação ao nossos erros – ao experimento de sistemas que não funcionam e, principalmente, ao modo como abordamos nossas falhas.

Isso aconteceu com Jeremiah Owyang, quando escreveu um post discutindo rumores sobre demissões na empresa de tecnologia Mzinga, no qual afirmava: "Recomendo que os clientes ou potenciais clientes da Mzinga adiem quaisquer atividades até que eu tenha mais informações na próxima segunda-feira".[17] Ele foi criticado em comentários que se seguiram e em muitos *posts* por abusar da sua posição de líder de pensamento e analista naquele espaço. Um desses comentários em seu blogue, dizia:

Considero essa atitude uma absoluta promoção de boatos. Postar informações incertas e duvidosas na internet COMO UM ANALISTA é irresponsável [...] Isso [...] parece ter sido feito com a intenção de elevar o próprio perfil.

Owyang rapidamente percebeu seu erro e postou um pedido de desculpas:[18]

Embora minhas intenções fossem as melhores, postei a mensagem sem ter informações completas e suficientes, o que foi um erro da minha parte [...] Sei que tenho influência neste espaço e que preciso exercê-la com responsabilidade [...] Os comentários estão abertos e eu continuarei a ler e a absorver todo o *feedback* oferecido. Estou atento.

Logo após o incidente, Owyang mostrou-se profundamente abalado, mas também muito grato às pessoas que o apoiaram e o aconselharam. Ao relembrar o incidente vários meses mais tarde, ele contou o que aprendera:

Podemos colocar todas as políticas e procedimentos em prática, mas não sabemos o que tudo isso significará até que experimentemos um grande ataque virtual. As pessoas caem em cima e tentam feri-lo, mas você tem de perceber que não importa o que esses indivíduos dizem a seu respeito. Os amigos a quem devemos prestar atenção são aqueles que nos apoiam quando estamos por baixo. Os mais fiéis nos dizem, ainda, o que fazemos de errado e o que precisamos fazer para nos aprimorar.

Owyang incentiva as organizações a contratarem pessoas que ostentem o que ele chama de "cicatriz": que estiveram nas trincheiras da mídia social e experimentaram altos e baixos. Toda vez que nos expomos nos tornamos vulneráveis e, por isso, nos vemos diante de um "salto de fé": confiamos que a rede de segurança e nossa comunidade estarão lá para amortecer a queda. É preciso fazer um favor a si mesmo e encontrar pessoas com esse tipo de cicatriz, assim evitamos caminhar sozinhos pelas ruas escuras do fracasso. Esses indivíduos já estiveram lá, sabem o que isso significa e estão preparados para oferecer-lhe o apoio necessário para que seus objetivos sejam atingidos.

Plano de ação: preparando o seu plano de fracasso

Quando o assunto é o uso de tecnologias sociais podemos garantir que, em algum momento, enfrentaremos equívocos e fracassos. Alguns fracassarão espetacularmente, como algumas pessoas apresentadas neste livro. Contudo, a maioria cometerá erros menos avassaladores ao longo do caminho, mas acabarão decepcionando colegas e clientes com seus enganos involuntários e com a falta de tato. Será preciso esforçar-se, pois você se sentirá inseguro por estar se movendo em território desconhecido, no qual ignora as regras. Afinal, ainda não desenvolveu confiança em suas próprias capacidades. Porém, você deve fazer isso se espera desenvolver esses novos relacionamentos fortes e positivos. Eles não surgem da noite para o dia nem em nossas vidas pessoais nem nos negócios. Engajar-se nessas tecnologias sociais exige um nível de confiança que lhe dê a certeza de que quando se abrir, será bem-recebido.

Então, como dar o primeiro passo? Como dito anteriormente, o passo deve ser pequeno. O segredo é tornar o fracasso aceitável para não ter medo de errar. No início, é preciso assumir pequenos riscos, facilmente tolerados pela organização, para sentir-se seguro e tranquilo diante de muitos outros erros que virão pela frente. Entretanto, aqui estão outras maneiras concretas para desenvolver resiliência e capacidade de recuperação em si mesmo e nas organizações. Elas o ajudarão a sentir-se seguro ao assumir riscos:

- **Avalie os últimos fracassos enfrentados.** O que deu errado? O que poderia ter sido feito de melhor? Recomenda-se que, em uma análise *post mortem*, apenas 25% do tempo seja investido em descobrir o que deu errado, outros 25%, em discutir o que foi possível aprender com o processo, e os outros 50% do tempo em identificar o que será feito a seguir.

- **Mantenha um arquivo de erros e fracassos.** Assim como normalmente se mantém um arquivo com os sucessos, prêmios e cartas de agradecimento, deve-se também organizar outro que guarde os erros e fracassos: incluindo o que se aprendeu e também as mensagens pessoais de estímulo e apoio. É preciso consultar esse arquivo de vez em quando, pois você sentirá orgulho de sua capacidade de superação, por ter aprendido com seus equívocos e encontrado apoio nas palavras dos amigos. Em *Celebrating failure: the power of taking risks, making mistakes, and thinking big*,* Ralph Heath nos conta como ele se sente fascinado pelos casos que guarda em sua pasta de fracassos, e observa: "Tenho mais orgulho por ter avançado em minhas tentativas de alcançar o sucesso do que pelas minhas realizações".[19]

- **Identifique as necessidades de treinamento em enfrentamento de riscos.** Assim como nos esportes e na vida, precisamos desenvolver resiliência ao longo do tempo: não acontece naturalmente. O mesmo ocorre quando encaramos riscos e nos recuperamos após fracassos – todos na empresa precisarão de treinamento e apoio para que isso se torne realidade. Identifique os pontos fracos da equipe; por exemplo, se há problemas que dificultam o diálogo, concentre-se no fortalecimento das habilidades de comunicação autêntica. Se os gerentes costumam penalizar as pessoas que cometem erros, pense em programas de *coaching* para executivos.

- **Inclua o fracasso em seu planejamento e nos processos operacionais.** Inclua a projeção dos piores cenários possíveis e os modos como a mídia social será utilizada para a organização consiga reagir naturalmente. Torne comum a prática de se antecipar a eventuais fracassos. Tenha planos de contingência que possibilitem à empresa lidar com os problemas quando eles surgirem.

- **Crie redes de segurança para os inevitáveis fracassos.** Como visto anteriormente, o fracasso pode ser um lugar solitário. Tenha sempre à disposição mentores e colegas que já tenham passado por experiências semelhantes, e que estejam prontos para oferecer apoio a quem precisar.

---

* Sem título em português. Tradução livre: Comemorando o fracasso: a força para enfrentar riscos, cometer erros e pensar grande. (N.T.)

- **Mantenha os seus antiácidos favoritos sempre à mão.** Isso pode até parecer brincadeira, mas o fato é que nunca evitamos completamente o fracasso – apenas conseguimos administrar nossa reação. Um dos seus ativos mais importantes é um estômago forte e, na sua falta, uma boa dose de antiácidos. Lidar com o fracasso fica mais fácil ao longo do tempo, com os recursos, processos e treinamentos adequados, mas aquela sensação de estômago embrulhado nunca desaparece completamente. Na verdade, você saberá que está fazendo as coisas certas se sentir uma leve sensação de enjoo no estômago, que aparece quando assumimos um risco; contudo, ficará tranquilo em saber que tudo acabará bem a longo prazo, devido a todo o trabalho de preparação. Os fracassos nunca são fáceis, mas esperamos que você consiga superar os erros que ocorrerem e que alcance maior abertura e sucesso.

No próximo capítulo, conheceremos a jornada de várias empresas em sua busca por maior abertura e descobriremos como seus líderes foram capazes de transformar uma cultura corporativa arraigada em uma organização flexível, receptiva e aberta.

Notas da autora

1. Vários livros já foram publicados sobre o alcance e o sucesso da Google. Por exemplo, consulte *O que a Google faria? Como atender às novas exigências do mercado*, de Jeff Jarvis (Manole, 2010) e *Google: o fim do mundo como o conhecemos*, de Ken Auletta (Livraria Civilização Editora, 2010).
2. LASHINSKY, Adam. "Chaos by design: the inside story of disorder, disarray, and uncertainty at Google. And why it's all part of the plan. (They Hope). [Caos do design: a história da desordem, do desarranjo e da incerteza na Google. E porque isso tudo faz parte do plano. (Eles acham) *Fortune*, 2 de outubro de 2006. Disponível em: http://money.cnn.com/magazines/fortune/fortune_archive/2006/10/02/8387489.
3. A análise do site The Consumerist está disponível em http://consumerist.com/2009/02/facebooks-newterms-of-service-we-can-do-anything-we-want-with-your-content-forever.html#comments-content.
4. A mensagem de Mark Zuckerberg, "On Facebook, people own and control their information" [No Facebook, as pessoas são donas e controlam a sua Informação], está disponível em http://blog.facebook.com/blog.php?post=54434097130.
5. A segunda mensagem de Zuckerberg, "Update on terms" [Atualização sobre os termos], está disponível em http://blog.facebook.com/blog.php?post=54746167130. O grupo "Facebook bill of rights and responsibilities" [Declaração de direitos e responsabilidades do Facebook] está disponível em www.facebook.com/group.php?gid=69048030774.
6. Maiores informações sobre "The Hub" podem ser encontradas na história "Walmart's MySpace clone dead on arrival" [O clone do MySpace da Walmart morreu ao nascer], disponível em http://mashable.com/2006/10/03/walmarts-myspace-clone-dead-on-arrival.
7. Ver o artigo publicado pela revista *BusinessWeek*, "Wal-Mart's Jim and Laura: the real story" [Jim e Laura da Wal-Mart: a verdadeira história], em 9 de outubro de 2006, disponível em www.businessweek.com/bwdaily/dnflash/content/oct2006/db20061009_579137.htm.
8. Detalhes sobre o "Roommate style match", grupo da Walmart dirigido a estudantes universitários que necessitam fazer compras ao regressar às aulas depois das férias, podem ser encontrados em http://mashable.com/2007/08/08/wal-marts-facebook-group-for-back-to-

282 Liderança Aberta

school-shopping. Além disso, maiores informações sobre o que deu errado com a investida inicial da Walmart junto ao Facebook estão disponíveis em http://social-media-optimization.com/2007/10/a-failed-facebookmarketing-campaign.

9. A página da Walmart no Facebook pode ser encontrada em www.facebook.com/walmart e uma relação das suas contas no Twitter está disponível em http://walmartstores.com/twitter.

10. Você pode assistir ao comercial do medicamento Motrin em www.youtube.com/watch?v=XO6SITUBA38.

11. Mais detalhes sobre como o caso das mães contra o Motrin começou estão disponíveis emwww.scientificamerican.com/blog/60-second-science/post.cfm?id=motrinmoms-a-twitter-over-ad-take-2008-11-17.

12. O vídeo está disponível no YouTube em www.youtube.com/watch?v=LhR-y1N6R8Q.

13. A resposta integral da McNeil à controvérsia Mães contra o Motrin pode ser encontrada em http://jnjbtw.com/2008/11/mcneil-meets-twitter-we-hear-you.

14. O aplicativo Spy foi criado por Ben Hedrington, funcionário da Best Buy e está disponível em http://spy.appspot.com.

15. Você pode ver uma cópia da mensagem de e-mail com o engano em www.crunchgear.com/2008/09/03/best-buy-intros-premier-black-reward-zone-program.

16. A mensagem de Barry Judge, "Trust and the reward zone black card test" [Confiança e o teste do cartão negro de recompensas], está disponível em http://barryjudge.com/trust-and-the-reward-zone-black-card-test.

17. A mensagem de Jeremiah Owyang, "Expect changes at Mzinga" [Mudanças à vista na Mzinga], encontra-se disponível em www.web-strategist.com/blog/2009/03/16/expect-changes-at-mzinga.

18. O post de Owyang, "A public apology to Mzinga" [Um pedido público de desculpas à Mzinga], está disponível em www.webstrategist.com/blog/2009/03/17/a-public-apology-to-mzinga.

19. HEATH, Ralph. Celebrating failure: the power of taking risks, making mistakes, and thinking big. [Celebrando o fracasso: o poder de assumir riscos, cometer erros e pensar grande]. *The Career Press*, 2009.

Capítulo 10:
Como a abertura transforma as organizações

A essa altura, esperamos que todos tenham alcançado melhor compreensão do significado de liderança aberta, e de como a abertura pode beneficiar as organizações. Contudo, enquanto avaliamos esta possibilidade, talvez concluamos que isso seja impossível para determinadas empresas, em virtude de inúmeros obstáculos, dos valores arraigados e dos rituais reverenciados para que qualquer mudança seja implementada. A questão aqui é a provável existência de uma massa imóvel denominada "cultura corporativa", que impede a abertura.

No livro *Corporate cultures*,* clássico de T. E. Deal e A. A. Kennedy, o conceito de cultura organizacional é definido assim:

> *O modo como as coisas são feitas por aqui; [o reflexo de uma] coleção específica de valores e normas que são compartilhadas por pessoas e grupos em uma organização e que controlam a maneira como eles interagem entre si e com os* stakeholders *fora da organização.*[1]

Os líderes estabelecem esses valores não pelo que dizem, mas pelas ações e comportamentos que costumam recompensar ou punir. Como afirmou Ralph Waldo Emerson, "toda grande instituição é a sombra projetada de um único homem. Seu próprio caráter determina o da organização". Se o líder da organização não vê qualquer valor na abertura ou percebe nela mais riscos do que benefícios, a organização jamais será aberta, independentemente do movimento interno ou das pressões competitivas.

Presumimos, no entanto, que todos que chegaram até aqui em sua leitura realmente consideram a abertura não apenas importante, como também necessária. Na verdade, talvez acreditem que, para uma organização

---
* Sem título em português. Tradução livre: Culturas corporativas. (N.T.)

284 Liderança Aberta

alcançar objetivos audaciosos, a cultura organizacional deve evoluir e se transformar, assim como o estilo de liderança. A parte difícil está na maneira de se conduzir uma abertura maior que, paradoxalmente, exigirá grande dose de autoridade, comando e controle centralizados. Em essência, como controlamos o processo de abertura?

Neste capítulo, descreveremos como várias organizações – Best-Buy, Dell, Cisco, Procter & Gamble, Banco do Estado da Índia e o Departamento de Estado dos Estados Unidos – estão conduzindo esta transformação e abrindo suas culturas. Todas são grandes organizações que, em alguns casos, têm séculos de tradição e história. Isso significa que até mesmo pensar em transformar essas culturas já parece desencorajador. Entretanto, em todos os casos, corajosos indivíduos empunham a bandeira da liderança aberta, porque consideram este o melhor meio de promover a transformação. Eles não adotam a abertura como um fim em si mesma, mas procuram aplicá-la de maneira pragmática e competente.

O objetivo deste capítulo é reunir as ideias apresentadas ao longo das páginas anteriores, desde a formulação da estratégia de abertura até as nuances da liderança aberta, de modo a propiciar uma visão ampla de como podemos liderar organizações em sua jornada transformativa. Nos estudos de caso a seguir, é preciso observar como os valores e as normas de cada líder aberto, bem como a cultura já existente, serviram de base para a transformação. Analisemos também como cada organização reestruturou-se a fim de ser capaz de apoiar e sustentar a abertura. Veremos que quatro grandes temas emergem nesse processo. Estes serão examinados em cada um dos estudos de caso.

Os valores conduzem nossa visão

Nada como um prazo crítico para fazer nossa mente se concentrar. Em muitos dos estudos de caso aqui apresentados, a empresa analisada enfrentava uma brutal situação de mercado que exigia uma nova abordagem. Em outros, uma visão abrangente do que precisava ser feito em termos estratégicos serviu de base para o processo transformativo. Depois de perder participação no mercado por décadas, o Banco do Estado da Índia estabeleceu como prioridades recuperar a antiga glória do passado e voltar a ser um líder do mercado. Por sua vez, o sucesso do trabalho colaborativo da Cisco advém da capacidade de a empresa colocar as agendas pessoais em segundo plano e buscar a realização de objetivos compartilhados.

Os líderes definem o tom e o exemplo a serem seguidos

Em todos os casos, um líder apresenta o caminho para a abertura exibindo ações e comportamentos que servem de modelo. A liderança da Best Buy abraçou a abertura e sistematicamente afastou os obstáculos que impediam seus funcionários da linha de frente de participar da empreitada, enfatizando continuamente a necessidade de experimentação e do enfrentamento de riscos.

Expandir a cultura antiga transformando-a em algo novo

Se a cultura é composta de normas e valores, então, todas essas organizações tiveram de criar novos processos para definir como os novos relacionamentos iriam funcionar. Por exemplo, a cultura de "crescer com recursos internos" da Procter & Gamble precisou ser modificada para que a empresa aceitasse inovações vindas de fora. Isto também serviu como uma oportunidade de permitir que a organização se concentrasse e se destacasse no que fazia de melhor: desenvolver e promover produtos para o mercado.

Sistemas e estruturas sustentam a transformação

Para apoiar a nova cultura é preciso contar não apenas com novos estímulos e sistemas de recompensas, mas também com processos e procedimentos renovados que governem as relações internas e externas. O contínuo sucesso da Dell e a entrada do Departamento de Estado norte-americano nas mídias sociais são o resultado direto de uma reflexão cuidadosa sobre como os sistemas, dos pactos do tanque de areia ao desenvolvimento de ferramentas de colaboração, estabelecem os valores e normas que definem as bases culturais.

Desse modo, todos que acreditarem na necessidade de mudanças culturais e de abertura para que suas empresas alcancem seus objetivos comerciais encontrarão nas páginas seguintes informações sobre o modo como as organizações mencionadas estão fazendo isso acontecer.

BANCO DO ESTADO DA ÍNDIA: FAZENDO O ELEFANTE DANÇAR

O Banco do Estado da Índia (SBI) é o segundo maior banco do mundo, conta com mais de duzentos mil funcionários distribuídos em dez mil agências, e opera em 32 países. Fundado em 1806, tem mais de 200 anos de existência e uma longa história de tradição – isto significa que quaisquer

286   Liderança Aberta

mudanças são muito difíceis. Além disso, como entidade estatal, seus funcionários têm estabilidade no emprego, portanto, qualquer tipo de reestruturação ou transformação precisa incluir todos os funcionários, sem possibilidade de dispensas.

Em 2006, o SBI se viu diante de uma série de problemas. Devido à concorrência desregulamentada, perdeu participação no mercado de depósitos e empréstimos, caindo de 35%, no início da década de 1970, para cerca de 15%. Embora o crescimento ainda ocorresse, este era demasiadamente lento em comparação aos concorrentes. Isso de devia aos processos obsoletos e também à intensificação da concorrência, que avançava sobre sua posição de mercado. Além disso, o SBI deixou de ser a primeira escolha de clientes jovens e ricos, que caracterizavam o banco como velho e sisudo.[2]

Para enfrentar a triste realidade, em 2006, Om Bhatt foi nomeado presidente do banco. Funcionário da instituição desde 1972, ele se lembrava dos dias de glória e acreditava que aquela instituição poderia retomar sua antiga posição de liderança. Conforme Bhatt:

> Sei que esta organização, no passado, era muito respeitada na Índia. Sentíamos um grande orgulho em trabalhar ali e, conhecendo as pessoas, sabia que poderíamos reconquistar o que perdêramos. Porém, percebia que, a menos que eu pudesse comunicar a cada funcionário o que tinha em mente e no coração, eles não compreenderiam e, portanto, não estaríamos alinhados. Mesmo se eu lhes desse instruções detalhadas sobre o que fazer, eles não as seguiriam a menos que estabelecêssemos uma conexão entre todos nós.

Então, Bhatt firmou um plano ambicioso para transformar a organização, cujos pontos centrais eram o compartilhamento aberto de informações e um processo distribuído de tomada de decisões. Ele começou pela liderança sênior do banco, estabelecendo um programa externo de cinco dias treinamento para todos os seus membros. O curso começava com a exibição do filme *Lendas da vida*,* sobre um jogador de golfe que perdera sua habilidade de jogar. O filme funcionou como uma metáfora para uma discussão mais aprofundada sobre como o banco poderia recuperar suas próprias habilidades, seu "toque", com a vantagem que ter

---

* Filme lançado originalmente em 2000, cujo diretor é Robert Redford. (N.E.)

sido baseado no *Bhagavad gita*, um texto religioso hindu sobre o trabalho desinteressado e desprovido de egoísmo.[3] Bhatt foi capaz de comparar a situação do SBI ao filme, e também de abordar profundos valores culturais indianos, levando esperança à sua equipe executiva. É o próprio presidente quem relata a experiência:

> A ideia era que dificuldades acontecem para todos os tipos de pessoas, mas elas são capazes de se recuperar. Não havia nenhuma razão para que o banco não conseguisse superar as adversidades.

No dia seguinte, Bhatt falou sobre a real e terrível "situação do banco", e não poupou a equipe executiva, que fora, em grande parte, responsável pela gestão do banco durante a década anterior. Contudo, em vez de culpá-los, o presidente pediu a ajuda de todos, como ele mesmo conta:

> Qualquer um daqueles cavalheiros poderia estar sentado em minha cadeira, então, pedi a eles que trabalhassem comigo como iguais e que reconhecessem que eu não poderia fazer o meu trabalho sem suas ideias e convicções. Minha abertura e transparência sobre a situação, além do reconhecimento dos meus limites, sensibilizaram a maioria da equipe.

A partir de então, Bhatt criou uma estratégia para o rejuvenescimento da instituição, detalhando quatorze diferentes iniciativas. Entretanto, logo se percebeu que o plano seria inútil, a menos que o apoio dos funcionários fosse garantido. O banco desenvolveu então um programa interno de comunicação denominado Parivartan,* cujo objetivo era informar os funcionários sobre a situação do banco, e com toda honestidade. Embora o desenvolvimento do programa tenha levado sete meses, sua implementação para 138 mil funcionários levou apenas cem dias. Toda uma agência bancária foi fechada para que todos pudessem participar do treinamento como uma equipe, e não como indivíduos independentes. Por que a pressa? Bhatt percebeu que se o programa fosse implantado lentamente, os céticos poderiam minar seus esforços. Além disso, ele tinha um mandato de apenas quatro anos como presidente, e este já avançava em seu segundo ano. A resposta foi imediata, como Bhatt recorda: "Todos os funcionários nos perguntaram:

---

* O termo, em híndi, significa "transformação". (N.T.)

288 Liderança Aberta

'Por que não nos disseram isso antes?' Todos se sentiam agradecidos por termos lhes contado a verdade sobre a gravidade da situação."

Além de estabelecer a necessidade de mudança, o Parivartan também funcionou como um chamado ao dever para todos os funcionários. Durante as sessões, os diretores estimulavam seus funcionários a oferecerem *feedbacks*. Entre os empregados, alguns demonstraram sua indignação contra os antigos administradores, muitos reclamaram dos clientes ou da gestão e outros procuraram apenas oferecer sugestões. Bhatt encontrou--se pessoalmente com dois mil gerentes-assistentes, e uma das sessões chegou a durar mais de dez horas. Durante as discussões, ele passava a maior parte do tempo ouvindo e tomando notas e, no final, oferecia a todos um *feedback*. Bhatt contou:

> Meu objetivo era fazê-los sentir que o SBI pertencia a eles e que a instituição precisava de sua ajuda. Então eu lhes perguntava: "Por que vocês não estão fazendo nada para resolver esses problemas? O que os impede de tomar uma atitude em relação a isso? É falta de conhecimento? É falta de tempo, de coragem ou de convicção? Vocês estão dizendo a mim, o presidente dessa organização, que o serviço de atendimento ao cliente é um problema. Porém, eu não posso resolvê-lo nem dizer-lhes como fazê-lo. O que posso lhes dizer é que vocês são a coisa mais importante na organização".

Bhatt percebeu que, para que a transformação alcançasse sucesso, ele teria de causar em cada funcionário uma sensação de poder que nunca sentiram antes. Então, ele usou o compartilhamento aberto de informações para dar início ao processo, seguido rapidamente da iniciativa de estender o poder de decisão para as linhas de frente. Para continuar a abrir a empresa, foram criados blogues especiais para a alta administração e para outros funcionários importantes, com o objetivo de estabelecer canais informais de conexão com o restante da organização. Além disso, o site do SBI foi remodelado, tornando-se mais informativo e fácil de ser utilizado pelos próprios empregados. Foram também desenvolvidas várias *newsletters* (*Colleague, NBG Bulletin, Customer Care, Wholesale Banking Bulletin,* * entre outras)

---

* Tradução livre: Colegas, Boletim NBG, Serviço ao Cliente e Boletim de Vendas no Atacado (ou de Grandes Vendas). (N.E.)

para disseminar informações entre os clientes e empregados. Por fim, o SBI forneceu a cada funcionário um endereço de e-mail para aprimorar sua comunicação com os clientes.

O resultado tem sido palpável. O programa Parivartan cativou a imaginação dos funcionários. Alguns chegaram a descrevê-lo como um *tsunami* que tomou conta da instituição; outros o exaltaram como uma revelação e como o melhor programa do qual já tiveram a oportunidade de participar em toda sua carreira; outros, ainda, se perguntaram por que ele não fora implementado dez anos antes. Para Bhatt:

> Os funcionários têm agora um grande sentimento de orgulho pela organização. Eles andam com a cabeça um pouco mais erguida, trabalham com mais afinco e colaboram mais. Não pedem horas, mas ficam no escritório até tarde. Eles podem não ser capazes de ajudar os clientes o tempo todo, mas, pelo menos, tentam.

Entretanto, ainda mais tangíveis são os resultados dos negócios. Um estudo revelou melhora significativa (20%) no atendimento ao cliente e na reorientação dos empregados. Houve também um aumento de 20% na satisfação do cliente. Contudo, o mais importante foi o crescimento dos depósitos (33,4%, em 2009), da lucratividade (36%) e da receita líquida dos juros (22,6%).[4] O Banco aumentou sua participação no mercado em quase 20% e ganhou vários prêmios, entre os quais o de Banco do Ano da Índia, em reconhecimento por sua recuperação.

Considerando o fato de Bhatt ter feito sua carreira no banco, foi interessante o fato de ter desenvolvido um ponto de vista tão diferente em relação ao poder oferecido aos funcionários. Questionado sobre a origem de sua visão otimista, ele respondeu:

> Foi intuição. Ela surgiu da minha convicção e do meu sistema de valores pessoais. Acredito que qualquer pessoa seja capaz de fazer muito mais do que faz normalmente; que a maioria das pessoas mostre apenas uma pequena fração de sua verdadeira capacidade. Entendo que nossos duzentos mil funcionários sejam aptos a realizar coisas extraordinárias. A questão era como impulsioná-los.

290 Liderança Aberta

Tudo isso somente foi possível devido aos valores pessoais de Bhatt, que lhe deram a confiança necessária para que abrisse mão do controle e o entregasse nas mãos de seus funcionários.

O doutor Prasad Kaipa, professor da Escola de Administração da Índia, em Hyderabad, e conselheiro do SBI, observou que Bhatt não é apenas otimista em relação ao ser humano, mas também profundamente filosófico. Bhatt acredita no alcance de todos os objetivos, desde que se possa contar com o apoio de muitas outras pessoas, especialmente em épocas incertas e turbulentas. Kaipa observou: "Bhatt não desistiu do controle, apenas abriu mão dele. Para Bhatt, despertar o gênio que existe nas pessoas é algo natural e perfeitamente seguro, embora isso possa parecer arriscado aos ultrarracionais."

Sempre esteve claro que Bhatt tinha em suas mãos o controle do banco. Mas havia algo mais – a confiança de que mesmo se tornando mais aberto ainda seria capaz de manter esse controle, conforme estimulava seus funcionários a assumir suas responsabilidades.

O que mais impressiona em relação à transformação do SBI é a eficiência com que Bhatt usou a liderança aberta para provocá-la. Como líder, ele explicou claramente os desafios do Banco – e também o caminho a seguir. Ele lançou mão de valores amplamente reconhecidos e altamente respeitados na cultura indiana para conectar os funcionários aos objetivos da empresa. Com otimismo, ele acreditou que sua linha de frente seria capaz de mudar a própria mentalidade, e para melhor. Sabia que quando tivessem mais poder fariam a coisa certa. Em contrapartida, manteve comando firme sobre executivos, gerentes e funcionários, criando novos objetivos, estrutura sólida e meios de avaliação claros.

CISCO: O CRESCIMENTO ORGÂNICO DO TRABALHO COLABORATIVO LEVA TEMPO

Já abordamos nos capítulos anteriores a transformação vivenciada pela Cisco, assim, aproveitaremos esta oportunidade para reiterar alguns aspectos importantes: John Chambers instituiu como pontos centrais das operações da empresa o trabalho colaborativo e a tomada de decisões distribuída. Isso deu à Cisco uma velocidade espantosa (ver capítulo 2). A tecnologia sustenta a colaboração, e a empresa tem sido meticulosa na avaliação do impacto e dos benefícios alcançados (capítulo 5). Entretanto, o trabalho colaborativo é complicado, especialmente para os *stakeholders* já existentes, por isso, a Cisco procurou garantir que seus conselhos e comissões incluíssem importantes decisores, que compartilhariam a liderança das equipes (capítulo 6). Por trás de tudo isso estava a liderança colaborativa do próprio John Chambers (capítulo 7), que usou objetivos compartilhados como catalisadores (capítulo 8).

É impressionante o que a Cisco fez para promover a abertura na organização. Porém, nos concentraremos em examinar mais profundamente a maneira como Chambers e sua equipe mudaram a cultura empresarial. Muitos executivos observam o que a Cisco está tentando fazer com seus 65 mil funcionários, e dizem melancolicamente: "Eu gostaria que fôssemos capazes de fazer o mesmo." Contudo, isso não é tão simples como colocar em prática uma estrutura de conselhos e comissões, ou como promover o trabalho colaborativo e os objetivos compartilhados. Ron Ricci, vice-presidente de posicionamento corporativo da Cisco, comentou o que a empresa tem procurado implementar:

> Nos últimos oito anos, temos lutado para transformar uma cultura interna competitiva em outra cujos objetivos sejam compartilhados. Para isso, tivemos de analisar os valores que nos sustentam no mercado e considerar o melhor modo de criar um processo colaborativo que fosse orgânico para a Cisco. Não poderíamos trazer alguém de fora para desenvolver o modelo de conselhos e comissões que usamos, pois este tinha de ser inerente ao que somos.

É surpreendente perceber o tempo que a Cisco demorou para chegar onde está hoje, mas isso é compreensível. Chambers e Ricci enumeraram as muitas vezes em que procuraram desenvolver uma nova abordagem – às vezes errando, outras vezes, por sorte, acertando: por exemplo, enfrentando a necessidade de ter dois líderes para cada conselho ou comissão, ou implantando tecnologias que apoiassem seus objetivos de colaboração. Entretanto, mais do que qualquer coisa, Chambers investiu o tempo necessário para transmitir sua nova maneira de pensar à sua liderança executiva. Ele disse:

292 Liderança Aberta

Levei quase quatro anos para incutir essa ideia aos meus 42 executivos mais importantes, então o processo foi lento. Embora seja uma pessoa impaciente por natureza, fui extremamente paciente, mas também soube combinar a tudo isso um senso de urgência e dar alguns empurrõezinhos ao longo do caminho.

Para criar a nova cultura, Chambers percebeu que a Cisco precisaria desenvolver um novo sistema de recompensa ligado ao comportamento que desejava promover. Isso foi feito por meio do estabelecimento de objetivos compartilhados com os quais todos estivessem comprometidos e pelos quais todos seriam recompensados. "Eles já não eram mais engenheiros ou vendedores, operários ou advogados", explicou Chambers. "Fundamental era o modo como pensavam em equipe para atingir os objetivos". Porém, tão importante quanto isso, foi a colocação em prática da estrutura e da disciplina necessárias para tornar o trabalho colaborativo uma realidade. "Precisamos criar uma cultura comum em relação à outorga de poder, e compreender não apenas o que aquilo significava, mas o que não significava". Então, Chambers sistematizou a participação de sua alta liderança em grupos colaborativos.

Descobrimos que, além de dar acesso a todos às mesmas informações que possuíamos, tínhamos também de deixá-los tomar decisões de diferentes maneiras. Hoje, conseguimos mobilizar nossos colaboradores com enorme velocidade, e fornecer-lhes um aprendizado extraordinário que os capacitará a tomar decisões mais eficazes do que nunca.

Como observado anteriormente, John Chambers está, de fato, clonando o seu processo de tomada de decisão e avaliação, institucionalizando métodos, de modo que não precise estar presente para que elas ocorram. Com a estrutura, a disciplina e o processo implantados, Chambers, assim como Bhatt, mostrou-se seguro e confiante em relação a oferecer o controle a outras pessoas. Porém, não há dúvida de que o CEO da Cisco sempre esteve no comando da empresa, quando diz:

Não se enganem sobre isso. Ao implementar o trabalho colaborativo, sempre me mantive no comando e no controle. Meu trabalho consistia em definir a visão, diferenciar a estratégia e, então, outorgar poder à equipe para que esta realizasse os planos.

Isso não quer dizer que a abordagem da Cisco é perfeita. Contudo, considerando que Chambers continua a insistir na importância da colaboração diante do crescente número de executivos e funcionários, essa cultura certamente se estabelecerá em toda a empresa.

A lição aprendida com a transformação da Cisco, sobretudo em contraste com a urgência ocorrida no SBI, é que o processo pode custar tempo e paciência. Chambers foi capaz de alavancar sua posição segura como CEO para descobrir, principalmente por tentativa e erro, o significado de abertura na Cisco. Além disso, com a ajuda da tecnologia para apoiar a colaboração, ele foi capaz de acelerar suas iniciativas. Ao contemplar a transformação que desejamos implementar, devemos, portanto, considerar não apenas a posição que ocupamos na empresa, mas o tempo disponível para as mudanças. Temos o luxo de contar com uma posição segura, a partir da qual será possível defender a transformação ao longo de um período de meses e anos? É importante lembrar que qualquer transformação levará um longo tempo e exigirá que sejam encontradas fórmulas únicas que funcionem para cada organização.

BEST BUY: LIBERANDO A PAIXÃO DOS "FANÁTICOS"

Muitas vezes são as histórias que formam a base de uma cultura, e a história da Best Buy diz respeito a uma força da natureza – literalmente. A empresa foi fundada em 1966 com o nome de Sound of Music. Era, na época, uma loja especializada em componentes e sistemas de áudio, situada em Saint Paul, Minnesota. Em pouco tempo, novas lojas foram inauguradas na região entre Minneapolis e Saint Paul, e equipamentos de vídeo foram incorporados aos negócios. A empresa abriu seu capital em 1969, mantendo o crescimento em um ritmo seguro. Então, em 1981, um tornado atingiu a sua loja de Roseville, Minneapolis. Porém, ao contrário de encarar o acontecimento como uma terrível perda, a empresa organizou uma superliquidação com as mercadorias recuperadas, batizando-a de "best buy" [a melhor compra].

O impacto daquele tornado foi enorme – a liderança da empresa reconheceu o valor daquela "destruição criativa" e capitalizou rapidamente a oportunidade. "O que surgiu do tornado foi a Best Buy", disse Gary Koelling, diretor de tecnologias emergentes de mídia.

294 Liderança Aberta

A maioria dos nossos líderes sêniores têm raízes na loja, por isso, essa história é a essência do modo como abordam as operações rotineiras da empresa. Qualquer coisa pode nos destruir, portanto, precisamos estar prontos para implementar nossa própria reconstrução de tempos em tempos, deixando uma folga no sistema para aproveitarmos oportunidades que surjam.

Brian Dunn, CEO da Best Buy, conquistou a liderança dentro desse ambiente, portanto, coerente com a cultura da empresa, ele e os colegas agarraram a chance de adotar as tecnologias sociais e de implementar um processo de abertura.

Essa oportunidade surgiu quando Michele Azar (sobre a qual discutimos no capítulo 8), na época membro da equipe de promoção de vendas, participou do evento Web 2.0 Expo, em 2007. Azar recorda:

Percebi que o mundo todo estava se transformando e nós nem falávamos sobre o assunto em nossa empresa. Eu estava sentada no salão da conferência, liguei para o líder sênior da nossa equipe de e-Commerce e disse: "preciso fazer parte da sua equipe".

O que Azar viu na ocasião foi o equivalente a um tornado se movendo em direção à Best Buy. Ela imediatamente sentiu que precisava garantir que a empresa estivesse à frente daquela tempestade.

Azar é um exemplo perfeito da pessoa certa que está no lugar certo na hora certa. Anteriormente, ela ocupava a vice-presidência da área de Customer Centricity,* e dispunha da confiança de muitos colegas em toda a empresa. Uma vez na equipe de e-Commerce, ela não perdeu tempo em propor uma estratégia aberta para a empresa. Uma das coisas que tinha a seu favor era a forte cultura empreendedora da Best Buy, aquela que aposta o futuro da empresa nas inovações sugeridas e lideradas por funcionários. Com orgulho, Azar declarou: "Você pode ir até uma loja e perguntar a qualquer um de nossos funcionários: 'O que você faz?'. Ele olhará diretamente nos seus olhos e dirá: 'Localmente, sou responsável pelo crescimento desta empresa'."

---

* Trata-se de um conceito no qual o cliente ou consumidor é o foco das organizações, servindo de base para seus negócios e estratégias. (N.E.)

Entretanto, ela percebeu que algumas barreiras significativas impediam que esses mesmos funcionários se tornassem mais abertos. Pensando nisso, a Best Buy ofereceu a eles várias palestras, e trouxe inúmeros líderes de pensamento e especialistas em mídia social para discorrer sobre o assunto dentro da empresa. Contudo, essa iniciativa não chegou a entusiasmar a todos. Percebendo a enorme resistência do sistema em relação às mudanças propostas, Azar estabeleceu um plano para abordar sistematicamente cada um desses obstáculos.

O primeiro passo foi abordar a resistência da hierarquia, especialmente a preocupação de que os executivos e a administração não estivessem tão interessados em um engajamento aberto – ou que colocariam um ponto final em seus planos. Um conjunto de princípios de abertura foi elaborado e amplamente distribuído por toda a empresa para que mais pessoas pudessem refletir sobre o significado desse conceito e responder a questões como: "Estou com medo; como devo agir, como posso me engajar?"[5] Azar também contatou Peter Hirshberg, da empresa de consultoria Conversation Group, para ajudar a formatar o movimento rumo à abertura e a defender a ideia de mudança por meio de uma série de vídeos que mostravam indivíduos, dentro e fora da empresa, descrevendo como utilizavam as tecnologias sociais. Por fim, ela estimulou os executivos, como o então CEO Brad Anderson e o diretor de marketing Barry Judge, a se tornarem mais acessíveis; por exemplo, respondendo a perguntas dos funcionários da linha de frente no Twitter ou em redes sociais internas.

O resultado: ao perceber o real engajamento dos colegas em diálogos abertos com os alto executivos, os funcionários da empresa começaram a superar a própria hesitação em participar do processo. Judge relata uma dessas experiências de engajamento:

> Eu estava em uma reunião com trezentas pessoas, quando um funcionário levantou a mão. Ao ouvir o que ele estava dizendo, percebi que já o conhecia muito bem do Twitter. Considerando que ele trabalha em TI para o BestBuy.com, eu nunca o teria encontrado se não fosse pelo Twitter. Embora não trabalhasse no marketing, estava visivelmente mais apaixonado e envolvido com o que estávamos fazendo naquele departamento do que as pessoas da área.

296 Liderança Aberta

O segundo passo de Michele Azar foi eliminar a resistência que impedia a disponibilização de dados e o uso da tecnologia, colocando ambos ao alcance das pessoas interessadas. Um grande avanço nesse campo foi o desenvolvimento da Remix, a interface de programação de aplicativos (API) da Best Buy, que permite o acesso a todo o catálogo *on-line* de produtos da empresa e a criação de aplicativos personalizados.[6] A interface Remix foi originalmente concebida para envolver sites de terceiros, mas teve um efeito colateral inesperado: os funcionários começaram a criar aplicativos também. Azar explicou:

> Usando a API, um funcionário da Flórida decidiu construir uma ferramenta mais adequada para a recomendação de peças no teatro. Ele não precisou agendar uma reunião, não foi preciso pedir permissão nem teve de apresentar um projeto oficial de TI para ter acesso aos dados. Ele simplesmente teve o acesso necessário.

Entretanto, a última e mais importante resistência a ser eliminada foi o medo do fracasso. O acesso facilitado a dados e tecnologia, bem como aos executivos e gerentes, significava que vários experimentos seriam criados e testados, e que rapidamente começariam a surgir *feedbacks*. Ben Hedrington, do BestBuy.com, contatou Azar logo no início e criou inovações como o Spy, que monitora as menções feitas à empresa nas mídias sociais. Um dia, Hedrington apresentou uma nova ferramenta denominada ConnectTweet, que poderia reunir as mensagens de centenas de contas no Twitter. Seu objetivo era deixar que "os funcionários da Best Buy falassem em nome da empresa em suas contas no Twitter". Então, a Best Buy decidiu elevar a ConnectTweet a outro patamar e convidou os clientes a participar e a fazer perguntas; as respostas viriam da força coletiva da Best Buy. Assim surgiu o Twelpforce.

Ao ser lançado, em julho de 2009, o Twelpforce foi apresentado como uma maneira de prestar serviços ao cliente com a participação de, potencialmente, milhares de funcionários da Best Buy. John Bernier, gerente do Twelpforce, explica: "Aproveitamos aqueles funcionários que são mais apaixonados por esse espaço e por esse meio de comunicação e oferecemos a eles acesso a todo o conhecimento que está armazenado em nossa empresa". No segundo trimestre de 2010, 2.200 funcionários da Best Buy participavam regularmente no twitter.com/twelpforce.

Contudo, o Twelpforce não estava livre de riscos nem de detratores. Como afirmou Barry Judge em seu blogue:

O Twelpforce é, obviamente, uma experiência. Uma experiência bastante pública. Pode ser um catalisador para que pensemos sobre o atendimento em nossa empresa de uma maneira muito diferente. O serviço de atendimento ao cliente não está mais restrito a um departamento, mas é algo em quê todos podemos participar.[7]

Logo, porém, surgiram histórias sobre funcionários que teriam oferecido conselhos e informações incorretos, forçado seus próprios pontos de vista (nem sempre profissionais) e compartilhado informações pessoais inadequadas. Contudo, em vez de remover o Twelpforce ou de restringir o seu acesso, a Best Buy melhorou seu treinamento e ofereceu *feedback* diretamente aos envolvidos, com o intuito de evitar futuros problemas.

Os benefícios do Twelpforce, a longo prazo, ainda serão comprovados, conforme os funcionários desenvolvem seus próprios grupos de seguidores. Isso é possível porque cada um deles é especialista em um determinado produto ou assunto, ou pelo fato de criarem grupos de fiéis seguidores que regularmente visitam lojas físicas. Ao possibilitar o relacionamento entre funcionários da Best Buy nas lojas, a empresa está mudando a maneira como conduzirá os negócios no futuro, um passo de cada vez.

PROCTER & GAMBLE: ESTRUTURANDO A ABERTURA

No início do ano 2000, a P&G estava cambaleando. A empresa havia emitido dois *profit warnings*,* o crescimento da receita deslizara para 3% a 4% ao ano, e sete das suas dez maiores marcas estavam perdendo participação no mercado. Em junho daquele mesmo ano, o conselho administrativo da empresa tomou uma atitude sem precedentes em sua história: demitiu o presidente e CEO e o substituiu por A. G. Lafley (que se aposentou em fevereiro de 2010).

Lafley, que começou a sua carreira na P&G após obter um MBA em Harvard, percebeu que a empresa estava lançando no mercado cada vez menos produtos bem-sucedidos, demorando cada vez mais para fazê-lo, e, ao mesmo tempo, gastando cada vez mais em pesquisa e desenvolvimento.

---

* Trata-se de um alerta ou aviso de que a empresa não será capaz de alcançar as expectativas de lucros previstas. (N.T.)

298 Liderança Aberta

Embora tivesse mencionado o trecho a seguir em seu livro *O jogo da liderança**, em coautoria com Ram Charan, tinha consciência de que a máquina de inovação da P&G estava simplesmente quebrada.[8]

> Sabíamos que "inovação" era a palavra-chave para a vitória a médio e longo prazos [...] Com isso em mente, nos voltamos para aquilo que considerávamos as forças impulsionadoras de uma estratégia inovadora; aquelas que criariam uma operação liderada pela novidade e construiriam uma cultura renovadora; que resultariam em uma virada no jogo, tocariam mais consumidores e melhorariam mais vidas.

Para consertá-la, Lafley concentrou todos os esforços da empresa no cliente. Ele abriu a P&G a ideias externas à companhia e começou a pensar no conceito de inovação de diferentes maneiras, objetivando fazer o que sempre fora feito. Lafley reconheceu que a P&G sempre fora extraordinária em implementar novas ideias e levá-las para o mercado, e que o problema estava no fato de sua máquina interna já não conseguir acompanhá-las. Jeff Weedman, vice-presidente global de desenvolvimento de negócios e o principal responsável pela condução das iniciativas de inovação externa da P&G, explicou a situação da seguinte maneira:

> Contamos com nove mil grandes cientistas na organização, porém, nossas estimativas indicam que há cerca de dois milhões de profissionais fora da empresa que estão fazendo um trabalho relevante para a P&G, muitos deles estão em países que poderíamos não ter considerado, como a China ou a Rússia.

Se a empresa pudesse se conectar com toda e qualquer fonte de inovação disponível – basicamente, deixando de ser agnóstica em relação à origem da ideia – então, seriam capazes de contar com as criações desses profissionais em todo o processo de produção, incluindo a fabricação, o design, a embalagem e a própria marca do produto, e até mesmo o marketing e a distribuição – tudo aquilo que P&G já sabe fazer perfeitamente.

Assim nasceu o programa "Connect + Develop",** que inclui um portal disponível em PGConnectDevelop.com. Abrir-se para o mundo exterior

---

*   Rio de Janeiro: Campus, 2008. (N.E.)

**   Conectar + Desenvolver. (N.T.)

pela primeira vez em 173 anos de história foi uma mudança cultural e um desafio significativos, considerando que a P&G possuía a forte filosofia de "crescer com recursos internos". Tradicionalmente, os funcionários começavam a trabalhar na empresa logo após a formatura e ali permaneciam até a aposentadoria. As novas ideias sempre surgiram dentro da empresa, por isso, a proposta de usar uma ideia externa poderia ser vista como um sinal de fracasso. O desafio era fazer a empresa abandonar seu sentimento de desdém pelos produtos "não inventados ali" – uma crença persistente de que nenhuma ideia externa jamais poderia ser boa o bastante – e assumir a mentalidade do "orgulhosamente descoberto em outro lugar", implementando a infraestrutura e os incentivos certos. Encontrar e adaptar uma inovação externa tornou-se uma virtude para Lafley, que estabeleceu como objetivo estratégico oficial para a década seguinte a obtenção de 50% das inovações. Porém, tão importante quanto isso, foi o fato de Lafley e outros executivos se tornarem modelos dessa nova atitude, sempre fazendo perguntas como: "Você procurou ideias lá fora? Você já pensou em parcerias?" Além disso, eles começaram a usar a capacidade de abertura ao exterior como critério para promoção, deixando claro que o caminho para subir e ser bem-sucedido na empresa era exibir esses novos comportamentos abertos.

No início, Lafley tomou uma atitude que serviria de exemplo para esse tipo de comportamento. Inesperadamente, ele compareceu a um encontro de ex-funcionários da P&G, em Chicago, e começou a envolvê-los na geração de ideias. Nathan Estruth, vice-presidente e gerente-geral da P&G FutureWorks, conta:

> Nunca realmente engajáramos abertamente com o que é, de fato, um dos nossos maiores ativos: a rede de ex-funcionários que adoram esta empresa e que estão dispostos a nos ajudar, porque ainda têm a P&G em seu coração. Transformamos o que poderia ser uma fraqueza denominada "isolamento" em um ponto forte.

Essa foi a primeira incursão de Lafley em busca de parcerias no exterior e, por ter começado com um grupo pequeno, seguro e conhecido, ele foi capaz de estender a transição a muitos funcionários preocupados.

No site do programa Connect + Develop, o público pode sugerir ideias (quase quatro mil ideias foram apresentadas somente em 2009).

300 Liderança Aberta

Há também uma "lista de necessidades" de inovações que a P&G está procurando (como "cosmético facial de longa duração sem brilho"). À primeira vista, essa estratégia parece revelar aos concorrentes o que a P&G está tentando fazer! Chris Thoen, diretor do escritório global de inovação aberta, concorda que isso parece estranho, mas explica:

> É uma via de mão dupla. Se não dissermos o que estamos procurando, as pessoas não conseguirão nos oferecer possíveis soluções. Assim, tivemos de aprender a nos sentir seguros ao expor nossas necessidades de uma maneira que não explicite, necessariamente, todas as nossas joias e todos os nossos segredos, mas que nos ofereça informações suficientes para que os potenciais interessados possam sugerir soluções para a empresa.

Além disso, Lafley fez uma jogada acertada ao identificar as inovações dentro da P&G que poderiam ser licenciadas para outras empresas e até mesmo para os seus concorrentes. Líder dessa equipe, Jeff Weedman estabeleceu regras que protegem as ideias internamente por um período curto, mas que, após alguns anos, tornam-se automaticamente disponíveis para licenciamento. Isso implica capitalizar as inovações para as divisões que as desenvolveram. O melhor exemplo de como o licenciamento pode funcionar em benefício dos pesquisadores é o acordo da P&G com a Clorox, um concorrente direto, que licenciou a tecnologia da P&G para fabricar o filme plástico GLAD Press'n Seal. Não apenas a P&G licenciou a tecnologia, como também garantiu uma participação de 20% nos negócios totais da GLAD. A tecnologia, obviamente, era importante, mas pouco subutilizada na empresa. A divisão que desenvolveu a tecnologia recebe as taxas de licenciamento, que podem, então, ser utilizadas no financiamento de mais pesquisa e desenvolvimento.

Até hoje, existem mil acordos de licenciamento em vigor, tendo aproximadamente 40% de sua tecnologia licenciada para outras empresas, enquanto cerca de 60% têm sua tecnologia licenciada para a própria P&G. Os acordos com outras empresas geram mais de 500 milhões de dólares em vendas anuais para a P&G, enquanto 3 bilhões de dólares em vendas de outras empresas são derivados de ativos e propriedade intelectual da P&G.[9] Além disso, mais da metade dos produtos da empresa tem um componente que foi desenvolvido externamente, contra os menos de 10% em 2001.

Entretanto, Weedman acredita que há ainda um grande espaço para melhorias, afirmando:

Quem já visitou o site do programa Connect + Develop percebeu que ele estava disponível somente em inglês. Isso se devia a uma crença equivocada de que para ser inovador era preciso se comunicar em inglês. Hoje, o site já oferece versões em português, chinês, japonês e espanhol.*

A. G. Lafley e sua equipe demonstraram uma liderança perspicaz e corajosa no processo de abertura da P&G, fundamentando o seu trabalho na compreensão e na evocação da cultura forte e capaz já existente na empresa. Contudo, em vez de encarar essa cultura como uma entidade isolada e fechada, eles aproveitaram o que havia de melhor nela – estreita comunicação, consistência global e valores compartilhados – e a alavancaram com tecnologias e oportunidades vindas de fora. Se tivermos, portanto, de enfrentar fortes culturas preexistentes, teremos de nos concentrar em seus melhores aspectos, redirecioná-los e canalizá-los de maneira a alcançar os objetivos de transformação, em vez de subordiná--las a novos e frágeis conjuntos de normas e valores.

DELL: ONDE O MODELO DIRETO CONDUZ A CULTURA

Examinemos agora a Dell Computer, sobre a qual já discutimos várias vezes ao longo deste livro. Em muitos aspectos, a Dell é hoje um modelo para a abertura e para o uso de tecnologias sociais. Porém, nem sempre as coisas foram assim. Na verdade, por um breve período em 2005, foi exatamente o oposto – a Dell foi fortemente criticada por não "demonstrar" a transparência e o compromisso com os quais tanto diziam se importar. Voltemos ao episódio que culminou no que ficou conhecido como "Dell Hell" (Inferno da Dell).

A crise surgiu quando Jeff Jarvis, professor de jornalismo e conhecido blogueiro, procurou a Dell para consertar seu novo laptop. Jarvis pagara um valor extra para ter direito a um suporte domiciliar, mas, mesmo assim, a Dell exigia que o aparelho fosse enviado à assistência técnica.

---

* O site em português é: www.PGConnectDevelop.com.br/portugues/index.php. (N.E.)

302 Liderança Aberta

Contudo, toda vez que o aparelho retornava, ainda apresentava defeitos. Jarvis reclamou diretamente junto à Dell, utilizando-se de todos os canais possíveis, *on-line* e físicos, e registrou em seu blogue toda sua jornada, que ele denominou "Dell Hell".[10] As mensagens de Jarvis em seu blogue atraíram uma enxurrada de comentários de outros clientes insatisfeitos. Em poucos dias, a grande mídia já captara a história, e transformara o descontentamento dos usuários em uma crise completa. Um dos blogueiros afirmou que a Dell monitorava blogues e fóruns, mas adotava uma política de "ver sem se envolver", portanto, mesmo que os funcionários da Dell visualizassem as reclamações, jamais participariam dos diálogos *on-line*, nem entrariam em contato com os reclamantes.

Questionado sobre o motivo pelo qual a Dell não estava disposta a se envolver, Manish Mehta, vice-presidente de mídia e comunidade social da Dell, explicou o seguinte:

> A empresa sempre acreditou no "modelo direto", segundo o qual se um cliente tivesse um problema com a empresa, entraria em contato por meio de um número 0800. Assim, falsamente assumimos que os canais de comunicação existentes ofereciam o suporte necessário aos consumidores, e que eram capazes de lidar com quaisquer situações que surgissem, até mesmo o "Dell Hell". O que deixamos de reconhecer foi que esse era verdadeiramente um canal único.

Aquele foi o momento de "revelação" para a Dell, em que a empresa percebeu que a sua maneira tradicional de fazer negócios precisava mudar. Em fevereiro de 2006, Lionel Menchaca, antigo profissional de relações públicas da empresa, passou a contatar os blogueiros que escreviam sobre problemas com seus equipamentos Dell. Apoiando o trabalho de Lionel, havia uma equipe de especialistas em consumidores e em suporte técnico capaz de resolver qualquer malfuncionamento. A Dell não estava apenas se envolvendo com as pessoas na mídia social; estava também ampliando suas operações comerciais dentro desse novo canal.

Após quatro meses escutando e resolvendo problemas, a Dell estava pronta para dar um novo passo em direção ao seu engajamento via blogue. Menchaca, que se tornou blogueiro-chefe da Dell, recorda:

Por meio desse trabalho, tornaram-se claras as questões centrais que precisaríamos enfrentar. Além disso, o mais importante de tudo é que eu sabia que poderia blogar sobre qualquer assunto sobre os quais os clientes quisessem falar, mesmo que o ponto de vista fosse negativo, porque contávamos com o apoio de Michael.

A pessoa a quem ele estava se referindo era Michael Dell, fundador da empresa. Embora não fosse o CEO na época, ele observava a situação de perto e oferecia apoio constante a essas iniciativas de abertura. E esse suporte se fez necessário desde o início. Os primeiros posts da empresa que apareceram em julho de 2006 concentravam-se nos produtos, como o XPS 700, um computador para games e entretenimento. O problema é que apenas uma semana antes, um notebook da Dell havia espontaneamente irrompido em chamas durante uma conferência realizada em Osaka, no Japão,[11] portanto, os visitantes do blogue não queriam falar sobre o XPS 700, apenas saber o que estava acontecendo com os laptops da Dell, que simplesmente explodiam!

Muitas pessoas criticaram a empresa por suas primeiras iniciativas em blogues. Acreditava-se, na época, que a Dell simplesmente não sabia como ser aberta, autêntica e transparente. Menchaca levou a crítica a sério e imediatamente começou a implementar mudanças. O momento decisivo surgiu com um post escrito pelo próprio Menchaca em 13 de julho de 2006, intitulado simplesmente "Notebook em chamas"[12]. No curto post de apenas cem palavras, ele definiu o tom para um novo tipo de relacionamento, centrado no diálogo e no compartilhamento de informações. Descobriu-se que as baterias de íon lítio usadas em notebooks da Dell – assim como na maioria desses equipamentos fabricados por outras empresas – apresentavam problemas, o que obrigaria os fabricantes a fazer um *recall*.* Menchaca usou o blogue para divulgar informações sobre o problema com as baterias e sobre o procedimento que seria adotado, respondendo às perguntas dos clientes e compartilhando informações de maneira proativa.

Para a admiração de todos os observadores da área, a Dell acabava de entrar no jogo para valer. Porém, para Menchaca e o resto da equipe, aquilo não era novidade. Para eles era natural que a Dell retomasse o principal valor da empresa – de ser "direta" – como base para o seu objetivo

---

* Trata-se de uma convocação por parte de fabricante ou distribuidor para que determinado produto seja retornado para substituição ou reparo de peças. (N.E.)

304 Liderança Aberta

de abertura. Esta é provavelmente uma das principais razões para a Dell ter sido tão bem-sucedida nesse processo – está no seu DNA.

Em janeiro de 2007, Michael Dell voltou a ocupar o cargo de CEO, rapidamente recolocando o foco da organização no envolvimento direto com seus clientes. Um exemplo dessa redefinição foi o apoio pessoal que Michael Dell ofereceu ao IdeaStorm, o site discutido no capítulo 2, no qual os visitantes eram encorajados a apresentar, votar e comentar ideias que eventualmente poderiam ser adotadas pela empresa. Richard Binhammer, gerente sênior da Dell, conta como o IdeaStorm começou:

> Não sabíamos ao certo qual rumo o programa estava tomando, e eu estava preocupado. O que faríamos se alguém tivesse uma grande ideia – como fecharíamos o ciclo? Como poderíamos administrar todos os tipos de ideias que provavelmente surgiriam? Então, Michael Dell apenas afastou essas preocupações, dizendo: "Não se preocupe. Se não der certo, aprenderemos com a experiência e tentaremos novamente". Ele sempre esteve disposto a apoiar os funcionários que mostrassem interesse em testar ou experimentar algo novo; a aprender e até mesmo a fracassar rapidamente. Tem sido fantástico.

Esse tipo de apoio e compromisso da alta liderança define as condições para a incursão inicial da empresa em uma estratégia de abertura, além de sustentá-la conforme as iniciativas amadurecem.

Em outubro de 2007, a empresa avançara tanto que, quando Jeff Jarvis foi convidado para visitar a sede da Dell, ele não apenas aceitou prontamente o convite, como também descreveu assim a visita em seu blogue:

> [...] é surpreendente que uma empresa que foi tão criticada e apontada como a pior em blogues, mídias sociais e relações com os clientes, seja agora a melhor nesse campo. Provavelmente os executivos da empresa não reconheceriam isso, mas eu me pergunto se chegar ao fundo do poço não foi exatamente o que os motivou a se tornarem tão ousados na blogosfera.[13]

Embora seja talvez um exagero sugerir que todos devessem buscar motivação em um grande fracasso para impulsionar suas iniciativas em mídias sociais, o ocorrido com a Dell pode ter contribuído para que a empresa se concentrasse no problema fundamental: não ter compreendido que os relacionamentos tinham mudado.

Embora seja indubitavelmente uma enorme vantagem ter um líder como Michael Dell quando se tem como objetivo implementar um processo de transformação, a equipe da empresa também assegurou o estabelecimento dos sistemas e estruturas necessários para sustentar e difundir a abertura, assim como o engajamento em toda a organização. Manish Mehta descreve a situação como o processo de respiração da empresa, e afirma:

> No começo, muitas das nossas iniciativas eram dirigidas pelo poder central – tudo, do gerenciamento à criação de estratégias, das operações à liberação de recursos. Mais tarde começamos a fornecer alguns conhecimentos para as unidades de negócios, e estas passaram a experimentá-los e a testá-los. Então, quando as coisas saiam do controle, voltávamos a cuidar do assunto.

Tomemos como exemplo o conselho de governança de mídia social e comunidade, presidido por Mehta, que se reúne uma vez por semana e é composto por representantes de cada unidade de negócios. Este conselho controla a estratégia de mídia social para toda a empresa, mas cada unidade de negócios, por sua vez, tem sua própria equipe que implementa a estratégia em toda a divisão. Refletindo sobre o estágio em que a empresa se encontra atualmente, Menchaca afirma:

> Estamos usando tudo o que aprendemos ao longo dos últimos anos com o comando central da empresa e disseminando este conhecimento por toda a organização. Estamos difundindo as mídias sociais, tornando-as parte do trabalho de cada um.

No início, a transformação da Dell foi um processo brusco, contudo, este atenuou-se ao longo do tempo graças à capacidade de sua liderança em alavancar seus profundos valores – conexão direta com os clientes. Porém, é provável que o compromisso da empresa de codificar e estruturar a abertura – ao mesmo tempo em que se mantinha aberta a mudanças e interações rápidas – tenha sido fundamental para um avanço tão agressivo. De maneira notável, a despeito de tudo o que foi conquistado pela Dell, a organização manteve grande humildade – e o reconhecimento de que ainda tem muito

306 Liderança Aberta

a aprender. Basta passar algum tempo com Lionel Menchaca e seus colegas, ou ler seus posts e comentários, e logo perceberemos que a Dell tem sido bem-sucedida em sua transformação. Isso se deve à convicção desses líderes abertos em construir uma organização preocupada com o aprendizado, e de se mostrarem desejosos de continuar com o processo de transformação.

DEPARTAMENTO DE ESTADO DOS ESTADOS UNIDOS: DIPLOMACIA EM TRANSFORMAÇÃO

Nosso último exemplo é um estudo em andamento, no qual a transformação está mais voltada para a mudança completa do relacionamento entre a própria organização e seus componentes. O Departamento de Estado norte-americano está usando a abertura para realizar sua missão de Diplomacia Pública: melhorar as relações diplomáticas com o resto do mundo. Quando Hillary Clinton assumiu o cargo de Secretária de Estado, ela teve o apoio do presidente Barack Obama para tornar o governo mais transparente, colaborativo e participativo. Lovisa Williams, diretora adjunta do Serviço de Engajamento Inovador do Programa de Informações Internacionais do Departamento de Estado, conta o seguinte: "Logo na primeira vez em que a secretária entrou no Departamento de Estado, ela nos disse que as mídias sociais seriam importantes e que, portanto, esta seria uma área que ela certamente defenderia a nosso favor".

No entanto, Williams enfrentou uma batalha árdua, já que a burocracia governamental raramente se propõe a reorganizar ou a reestruturar seus processos. Junte a isso os protocolos de segurança, as preocupações com a privacidade e um ambiente internacional que nem sempre é receptivo à expansão norte-americana, e teremos uma mentalidade que desestimula a experimentação e o enfrentamento de riscos. Williams recordou os primeiros dias, quando procurava obter o apoio do Departamento:

> Eu andava por todo lugar, dizendo: "Por favor, experimente nosso projeto de mídia social, é legal, você vai gostar!" E as pessoas viravam as costas para mim, praticamente todos os dias, dizendo: "Não, não estou interessado, isso é loucura!"

Mesmo assim, ela persistiu e conseguiu encontrar algumas pessoas em diferentes áreas, que estavam dispostas a experimentar algo novo.

Em particular, ela encontrou apoio nos corpos diplomáticos instalados no exterior: as Secretarias de Negócios Estrangeiros e de Recursos de Informação. Esses diplomatas estavam tentando se conectar às pessoas comuns, que nunca foram mobilizadas antes. O objetivo era estender as relações existentes para além de um simples engajamento mais próximo, e construir comunidades em torno de temas e interesses comuns. O desafio para eles era saber como alcançar mais pessoas com menos recursos. Além disso, como poderiam obter *feedback* das pessoas, não apenas para demonstrar transparência, como também para influenciar a política existente?

Uma das estratégias colocadas em prática pela equipe de Williams foi o desenvolvimento de um Guia de Mídia Social para as páginas do Facebook, tornando mais fácil para as embaixadas criar suas próprias páginas em conformidade com todas as questões políticas e jurídicas.[14] Uma das mais ativas é a página da Embaixada dos Estados Unidos em Jacarta, que é escrita no idioma local e tem quase vinte mil seguidores.[15] O guia de mídia social publicado por Williams traz informações detalhadas sobre o que fazer e o que não fazer no processo de engajamento, mas a maioria dos escritórios possui o conhecimento do idioma e a sensibilidade cultural para saber o que é apropriado para cada situação e região geográfica. A segurança da informação não era um problema porque os funcionários apenas postavam informações desenvolvidas para consumo público, portanto, havia pouco risco de comprometimento; já os custos para desenvolver e manter essa informação eram irrisórios.

Porém, o principal risco que a organização enfrentava era a eventual perda de reputação. Williams explica o seguinte:

> As relações internacionais, às vezes, mudam muito rapidamente, por isso, temos sempre de pensar nas situações. O lado positivo é que todos no Departamento – da secretária até os zeladores – são treinados para agir com diplomacia. Espera-se que você tenha uma certa presença e que use esta arte em tudo o que faz. Isso faz parte da nossa "cultura corporativa". Isso se aplica especialmente aos assessores de relações públicas que estão muito acostumados a trabalhar com o público e a ter pouco ou nenhum controle sobre um evento. Um exemplo seria uma coletiva de imprensa realizada em uma praça pública. Não podemos controlar quem participa, sua reação ou o que irão dizer. O mesmo se aplica aos relacionamentos no mundo virtual.

308 Liderança Aberta

Estender a cultura diplomática ao espaço *on-line* ajudou muitos funcionários a superar o medo da abertura, pois foram capazes de se relacionar com algo que já conheciam.

Entretanto, o maior impacto identificado no Departamento de Estado foi a sua maneira inovadora de usar as tecnologias sociais para contatar as pessoas. Quando o primeiro presidente negro dos Estados Unidos, Barack Obama, esteve em Gana, o Departamento lançou um programa convidando os africanos a usar seus celulares para enviar perguntas que seriam respondidas por Obama durante um programa de rádio.[16] Suas respostas foram registradas tanto em vídeo como em formato de áudio e distribuídas para rádios de Gana e de países vizinhos.[17] Além disso, como experiência, um mapa com a localização das perguntas também foi criado para demonstrar a diversidade geográfica das milhares de perguntas enviadas.

Se compararmos este exemplo a alguns outros apresentados nesta obra e, especificamente neste capítulo, poderá parecer que o Departamento de Estado está apenas engatinhando em sua jornada rumo à abertura. No entanto, o mais interessante é o fato de esse órgão estar bem à frente de muitas organizações em termos de abertura e do uso de tecnologias sociais – embora, em se tratando de uma agência governamental, seus funcionários enfrentem muitas restrições e até riscos em seu engajamento internacional. Isso ocorre porque os funcionários do Departamento – sobretudo os que ocupam postos estrangeiros – já tinham enorme liberdade para agir de maneira independente e em conformidade com as circunstâncias que encontram. Com diretrizes e treinamento adequados, eles são confiáveis para desenvolver relacionamentos que consideram mais adequados no intuito de atingir seus objetivos diplomáticos. Porém, e ainda mais importante, eles estão – a cada post e a cada mensagem – mudando as relações com a população local, gerando mais confiança e transparência por meio do desenvolvimento de comunidades duradouras.

O tema que perpassa todas essas transformações é a formação de um relacionamento fundamentalmente novo, muitas vezes, com a ajuda e o apoio das tecnologias sociais, e sempre com a intenção de alcançar abertura maior. Essas relações de confiança constituem a base da cultura e da transformação – sem elas, todos os esforços para se alcançar objetivos audaciosos serão em vão.

Plano de ação: começando a transformação

Muitos livros têm sido publicados sobre como administrar a mudança organizacional e cultural. Esta obra tem por objetivo reforçar ainda mais esse coro e, ao mesmo tempo, oferecer alguns conselhos para que todos possam dar início a um processo de transformação.[18] A partir dos estudos de caso aqui discutidos, podemos extrair as seguintes recomendações:

- **Crie um sentido de urgência por meio do compartilhamento de informações.** Do Banco do Estado da Índia (SBI) ao Departamento de Estado norte-americano, a atitude comum a todas as organizações mencionadas foi a de comunicar a necessidade de mudança. As tecnologias abertas oferecem hoje a oportunidade de compartilharmos os dados e informações necessários para defendermos nossos pontos de vista, não apenas tornando-os mais vívidos, mas também dando-lhes uma abordagem mais pessoal. A necessidade de urgência já não vem do topo da hierarquia, mas também de nossos colegas e pares que se envolvem na discussão. Portanto, quando sentir a necessidade de defender transformações, reforce o impacto dessa mensagem com as vozes de outras pessoas na organização.

- **Identifique os valores que irão conduzi-lo no processo de transformação.** Em sua essência, as transformações mais bem-sucedidas contaram com visões e missões enraizadas em valores fundamentais já existentes. Toda organização possui um conjunto desses valores, mesmo que não estejam expressamente definidos. Como líder, é preciso ser capaz de mobilizá-los, portanto, decida quais deles farão parte da nova base cultural da empresa. Utilize as tecnologias sociais e demonstre, de maneira autêntica, seu compromisso e ligação com esses valores fundamentais. Além disso, use todos os canais disponíveis para convencer outras pessoas a se unirem a você na divulgação deles.

- **Lidere pelo exemplo.** De Chambers a Lafley, da Best Buy ao Departamento de Estado norte-americano, todos os líderes das organizações aqui mencionadas são exemplos de abertura. Para terem credibilidade dentro dessa nova cultura, precisam apresentar atitudes e comportamentos que sejam bem-recebidos e ofereçam retorno. Se, enquanto líderes, acreditarmos que os desafios de abertura e compartilhamento são intransponíveis, será quase impossível para o resto da organização assumir este encargo.

- **Estimule o enfrentamento de riscos, e recompense aqueles que os assumirem.** As transformações exigem que todos ajam de novas e diferentes maneiras – o que pode causar incômodo e ansiedade. É importante estimular novas experiências e, fundamental, recompensar aqueles que não tiverem medo de assumir riscos, mesmo que suas iniciativas terminem em fracasso – caso contrário ninguém estará disposto a iniciar o processo de transição.

- **Dê passos pequenos e garantirá uma grande vitória.** Passos menores são mais seguros do que os grandes, assim como os pequenos riscos e fracassos são mais facilmente de serem enfrentados do que os maiores. Construir passo a passo a confiança na transformação e na nova cultura o ajudará a acelerar a transição, e não a retardá-la.

- **Institucionalize sistemas e estruturas.** As transformações levam tempo e causam transtornos e ansiedade. A implantação de novos processos, procedimentos e diretrizes o ajudarão a institucionalizar as mudanças, para que se tornem não apenas mais fáceis, mas também rotineiras.

- **Seja paciente.** De certa maneira, esta recomendação contraria a primeira – criar um sentido de urgência. Contudo, embora precise estimular as mudanças de maneira pungente, também é necessário ter paciência durante a jornada, pois os primeiros passos poderão ser difíceis.

Desejamos sucesso a todos que iniciarem sua jornada rumo à transformação. Certamente, muitos erros serão cometidos, o que apenas indicará disposição pela implementação de mudanças verdadeiras. Às vezes, haverá uma sensação de solitude, mas quando isso acontecer, lembre-se de que ninguém jamais está verdadeiramente sozinho, já que muitos outros estão passando pelo mesmo processo. É importante procurar e consultar colegas e pares que já tenham percorrido esse caminho. É preciso manter o diálogo com clientes e funcionários que realmente desejam que os objetivos sejam atingidos. A vantagem de se buscar uma estratégia de abertura está no fato de ela ser realizada na companhia de pessoas que desejam o melhor para os colegas e para a empresa, e que estarão lá para apoiar e se beneficiar do sucesso alcançado.

312 Liderança Aberta

Notas da autora

1. DEAL, T. E., KENNEDY, A. A. *Corporate cultures: the rites and rituals of corporate life*. [Culturas corporativas: os ritos e rituais da vida corporativa] Harmondsworth, UK: Penguin Books, 1982.
2. A situação do Banco do Estado da Índia é descrita em detalhes em uma entrevista com Om Bhatt, presidente da instituição, publicada na revista *McKinsey Quarterly* e disponível em www.mckinseyquarterly.com/Remaking_a_government-owned_giant_An_interview_with_the_chairman_of_the_State_Bank_of_India_2249.
3. Um resumo (em inglês) do Bhagavad Gita está disponível em www.hinduwebsite.com/summary.asp. O livro *Gita on the green: the mystical tradition behind Bagger Vance* [Gita sobre o verde: a tradição mística por trás de Bagger Vance], de Stephen J. Rosen (Continuum, 2008), examina a relação entre o filme *Lendas da vida* [cujo título original é *The legend of Bagger Vance*] e o *Bhagavad Gita*.
4. O estudo de caso do Banco do Estado da Índia é baseado em "Om Prakash Bhatt: the chairman in a hurry" [Om Prakash Bhatt: o presidente com pressa], de Tamal Bandyopadhyay, www.livemint.com/2008/05/03000522/Om-Prakash-Bhatt—The-chairma.html; em "The elephant can dance: O. P. Bhatt" [O elefante pode dançar: O. P. Bhatt], de Vivek Kaul, www.dnaindia.com/money/report_theelephant-can-dance-o-p-bhatt_1201401; em "It is Parivartan time at SBI" [É hora de Parivartan no SBI], www.financialexpress.com/news/it-is-parivartan-time-at-sbi/208256/#; e em "Change manager" [Gerente da mudança], de Ryan Rodrigues, *Business India*, Aug. 23, 2009. p. 58–76.
5. A apresentação "An Open, Social Approach" [Uma abordagem social aberta] está disponível em www.slideshare.net/garykoelling/thebigslideshow1-presentation.
6. Remix, da Best Buy, está disponível em remix.bestbuy.com/.
7. Trecho do post de Barry Judge intitulado "Twelpforce—Blurring the lines between customer service and marketing" [Twelpforce: derrubando as fronteiras entre o serviço de atendimento ao cliente e o marketing], disponível em http://barryjudge.com/twelpforce—-blurring-the-lines-between-customer-service-and-marketing.

8. LAFLEY, A. G. & CHARAN, Ram. *O jogo da liderança: metas e estratégias de inovação para o sucesso da sua empresa.* Rio de Janeiro: Campus, 2008.

9. De uma apresentação de Jeff Weedman, 3 abr. 2009. Disponível em: http://cusli.org/conferences/annual/annual_2009/presentations/Weedman%20Canada.pdf.

10. O primeiro post de Jarvis, intitulado "Dell Lies. Dell Sucks" [A Dell mente. A Dell é uma droga], está disponível em www.buzzmachine.com/archives/2005_06_21.html#009911.

11. A revista eletrônica *Engadget* publicou um post intitulado "Dude, your Dell is on fire" [Cara, o seu Dell está em chamas], que descreve o incidente. Disponível em: www.engadget.com/2006/06/22/dude-yourdell-is-on-fire.

12. O post "Flaming notebook", de Menchaca, está disponível em http://en.community.dell.com/blogs/direct2dell/archive/2006/07/13/431.aspx.

13. O relato da visita de Jeff Jarvis à Dell, intitulado "Dell hell: the end?" [O inferno da Dell: é o fim?] está disponível em www.buzzmachine.com/2007/10/18/dell-hell-the-end.

14. A página principal do Departamento de Estado no Facebook está disponível em facebook.com/usdos com links para mais de quarenta embaixadas e assuntos.

15. A página no Facebook da Embaixada norte-americana em Jacarta pode ser encontrada em www.facebook.com/jakarta.usembassy.

16. Mais informações sobre as "Conversas globais" conduzidas por Obama estão disponíveis em www.america.gov/st/africa-english/2009/July/20090708145523SztiwomoD0.258053.html.

17. Uma transcrição (em inglês) das respostas de Obama está disponível em www.america.gov/st/texttrans-english/2009/July/20090713000019ptellivremos0.3191645.html.

18. Um dos meus livros favoritos na área de gerenciamento da mudança é *Liderando mudança*, de John P. Kotter (Rio de Janeiro: Campus, 2001).

Posfácio
por Ethevaldo Siqueira

UM LIVRO QUE MUDA NOSSAS CABEÇAS

Li e considerei este livro simplesmente extraordinário. Ao chegar à última página, meu primeiro desejo foi perguntar a seus outros leitores: "Quantos de nós temos sofrido – em grandes, médias ou pequenas empresas – com lideranças fechadas, obtusas ou simplesmente despreparadas?" Ah, como gostaria de ter lido este magnífico trabalho de Charlene Li há muitos anos, e até de tê-lo escolhido para presentear alguns de meus chefes e superiores em empresas nas quais trabalhei: a Universidade em que lecionei, no Banco do Brasil ou em outras organizações.

Tenho plena convicção de que a principal contribuição desta obra será mudar o modo de pensar de milhares de executivos em nosso país. Concordo plenamente com a autora quando ela nos diz que "ser aberto é difícil". Para comprová-lo, Charlene Li dedica todo um capítulo à apresentação de "Os 10 elementos da abertura". Embora alguns desses conceitos estejam muito além de nossa compreensão intuitiva sobre a abertura, vale a pena insistir nesses pontos, pois eles caracterizam um processo de oxigenação total da empresa, com destaque para várias ações importantes, entre as quais destacam-se: o compartilhamento de informações, a clareza nas explicações; a constante atualização; a frequência no diálogo; a solução de problemas específicos junto à equipe e a democratização das decisões.

Um dos pontos que mais me impressionou neste livro foi a discussão sobre o verdadeiro papel das mídias sociais – como o Facebook e o Twitter –, além de explicações sobre seu uso correto, e a respeito do que deve e, especialmente, do que não deve ser feito por intermédio dessas ferramentas.

316 Liderança Aberta

Esta obra inclui ainda a análise equilibrada da autora de uma centena de casos concretos de processos de abertura bem-sucedidos. Na verdade, o conteúdo é tão atual que até mesmo a estratégia de abertura conduzida pelo presidente Barack Obama e, em especial, a transformação da diplomacia norte-americana no Departamento de Estado conduzida pela secretária Hillary Clinton, cuja visão é igualmente aberta (p. 306 e seguintes), é avaliada pela autora.

Vivemos tempos de profundas mudanças. Nosso mundo evolui aceleradamente a partir de paradigmas analógicos rumo aos digitais; dos átomos aos bits; dos serviços fixos aos móveis; dos equipamentos de utilização coletiva aos de uso pessoal; da comunicação em banda estreita àquela efetuada em banda larga; da telecomunicação cabeada à sem fio; dos serviços unidirecionais aos interativos; dos modelos monopolistas e estatais aos competitivos e privados e, finalmente, dos protocolos abertos aos abertos e livres.

Mais do que mudanças econômicas ou mesmo tecnológicas, o que está mudando são nossos paradigmas, os modelos institucionais e os padrões comportamentais. Livros como este são decisivos para demonstrar o que nos aguarda nas próximas duas décadas. Vale a pena elencar aqui as principais mudanças dos novos tempos.

Nosso mundo muda constantemente:

- já não se trata mais de competição, mas de colaboração;
- o que importa não é mais o que pensam o governo ou as empresas, mas os cidadãos;
- o que vale não é mais a força ou o tamanho de uma empresa, mas sua agilidade e flexibilidade;
- quem comanda não é mais o produtor, mas o consumidor;
- o que fideliza clientes não é mais o bom preço, mas a satisfação pelo produto;
- o que nos estimula não é mais o crescimento econômico, mas a qualidade de vida;
- o que norteia nossas atitudes não é mais a eficiência máxima da economia, mas a sustentabilidade máxima do meio ambiente;
- o que prevalece não são mais os softwares proprietários, mas os livres;
- o que impera não é mais a velha burocracia, mas um governo tecnológico.

- o que valorizamos não é a riqueza nem o consumo, mas a busca pela paz e pela preservação da natureza e do planeta;
- o que nos comanda não é mais a repressão, mas a educação.

Em minha avaliação, o livro *Liderança aberta* é a melhor contribuição que Charlene Li poderia oferecer àqueles que irão dirigir este novo mundo.

ETHEVALDO SIQUEIRA

JORNALISTA ESPECIALIZADO EM TECNOLOGIAS DA INFORMAÇÃO E DA COMUNICAÇÃO. É COLUNISTA DO JORNAL *O ESTADO DE S. PAULO* E DA RÁDIO CBN.

Este livro foi impresso em papel *Lux Cream* 90g pela Prol Gráfica.